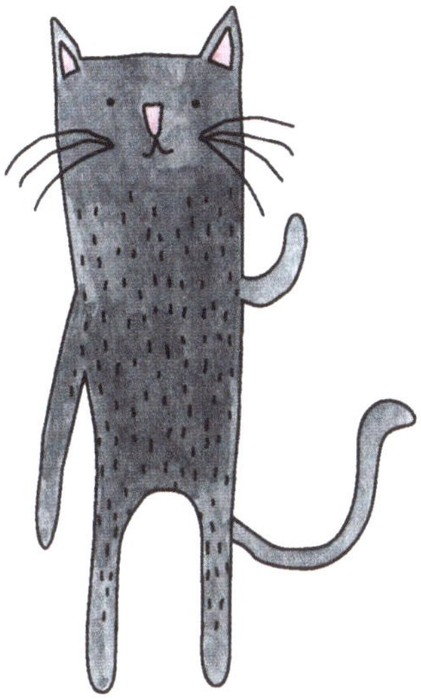

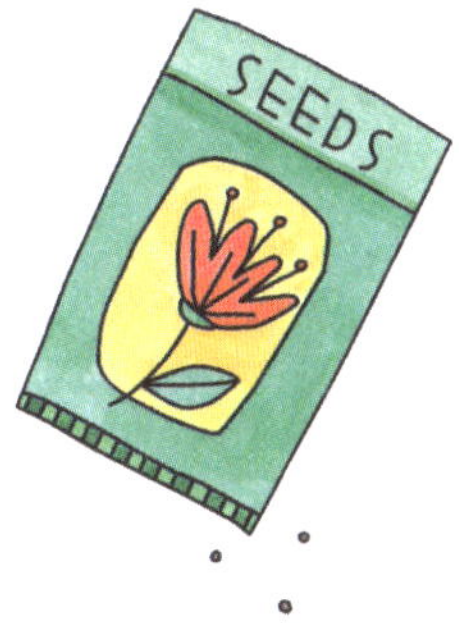

GANZ
EINFACH
ZEICHNEN
LERNEN

SILVIE BOMHARD

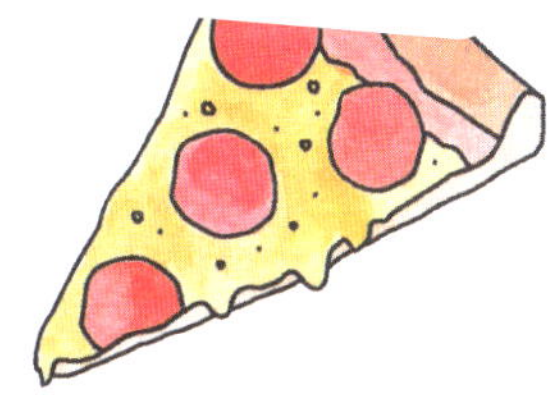

200x Zeichenkram

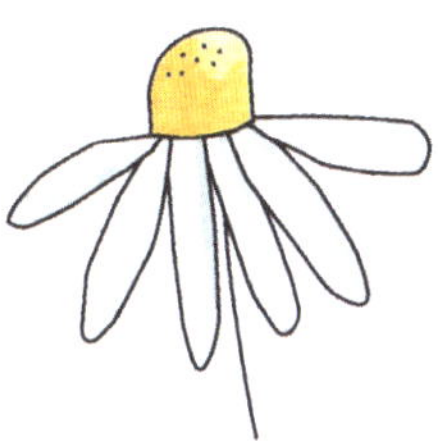

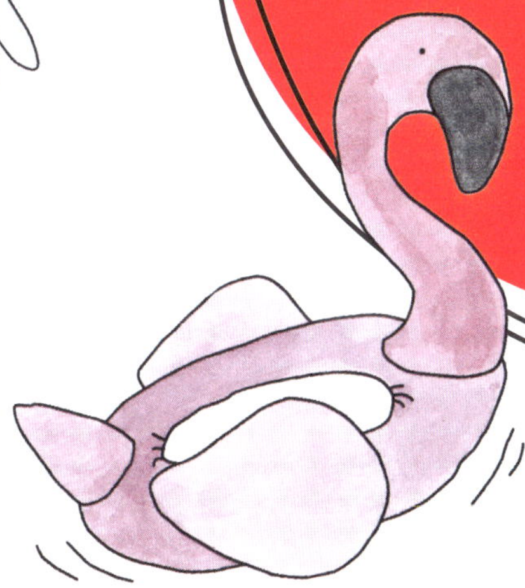

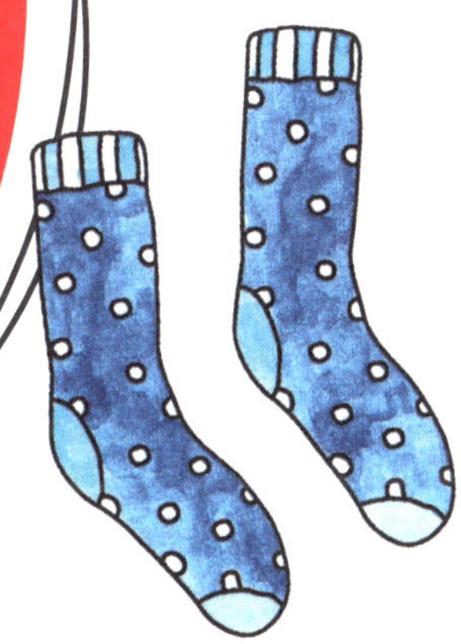

STEP BY STEP

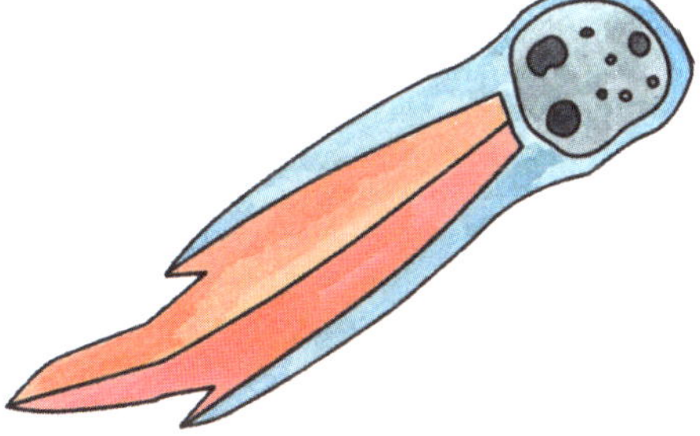

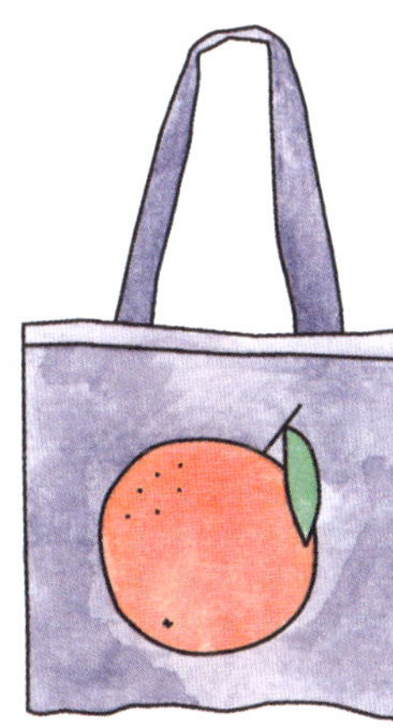

EMF

EIN BUCH DER
EDITION MICHAEL FISCHER

INHALT

INFO

Du findest in diesem Buch 18 Themen, die sich mit 18 besonderen (Feier-)Tagen beschäftigen. Somit führt dich das Buch durchs Kalenderjahr, du kannst die Themen aber auch ganz unabhängig von der Saison entdecken, bemalen und erzeichnen.

VORWORT

Das Zeichnen ist eine Form mich auszudrücken, ein großartiger Zeitvertreib, im besten Fall der Weg zu Entspannung und einem kreativen Flow. Wenn ich von meiner Arbeit als Designerin und Illustratorin erzähle, höre ich fast immer: „Zeichnen … Das klingt schön. Aber so was kann ich ja gar nicht!“ Ich glaube jedoch, dass jeder Mensch ein bisschen zeichnen kann. Wichtig ist nur die richtige Anleitung und ein gutes Gefühl dabei.

Ob das Zeichnen dann zum liebsten Hobby wird, steht auf einem anderen Blatt. Aber bestimmt macht es dich stolz, wenn du auf einmal einen Kugelfisch zeichnen kannst. Oder ein UFO. Oder eine Wunderkerze. Diesen drei Motiven und noch 200 weiteren wirst du in diesem Buch begegnen und lernen, sie selber zu zeichnen.

Das Wichtigste zum Schluss: Viel Spaß dabei! Ich hoffe, dass bei niemandem das Lebensglück davon abhängt, wie gut er oder sie einen Gartenzwerg zeichnen kann. Es spielt zunächst gar keine Rolle, ob der Kreis perfekt rund ist oder dir die Zeichnung beim ersten Mal gelingt. Entscheidend ist, dass du dich daran erfreust, etwas Neues auszuprobieren und danach eine coole kleine Sache mehr zeichnen kannst als vorher.

Auf geht’s!

Silvie

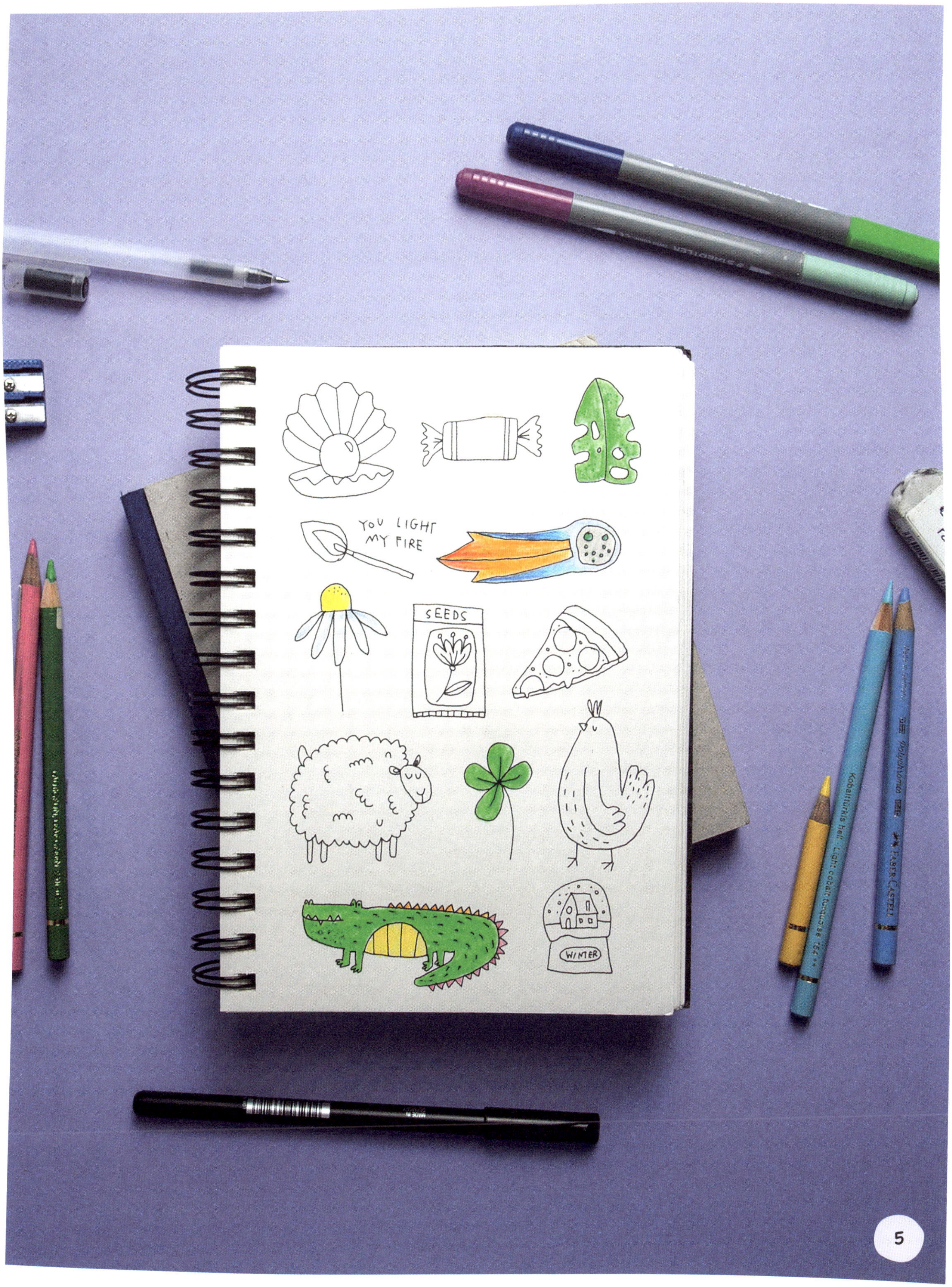
YOU LIGHT
MY FIRE
SEEDS
WINTER

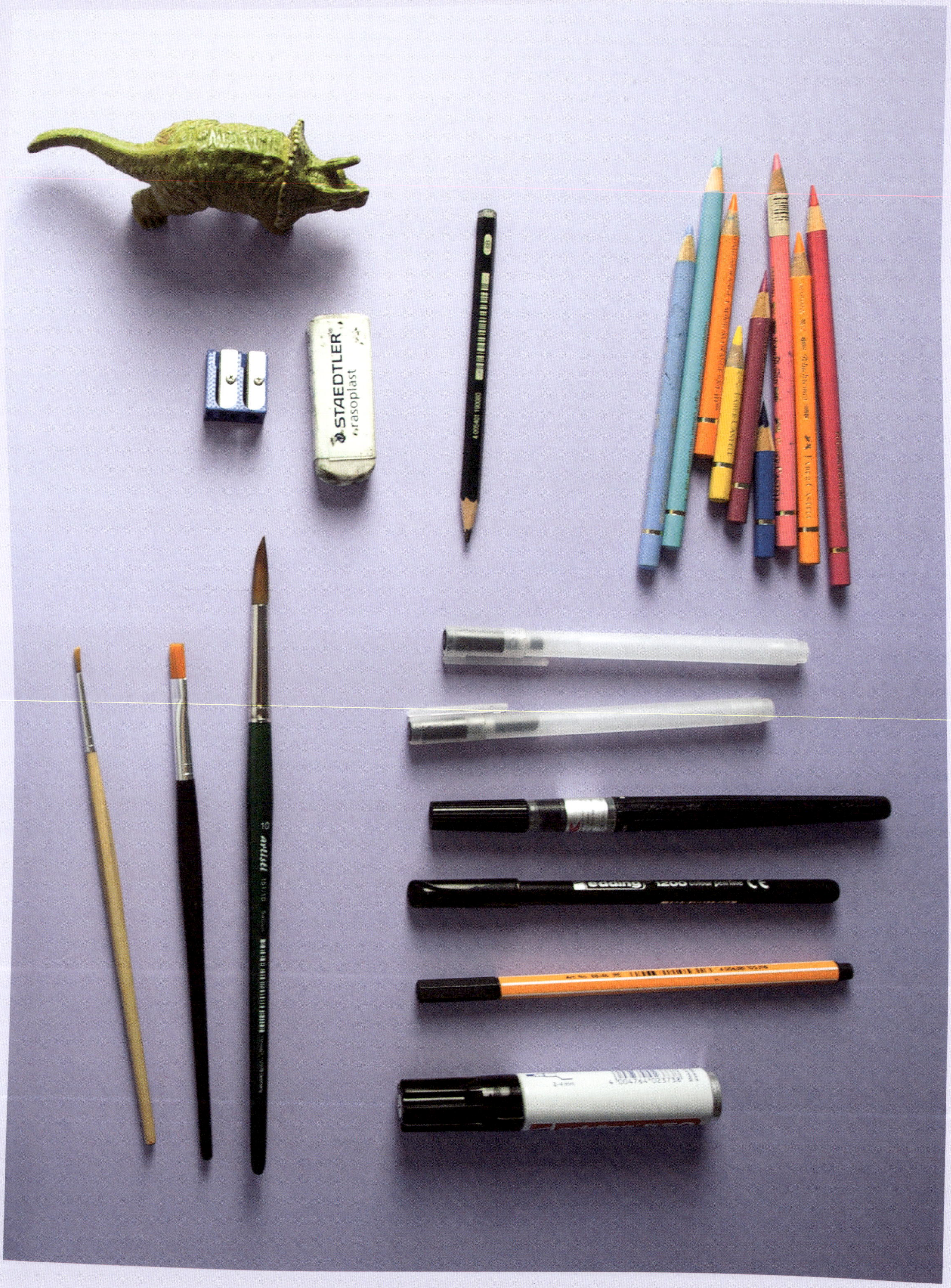
STAEDTLER
rasoplast

GRUND LAGEN

Bevor es losgeht, sprechen wir noch kurz über den Aufbau des Buches sowie über Stifte und Farben. Keine Angst – es wird kurz und knackig, sodass wir uns nicht lange mit der Theorie aufhalten. Aber wenn du dich fragst, welchen Stift du jetzt am besten benutzt oder welche Farben beim Ausmalen besonders gut harmonieren, bist du hier genau richtig.

Ein Buch –

Drei Möglichkeiten

Innerhalb jedes Themenkapitels ab Seite 15 findest du drei Bereiche, die unterschiedliche Aktivitäten bereithalten. Diese möchte ich dir im Folgenden vorstellen:

1 AUSMALBILDER

Ich habe mal gehört, dass Ausmalen fast so entspannend sein kann wie ein warmes Schaumbad. Warum sollten wir es uns dabei also nicht ähnlich schön machen?

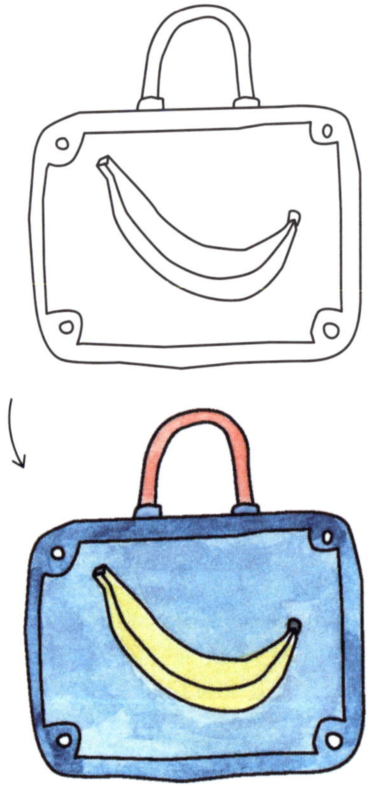

Top-Tipps für deine Ausmalzeit:

→ Ich finde es besonders gemütlich, meine Lieblingsmusik oder ein Hörbuch im Hintergrund laufen zu lassen.

→ Das Licht sollte so hell sein, dass du gut sehen kannst, aber du brauchst definitiv keine OP-Beleuchtung.

→ Stelle dir deinen liebsten Snack und ein leckeres Getränk bereit.

→ Das Schöne am Ausmalen: Es gibt kein Richtig und Falsch. Wähle die Farben, die dir selbst am besten gefallen. Und selbst wenn du über die Linien malst oder ein Stift ungünstig ausläuft, ist dies als kreativer Ausdruck zu interpretieren …

2 AUFWÄRMÜBUNGEN

Viele Menschen haben Angst vor dem weißen Blatt Papier. Deswegen habe ich für jedes Thema eine kleine Aufwärmübung erstellt. Somit kannst du sofort mit einer **konkreten Aufgabenstellung** loslegen. Wenn deine Zeichenmuskeln gelockert sind und du dich schon selbstbewusster fühlst, kannst du alle anderen Motive im Buch angehen. Wer weiß, vielleicht bist du dann schon so im Flow, dass du anfängst, die Motive um eigene Ideen zu erweitern oder dich kreativ auszutoben und ganz eigene Motive zu entwickeln.

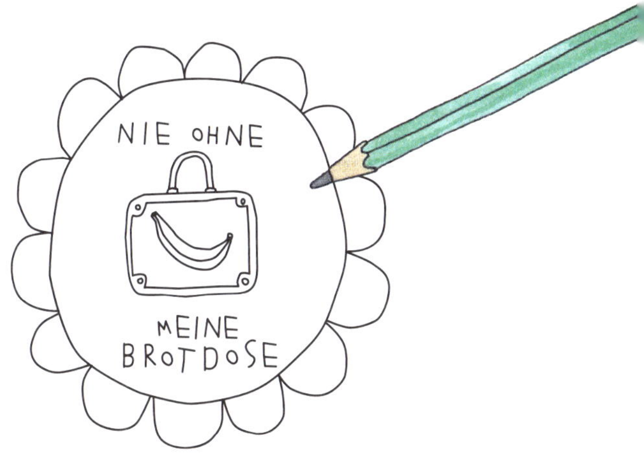

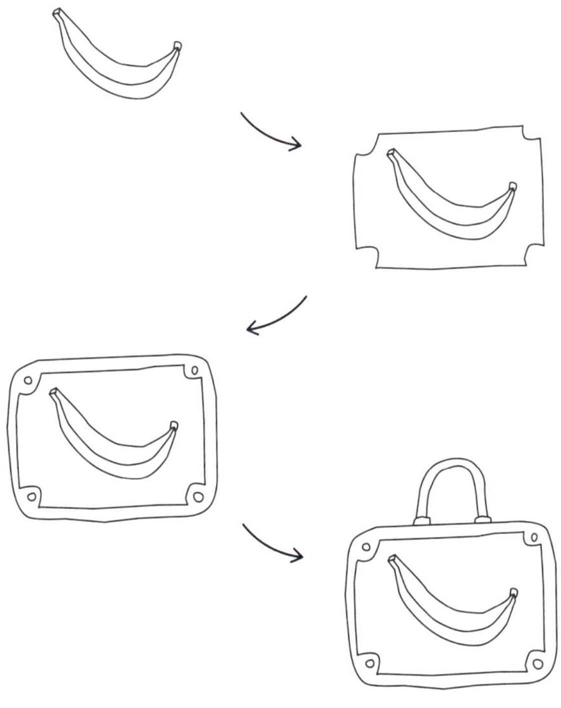

3 SCHRITT-FÜR-SCHRITT-ANLEITUNGEN

Vielleicht ist Ausmalen für dich aber nicht wie ein Schaumbad, sondern eher wie Zähneputzen – eine öde Aufgabe, mit der du dich nicht entfalten kannst. Stattdessen möchtest du lieber lernen, dich mit deinen eigenen Zeichnungen auszudrücken. Perfekt, denn über **200 Motive** werden in diesem Buch in Schritt-für-Schritt-Anleitungen erklärt. Dabei gibt es selten mehr als vier Schritte. Es müssen keine komplizierten Hilfslinien gezogen werden. Themen wie Perspektive oder Licht und Schatten, die dich im Kunstunterricht früher das Gruseln gelehrt haben, kommen in diesem Buch nicht vor. Versprochen! Alle Zeichnungen kannst du mit einem Stift **in zwei Minuten** zeichnen. Wenn du länger brauchen solltest, ist das natürlich auch gar kein Problem.

Apropos **Stifte:** Du kannst mit einem Werbekuli deiner Zahnarztpraxis zeichnen oder mit einem Lieblingsstift, den du dir extra von Freunden aus Japan hast mitbringen lassen. Was ich damit sagen möchte:
Der Stift macht nicht allein die Qualität der Zeichnung aus. Auf den Seiten 12 und 13 führe ich dich noch ausführlicher in die Stiftethematik ein.

NOCH EINE KLEINE ANMERKUNG

Viele Motive versehe ich mit kurzen Wörtern oder Sätzen. Das hat zwei Gründe. Zum einen dient dies der Klarheit. Gerade wenn man vereinfachte Zeichnungen erstellt, muss man zwangsläufig auf Details verzichten. Kleine Beschriftungen können diesen Umstand ausgleichen. Zum anderen lassen sich so Witze oder eine humorvolle Botschaft in die Zeichnung einbauen. Diese Beschriftungen sind alle auf Englisch, da englische Wörter in der Regel kürzer sind als deutsche und sich dadurch einfacher in die Zeichnung integrieren lassen.

Außerdem finde ich es immer schön, etwas zu schaffen, das möglichst viele Menschen erfreut. Englisch ist die meistgesprochene Sprache weltweit, somit stehen die Chancen gut, dass viele Menschen unsere Zeichnung verstehen.

FARBEN

Du sitzt vor einem neuen Bild, die Linien sind schon vorgezeichnet, alle Formen sind an Ort und Stelle, aber du weißt nicht, mit welcher Farbe du anfangen sollst. Ist dir das schon mal passiert? Eine Möglichkeit ist, die Motive so zu kolorieren, wie du sie aus dem Leben kennst. Eine gelbe Banane, ein grünes Blatt, ein orangefarbener Tiger. Wenn du ein bisschen künstlerischer an die Farbauswahl herangehen möchtest, habe ich hier drei Ideen für dich.

KOMPLEMENTÄRFARBEN

Komplementärfarben sind Farben, die sich im Farbkreis nach Johannes Itten gegenüberstehen. Sie sind besonders kontrastreich und erzielen ein lautes, auffälliges und leuchtendes Bild. Du kannst dir die Komplementärfarben wie zwei extrovertierte Freundinnen vorstellen, die sich nach langer Zeit auf einen Kaffee treffen, um ausgiebig zu quatschen: nicht zu übersehen, große Gesten, ein bisschen Drama.

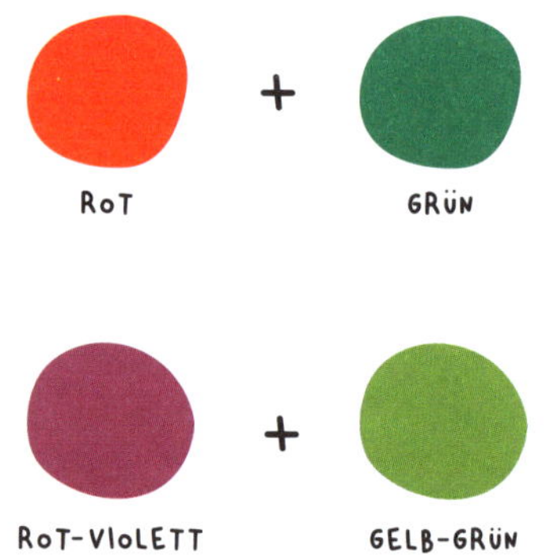

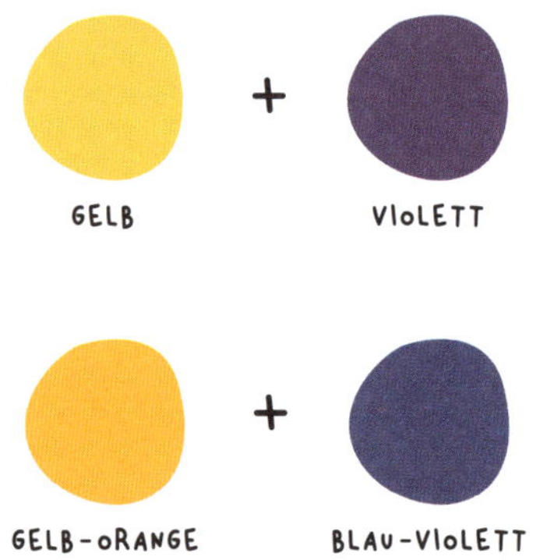

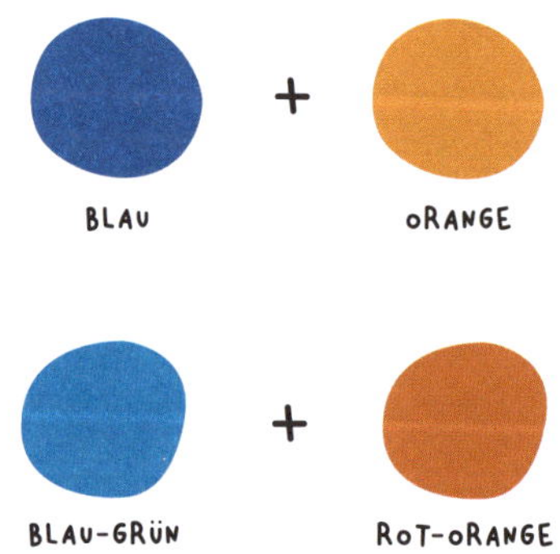

MONOCHROMIE

Wenn dir die Komplementärfarben zu laut sind, dann gefällt dir eine monochrome Palette vielleicht eher. Zuerst wird eine Farbe als Basis verwendet und danach mit helleren Schattierungen und dunkleren Tönen ergänzt. Einfach ausgedrückt: Du kannst ein Ausmalbild beispielsweise in verschiedensten Blautönen gestalten. Das wirkt harmonisch und attraktiv.

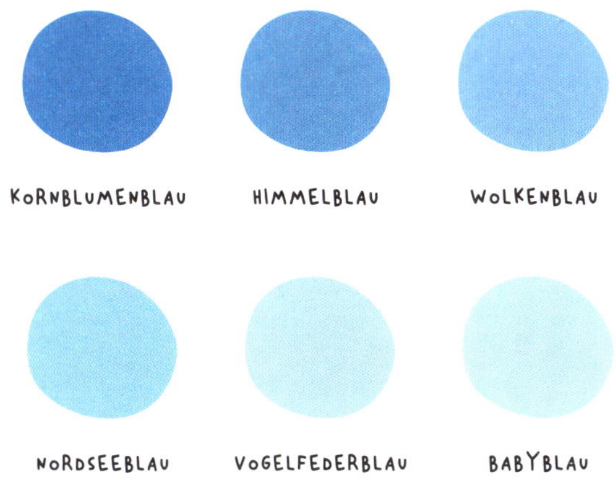

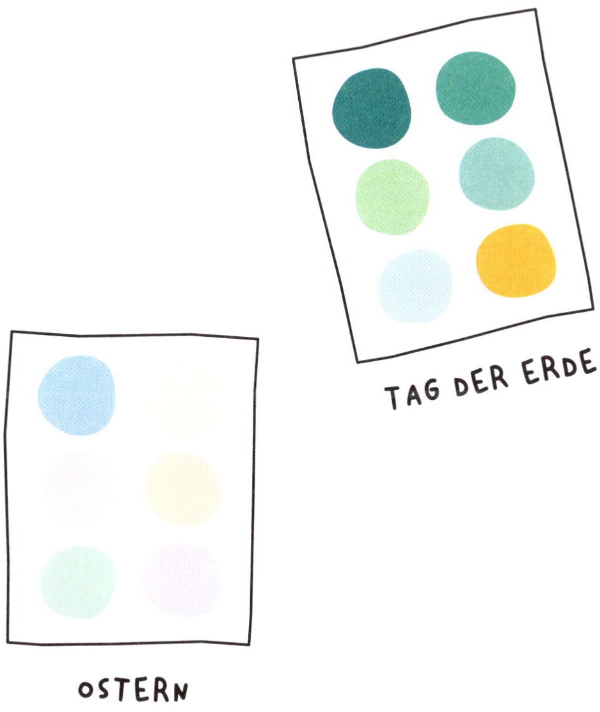

FARBPALETTEN

Wenn dir eine monochromatische Farbpalette zu eintönig ist, kommt hier der letzte Tipp: Du kannst eine vordefinierte Farbpalette verwenden, die du bestimmst, bevor du anfängst auszumalen. Du entscheidest dich für bis zu sechs Farben. Bunter wird es aber nicht. Das bedeutet, dass eine Banane auch mal in Blau ausgemalt wird, wenn es kein Gelb in die Vorauswahl geschafft hat. Stell dir die Farbpalette als Mannschaft vor. Nur, dass es keine Auswechselspieler gibt und alle Farben in der gesamten Partie zum Einsatz kommen.

Bestimmt hast du auch schon Hunderte Farbpaletten erstellt, ohne es zu merken, indem du die Farben in deinen Outfits aufeinander abgestimmt hast. Wenn du keine Ahnung hast, wie du selbst eine interessante Farbpalette erstellen kannst, kein Problem. Ich habe für jedes Thema eine Farbpalette für dich vorbereitet. Diese findest du jeweils auf der ersten Seite eines Themas.

STIFTE

Stifte sind deine treuen Begleiter beim Zeichnen. Doch auch sie haben einen eigenen Charakter, Stärken und Schwächen. Deswegen lohnt es sich, anfangs ein bisschen mit dem Stift warm zu werden, damit ihr nachher zusammen problemlos deine Ideen auf das Blatt bringen könnt.

DIE LEGENDE VOM LIEBLINGSSTIFT

Ich wünschte, ich wäre in meinem Leben so häufig nach meiner Telefonnummer gefragt worden wie nach meiner Meinung zum besten Zeichenstift. Auf meinem Instagram-Kanal love.kram sind alle Motive auf Papier handgezeichnet. Dafür benutze ich in den meisten Fällen den **Geltintenstift** von Muji, 0,5 mm in Schwarz.

Wenn die Outlines mit dem Stift gezogen sind, koloriere ich die Zeichnung mit **Aquarellfarben** (diverser Hersteller – anders als beim Stift bin ich hier nicht ganz so loyal). Wenn ich mich dann noch extra fancy fühle, arbeite ich Details mit **Buntstiften** ein.

Manchmal nutze ich auch einen **Fineliner, Tuschestifte** oder dicke **Filzstifte.** Das variiert je nach Aufgabenstellung. Ich würde folgende These wagen: Je größer die Zeichnung, desto dicker sollte der Stift sein.

Hier rechts siehst du die Stifte, die ich in den letzten Jahrzehnten immer gerne in Gebrauch hatte. Manchmal hilft es, einen bestimmten Stift zu nutzen, um sich kreativ und kompetent zu fühlen. Aber, wie eingangs auf Seite 9 erwähnt, du kannst die Motive auch lockerflockig mit einem Kuli aus den Tiefen deiner Kramschublade nachzeichnen.

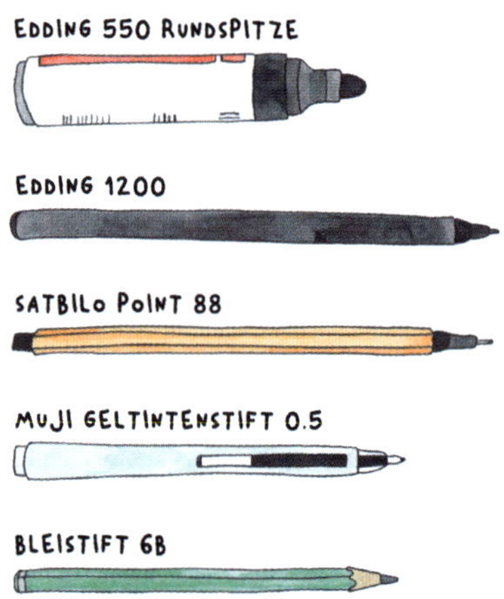

AUSMALEN – EINE FRAGE DER TECHNIK

Beim Ausmalen einer Zeichnung hast du so viele Möglichkeiten, wie der Kunstbedarf hergibt. Damit du zu Beginn nicht gleich die Orientierung verlierst, habe ich sechs meiner Lieblingstechniken zusammengefasst.

1 Fineliner – für Minimalisten

Schwarz-Weiß-Zeichnungen haben eine ganz eigene, moderne und minimalistische Qualität. Du brauchst dafür nur einen einzigen Stift und kannst mit Strukturen (wie Pünktchen und Strichen) kreativ werden.

2 Filzstift – für Eilige

Filzstifte passen in die Handtasche, Küchenschublade oder das Handschuhfach. Wer Motive unkompliziert und schnell ausmalen möchte, ist mit „Filzern" gut beraten. Kaufe dir eine 12er-Packung, und los geht's!

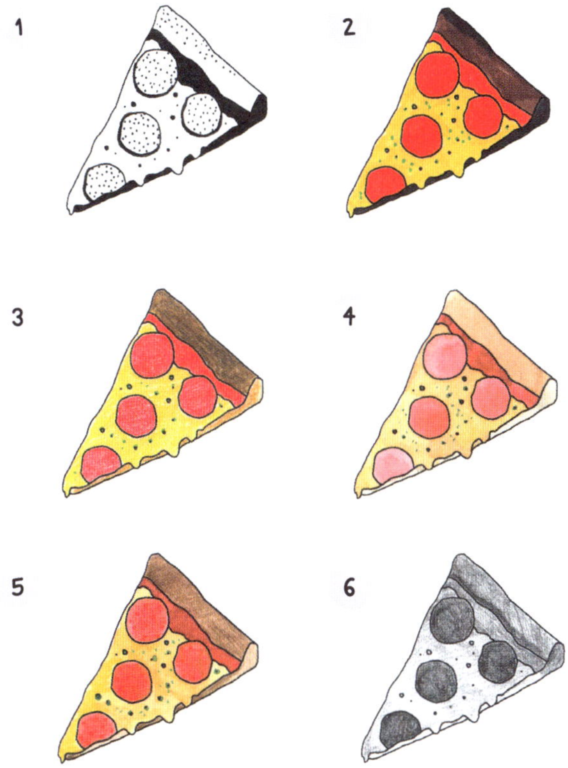

3 Buntstift – für alle

Was ich an Buntstiften besonders mag: Mit dem Druck auf den Stift lässt sich die Deckkraft beeinflussen. Das ermöglicht interessante Nuancen und Schattierungen. Bonus für tollpatschige Menschen: Wenn der Buntstift mal auf den Pulli fällt, gibt es keine Flecken.

4 Aquarellfarben – für Geduldige

Aquarellfarben erfordern etwas Muße. Du benötigst neben den Farben (im Kasten oder der Tube) mindestens einen Pinsel und ein Behältnis mit Wasser. Zusätzlich musst du warten, bis die Farben getrocknet sind, bevor du dein Werk transportieren kannst. Nichtsdestotrotz sind Aquarellfarben eines meiner liebsten Produkte und aus meinem kreativen Alltag nicht mehr wegzudenken.

5 Aquarellfarben & Buntstifte – für Geübte

Getrocknete Aquarellfarben lassen sich mit Buntstiften verfeinern. Du kannst Strukturen und Details einarbeiten, die du dir mit dem Pinsel noch nicht zutraust.

6 Bleistift

Neben den bunten Farben machen die Grautöne des Bleistifts auf den ersten Blick nicht ganz so viel her. Malst du mit einem Bleistift aus, erzielst du aber mit einfachen Mitteln einen großen Effekt. Durch den Druck auf den Stift kannst du die Deckkraft bestimmen. Im zweiten Schritt kannst du den Strich verwischen oder mit einem Radiergummi hineinarbeiten.

DEINEN STIFT KENNENLERNEN

Wenn du dich für einen Stift entschieden hast, kannst du dich erst mal kurz mit ihm austauschen, indem du ihn einer Probe unterziehst: Was geschieht, wenn man Druck auf ihn ausübt? Wie genau arbeitet er – malt er fein oder ist er einer fürs Grobe? Rechts findest du ein paar Übungen für dich und den Stift deiner Wahl.

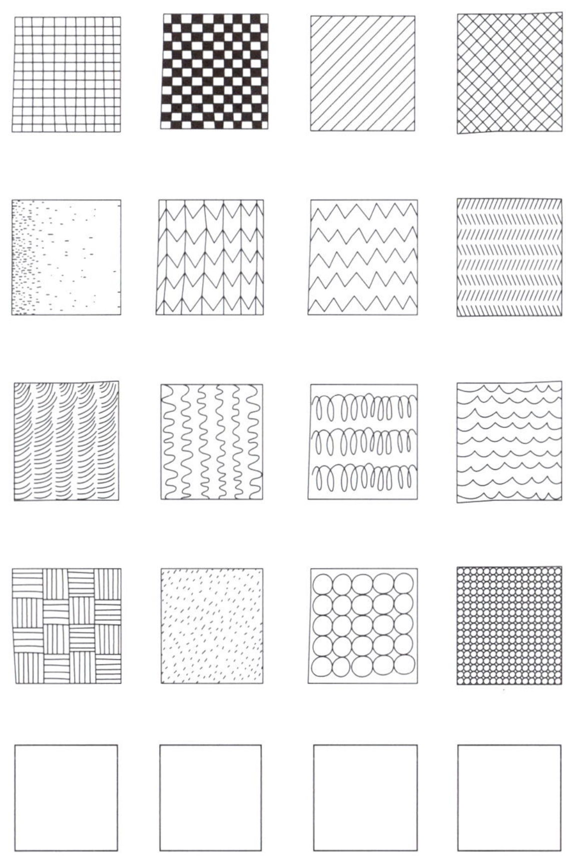

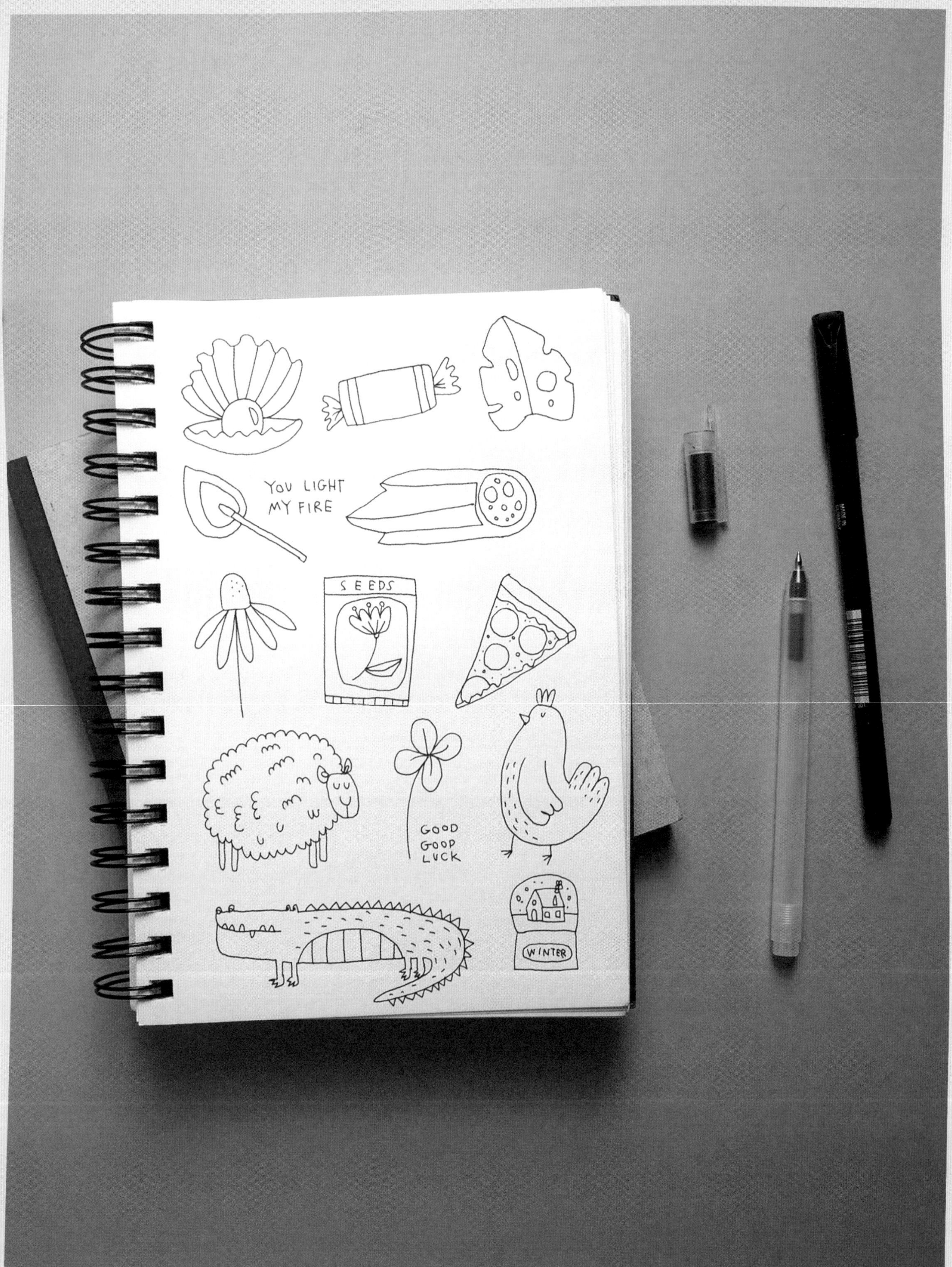
YOU LIGHT MY FIRE
SEEDS
GOOD GOOD LUCK
WINTER

Egal ob beruflich oder privat – ich sortiere gerne. Daher sind die Motive in diesem Buch ebenfalls sortiert: Nach besonderen Tagen im Jahr. Zum einen gibt dies die Möglichkeit, einen guten Überblick zu behalten, zum anderen sind es oft die Feiertage, an denen eine kleine Zeichnung gut ausprobiert werden kann. Deine Weihnachtspost, die Grußkarten aus dem Urlaub oder die Eier am Osterstrauch kannst du zukünftig mit kleinen kreativen Zeichnungen aufrüschen. Aber keine Sorge, es sind auch reichlich Motive dabei, die sich jeden Tag gut machen.

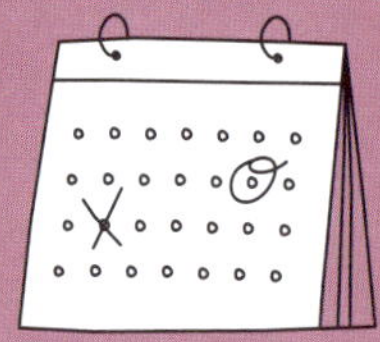

14. FEBRUAR

Love is in the air!

Valentins TAG

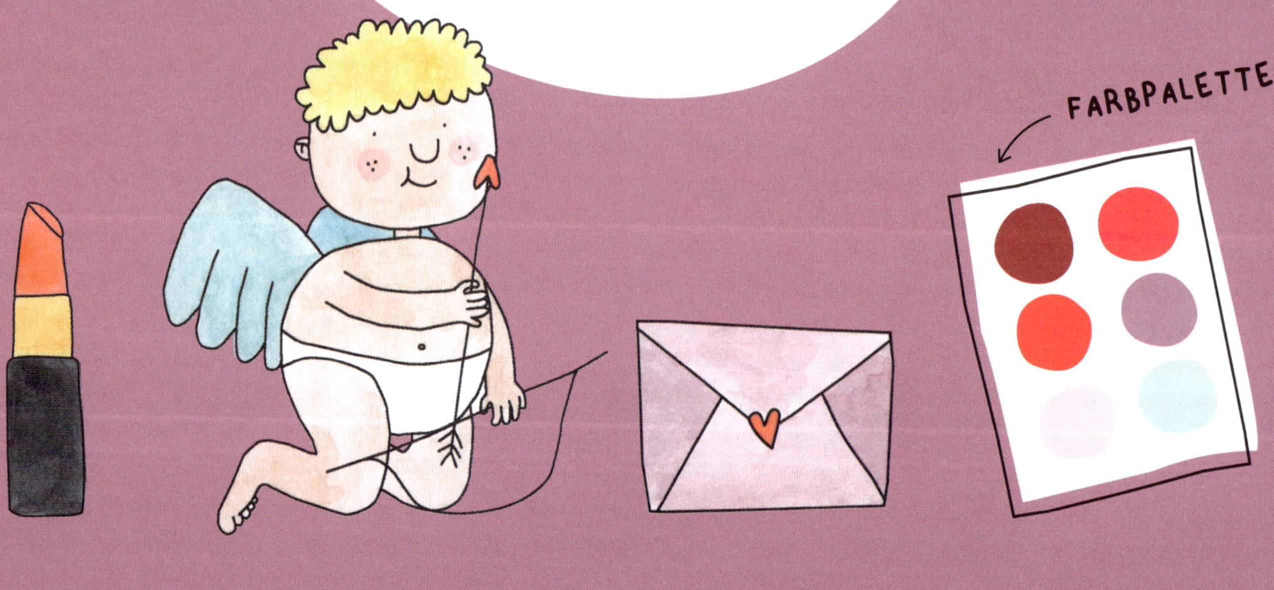

UND JETZT DU!

Ausmalbilder

WÄRM DICH AUF

Aufwärmübung

*Valentinstag und Schokolade gehen Hand in Hand.
Pralinen lassen sich schneller zeichnen, als du Champagnertrüffel sagen kannst und eignen sich somit perfekt zum Warmzeichnen. Kurzer Check:
Nüsse auf Schokolade – etwas für Feinschmecker oder einfach nur grausam?*

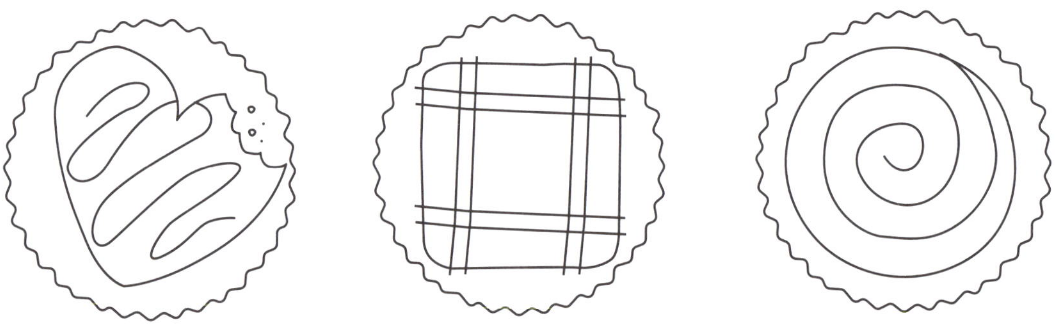

STEP BY STEP

Anleitungen

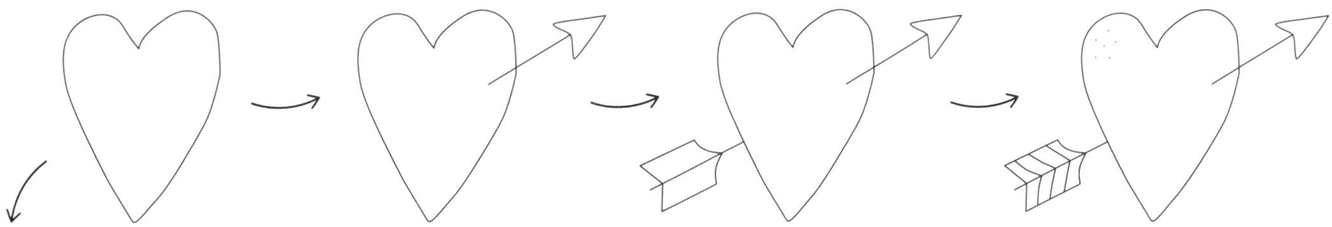

TIPP

Wenn du magst, kannst du dem Herzen noch ein Gesicht geben oder einen Namen hineinschreiben.

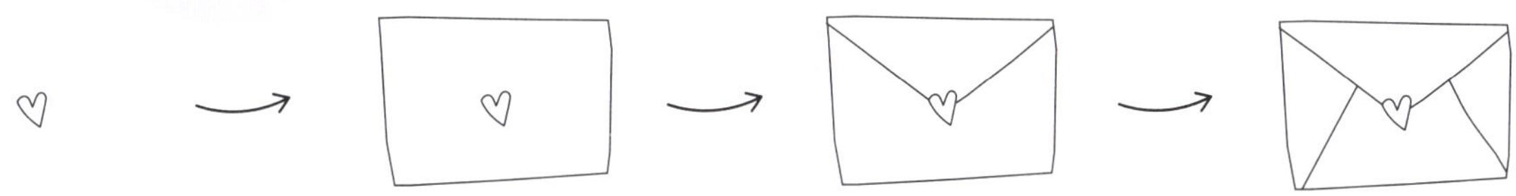

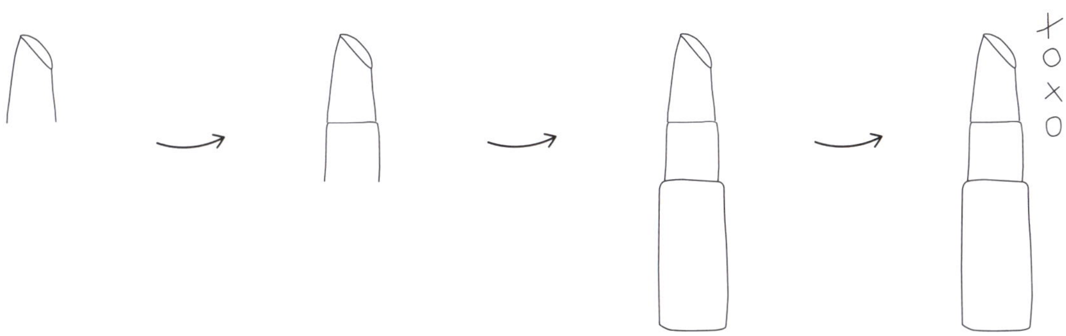

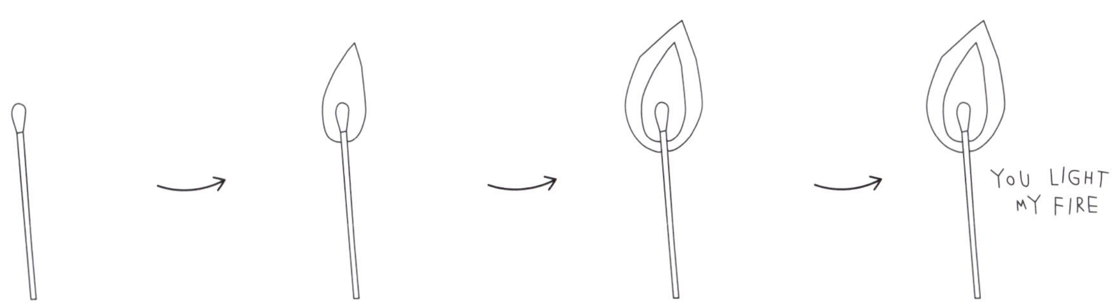

STEP BY STEP

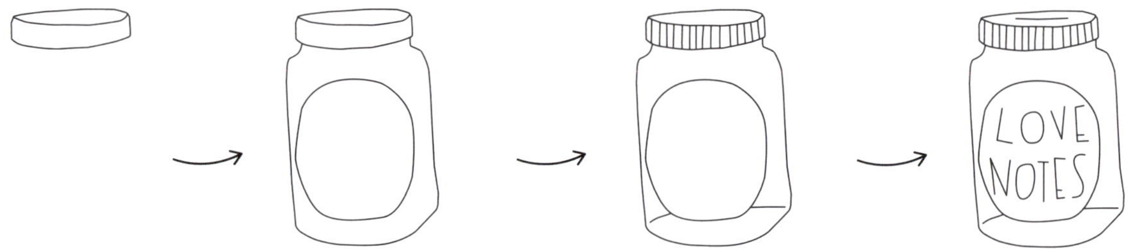
LOVE NOTES

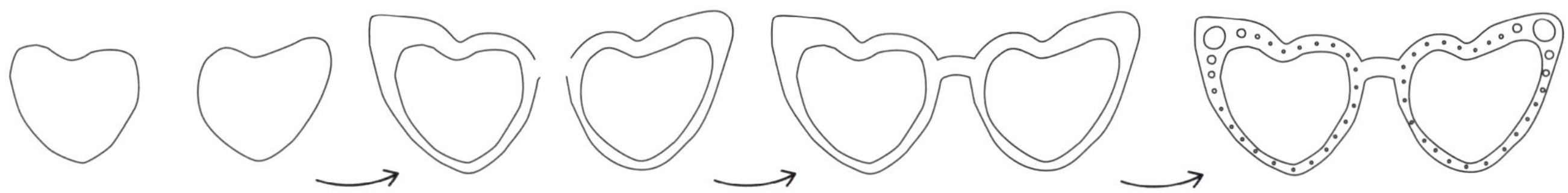

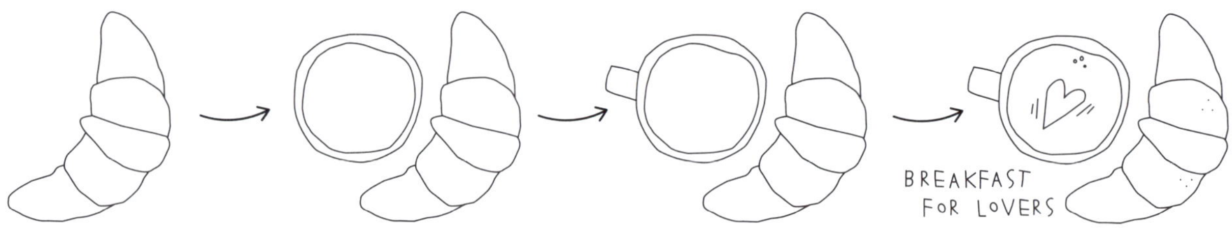
BREAKFAST FOR LOVERS

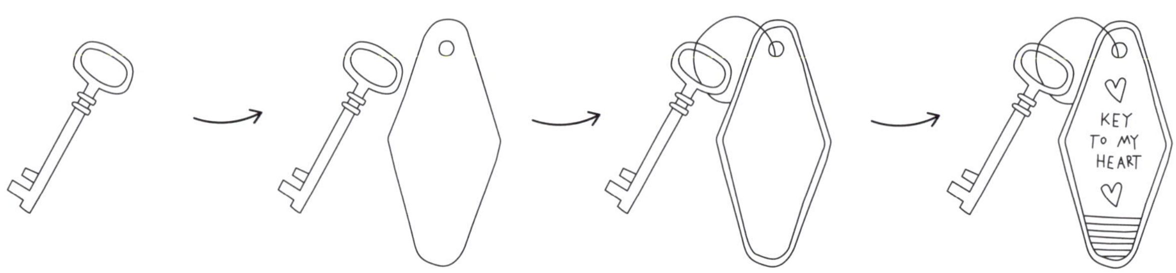
KEY TO MY HEART

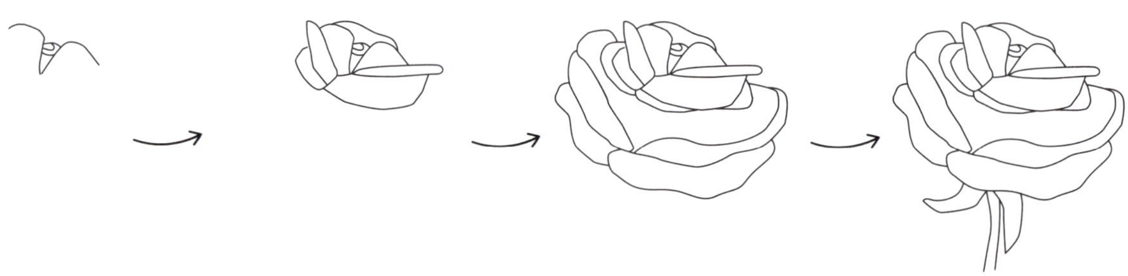

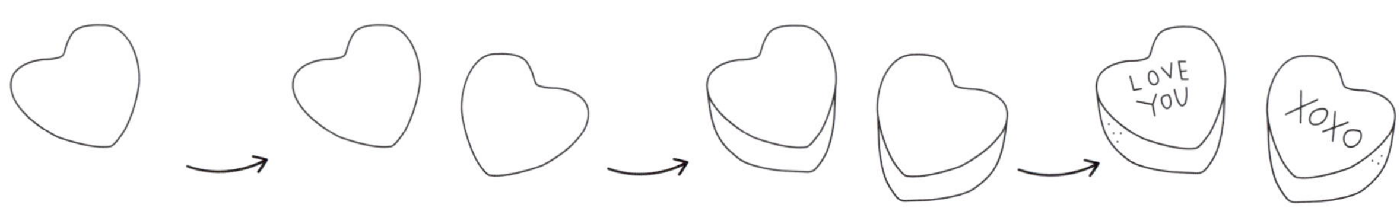
LOVE YOU
XOXO

STEP BY STEP

TIPP

Es wirkt natürlicher, wenn ein Muster nicht streng geometrisch ist und manche Elemente nur im Ausschnitt zu sehen sind. Das kannst du bei diesem BH hervorragend üben.

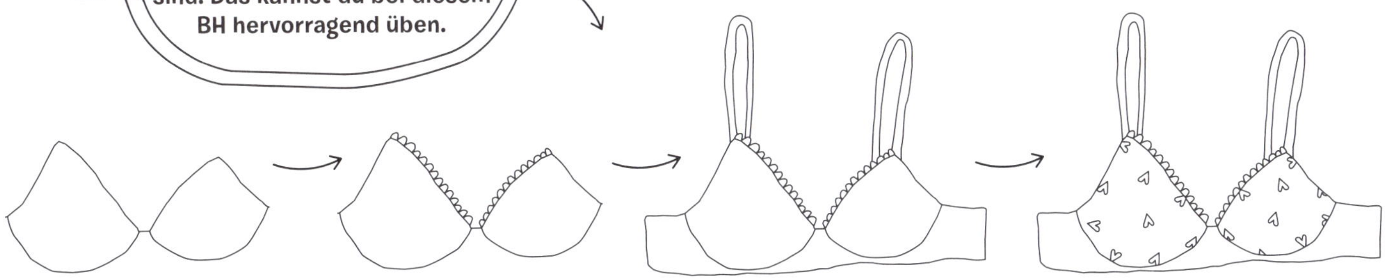

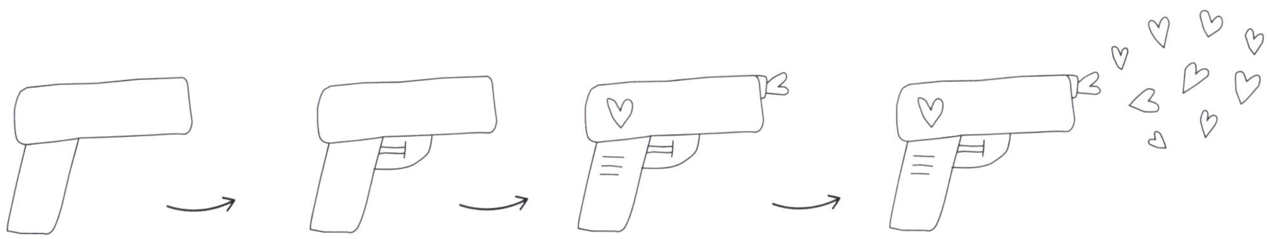

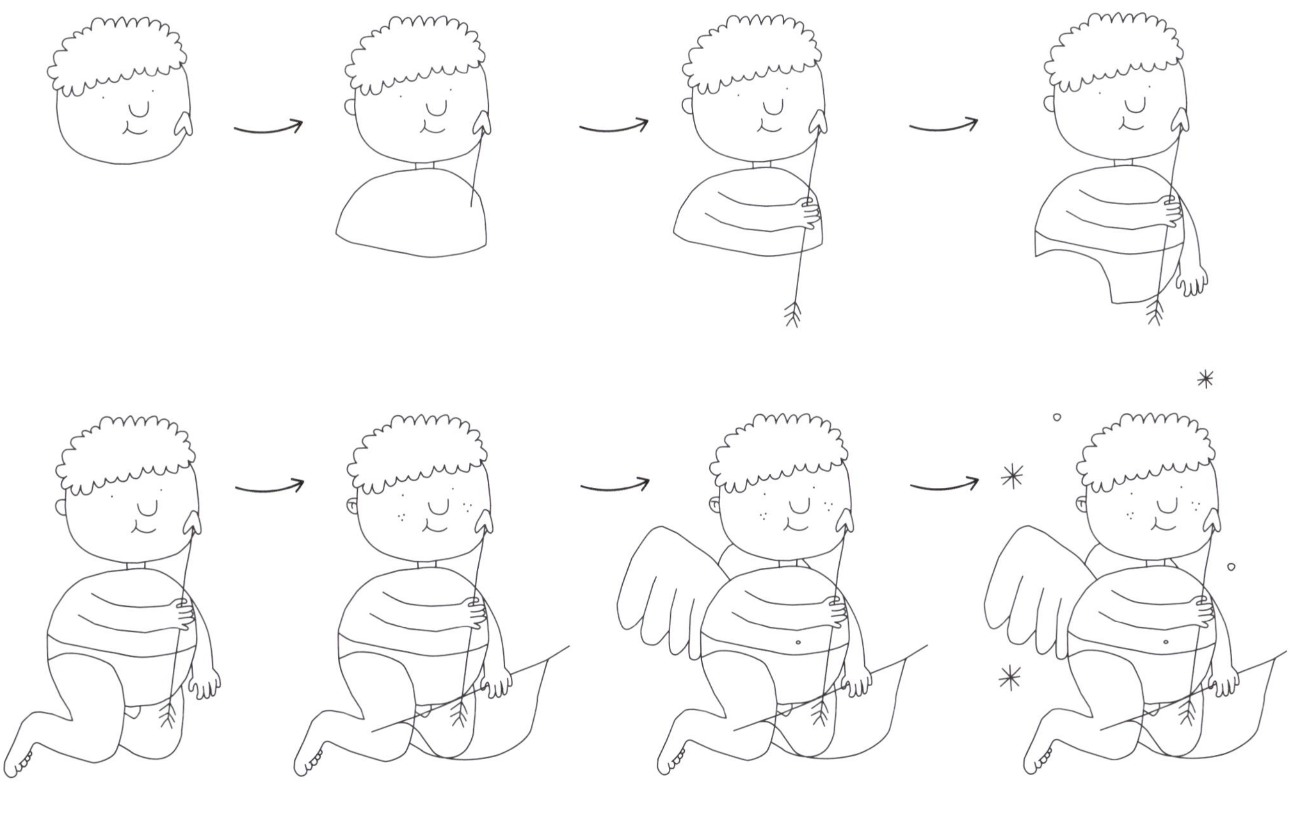

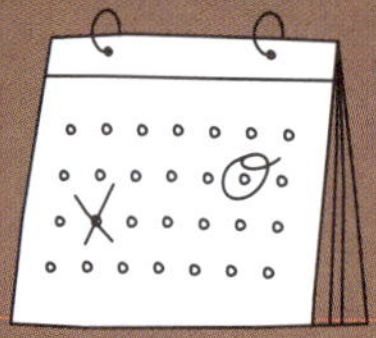

20. FEBRUAR

My best friend

Haustier TAG

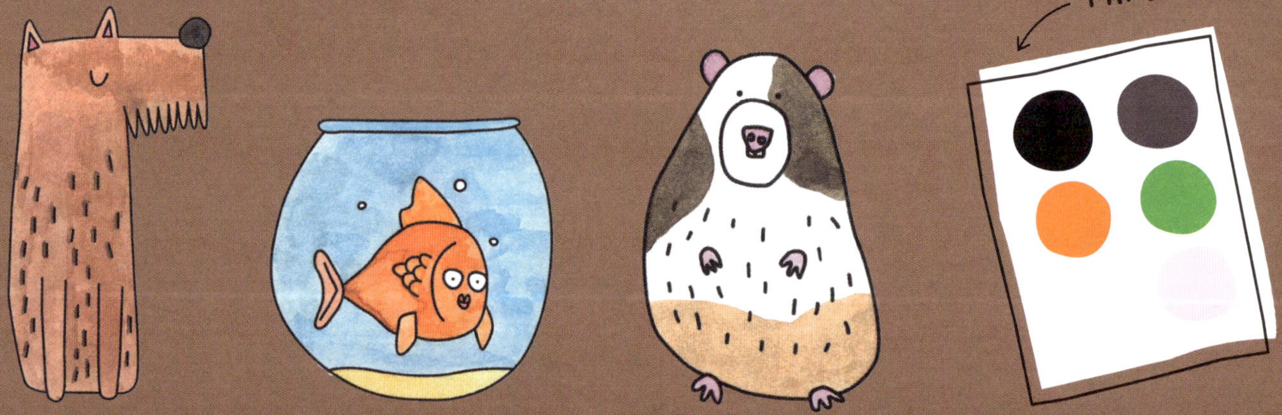

Ausmalbilder

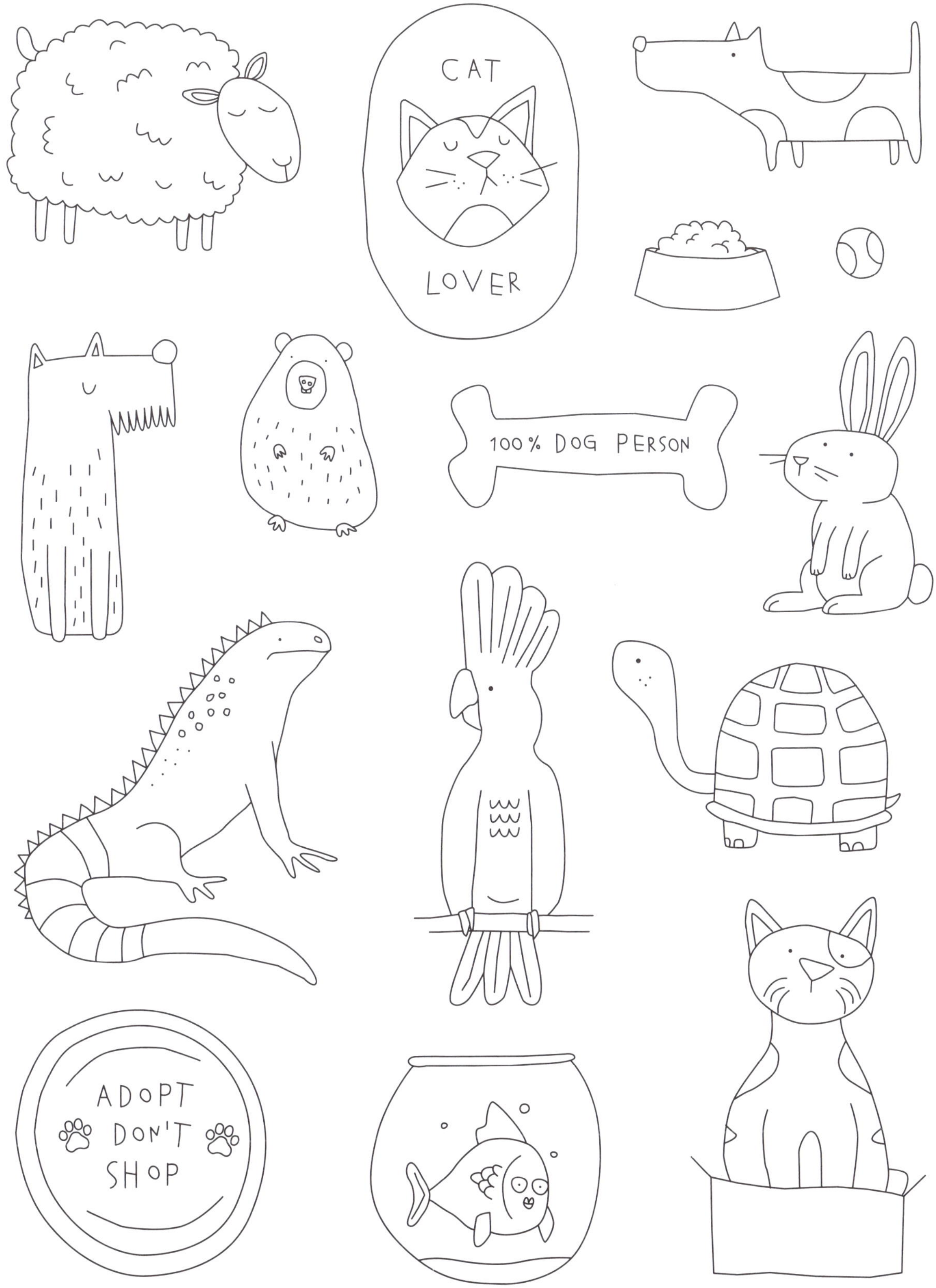

WÄRM DICH AUF

Aufwärmübung

*Jede*r Haustierbesitzer*in kennt es: Sobald ein flauschiges, tierisches Wesen bei dir einzieht, findest du überall Haare. Ähnlich wie bei den Tieren im Tropenwald (Seiten 76–81) sind die Muster auch bei einer Haustierzeichnung schon die halbe Miete. Mit ein paar Strichen kannst du Federn, Schuppen, flauschiges oder borstiges Fell zaubern.*

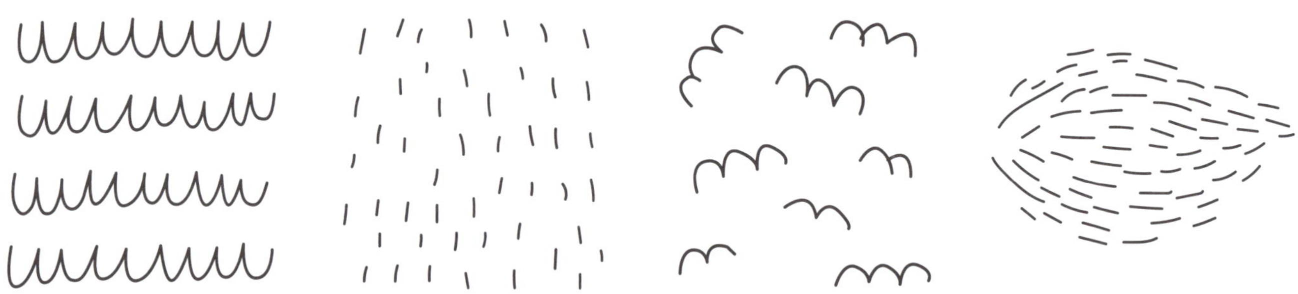

STEP BY STEP

Anleitungen

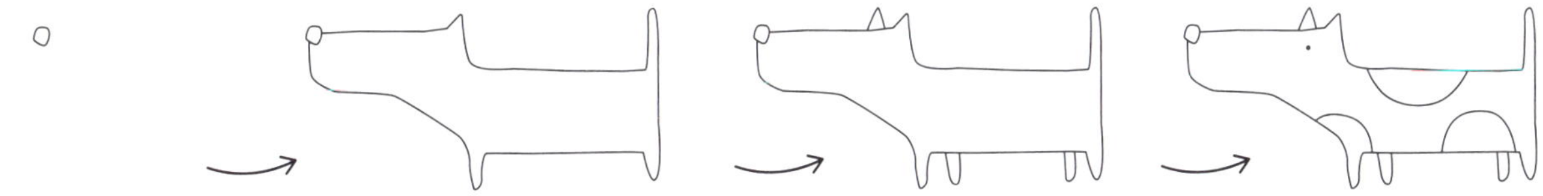

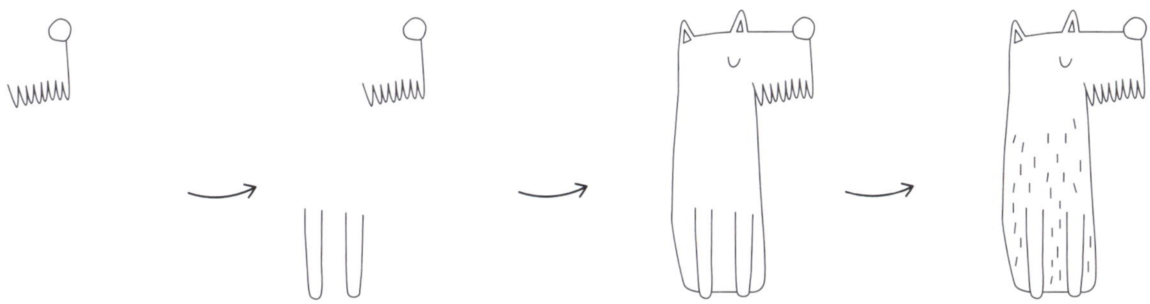

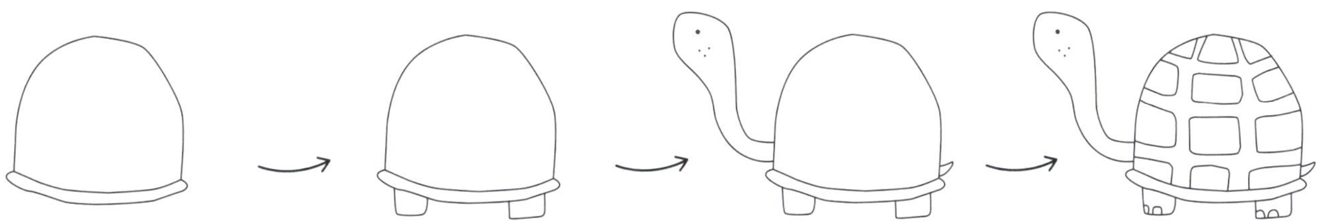

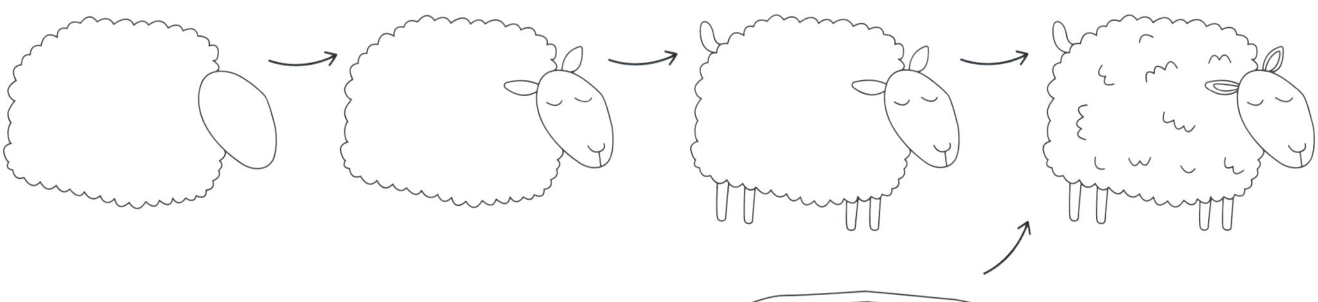

TIPP

Wenn du den wolligen Körper des Schafs zeichnest, hilft es vielleicht, dabei eine fluffige Wolke vor Augen zu haben.

STEP BY STEP

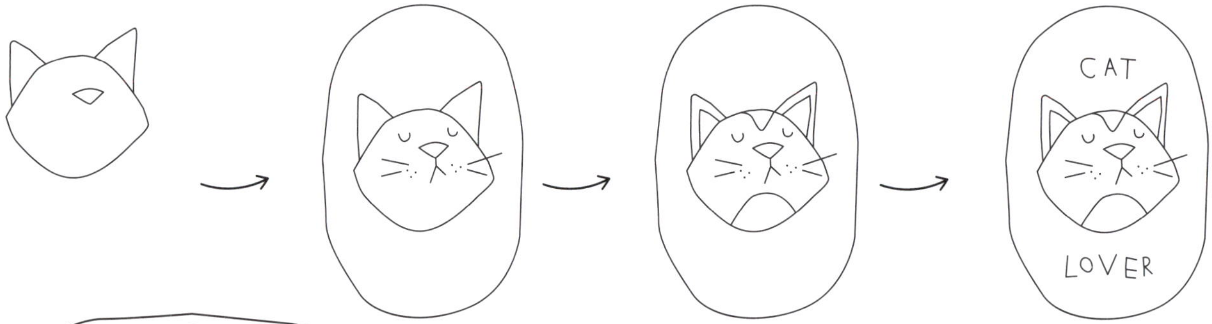

TIPP

In den Augen liegt der Ausdruck! Wenn du für die Augen Punkte nutzt, wirkt das lieb und offen. Wenn die Augen kleine Halbkreise sind (wie hier), dann sieht das Tier viel hochmütiger aus. Oder es schläft.

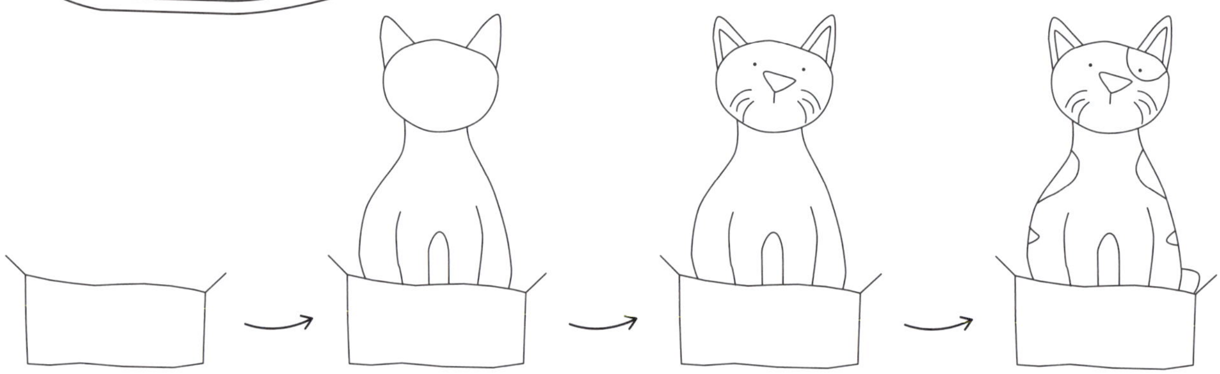

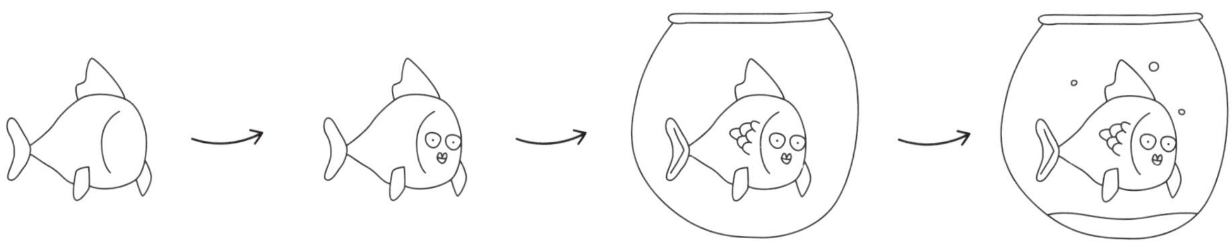

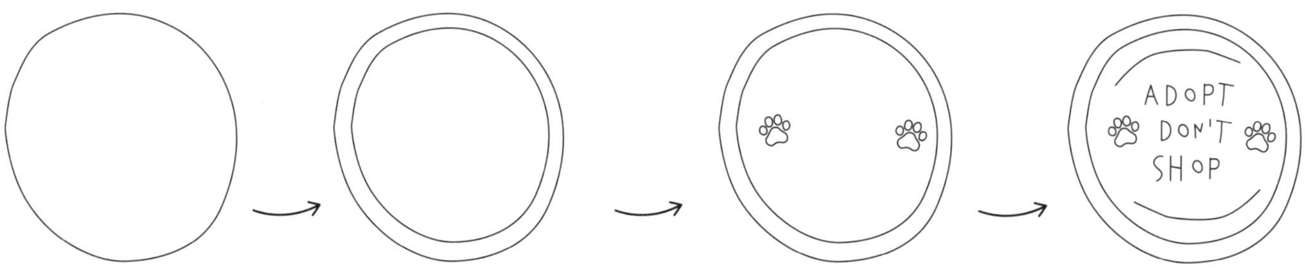

STEP BY STEP

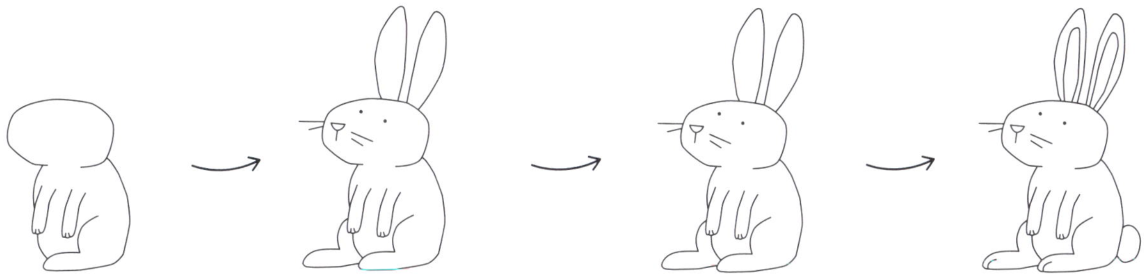

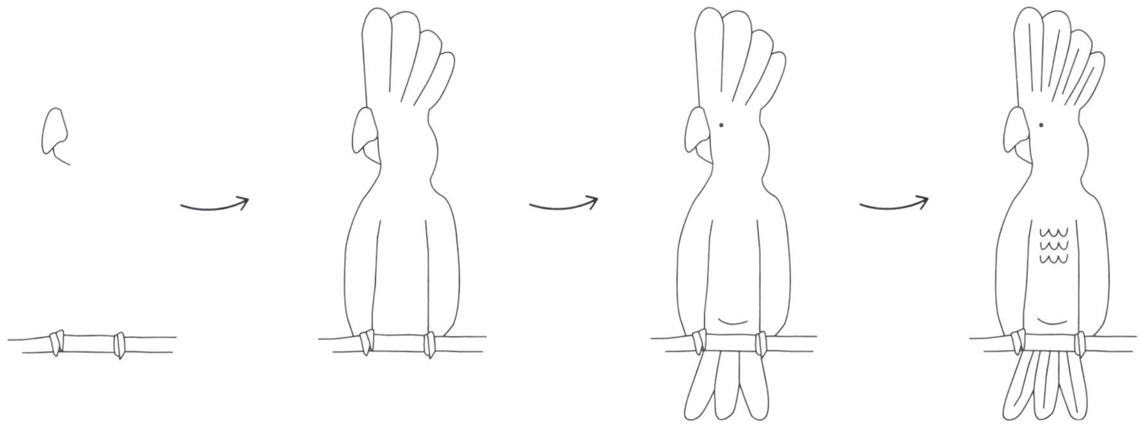

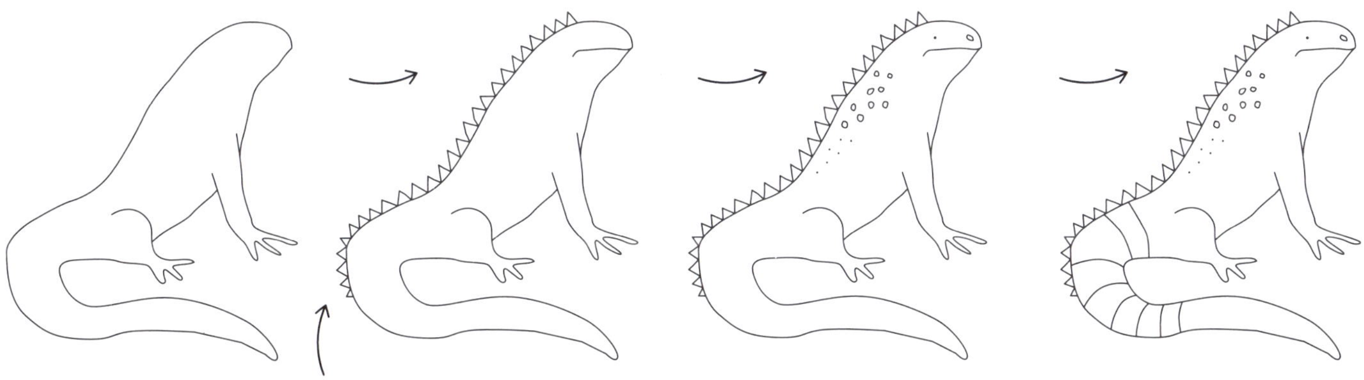

TIPP

Die Zacken entlang des Rückens sind einfach kleine Dreiecke aneinandergereiht – nichts Kompliziertes.

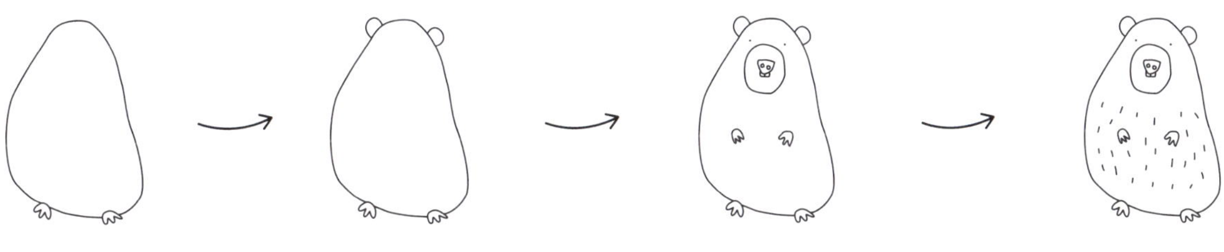

2. MÄRZ

Old but gold

Tag der ALTEN DINGE

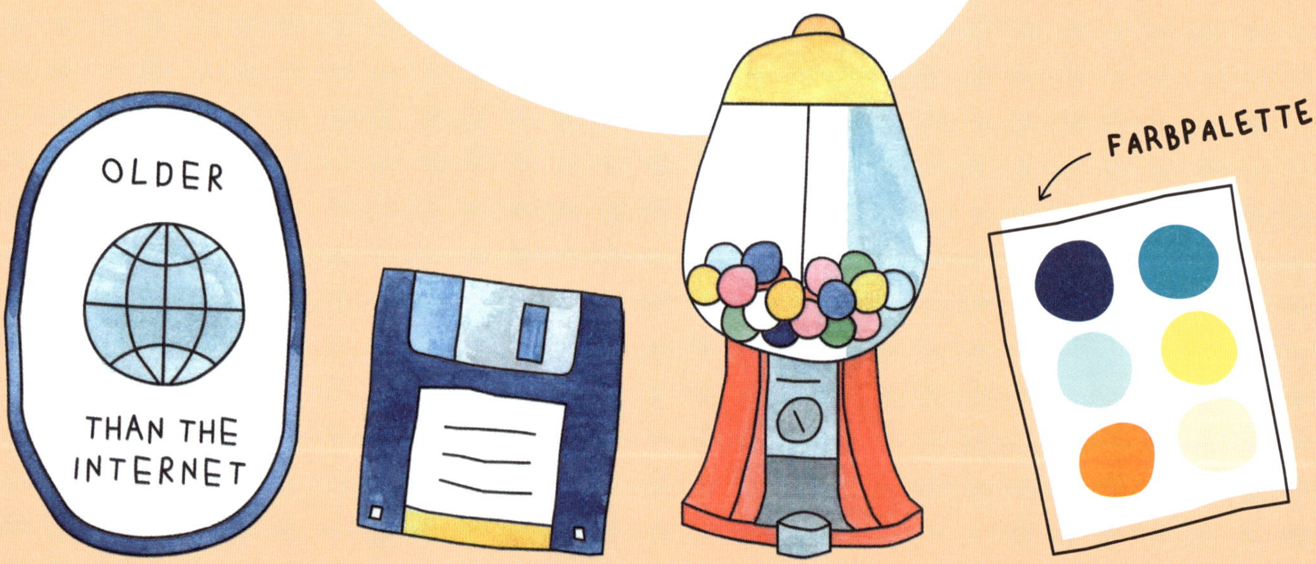

UND JETZT DU!

Ausmalbilder

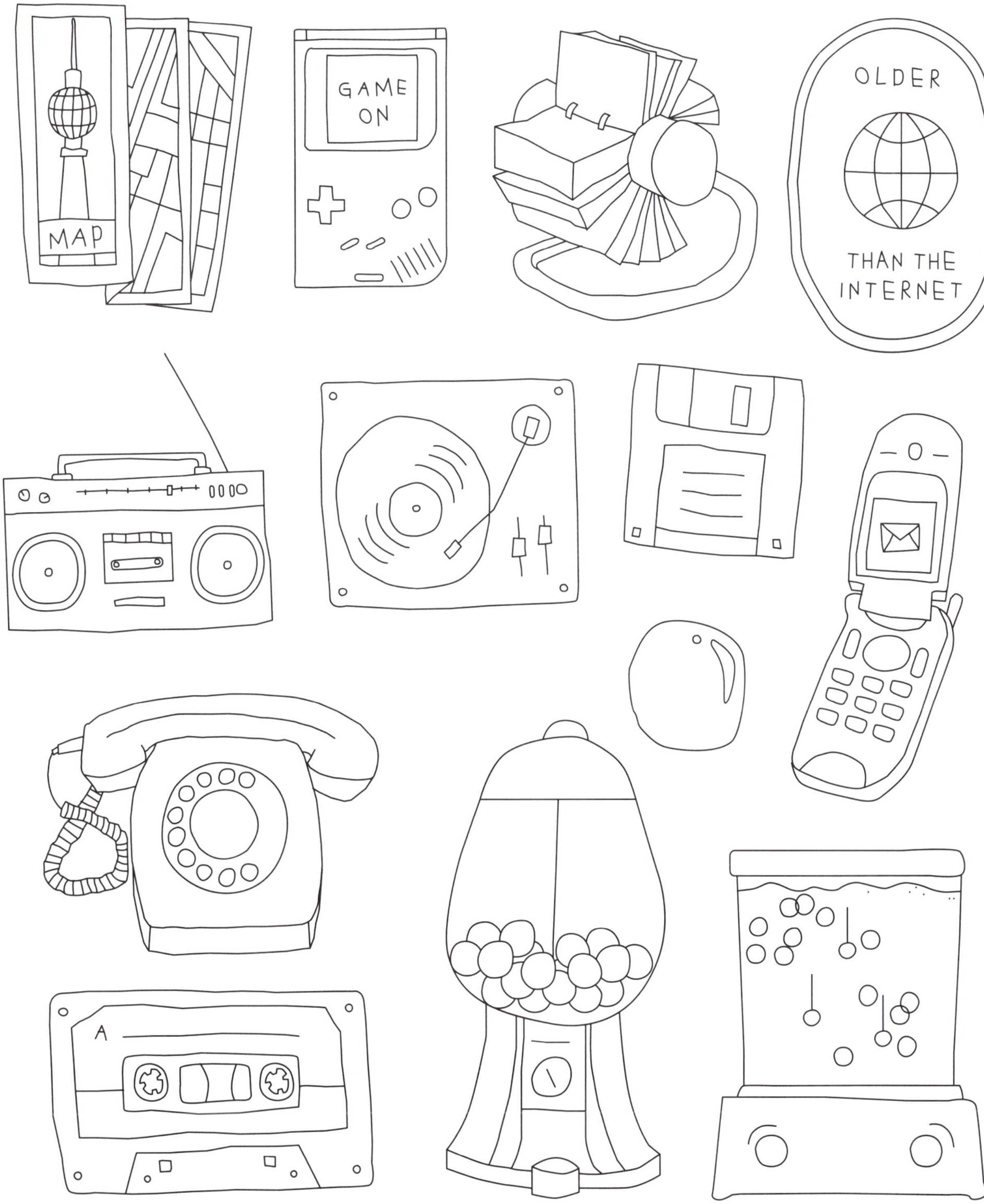

WÄRM DICH AUF

Aufwärmübung

Ich habe im Alter von 16 Jahren mein erstes Handy bekommen und das sah ungefähr so aus. Seitdem hat sich in kurzer Zeit unfassbar viel verändert. Ich möchte kurz daran erinnern, dass man in den frühen 2000ern den Schreck seines Lebens bekommen hat, wenn man aus Versehen die Internet-Funktion aktivierte. Vielleicht schaffst du es (auch gerne mit kurzer Internetrecherche), dein erstes Handy zu zeichnen. Wenn du keines besitzt – umso besser. Dann zeichne hier einen Goldfisch. Die Anleitung dafür kannst du auf Seite 26 noch mal nachschauen.

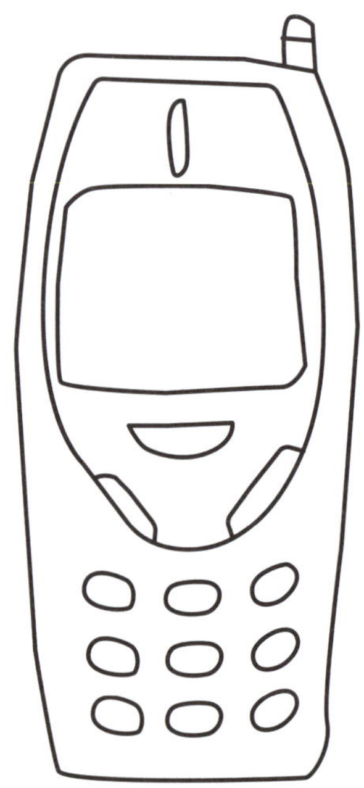

STEP BY STEP

Anleitungen

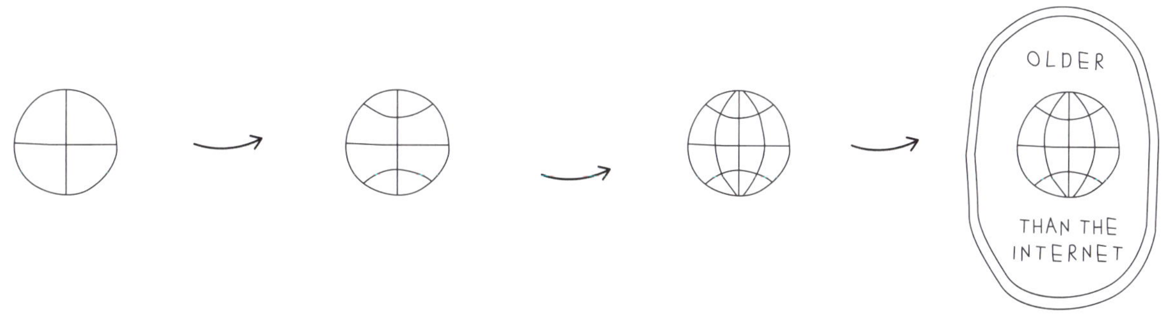

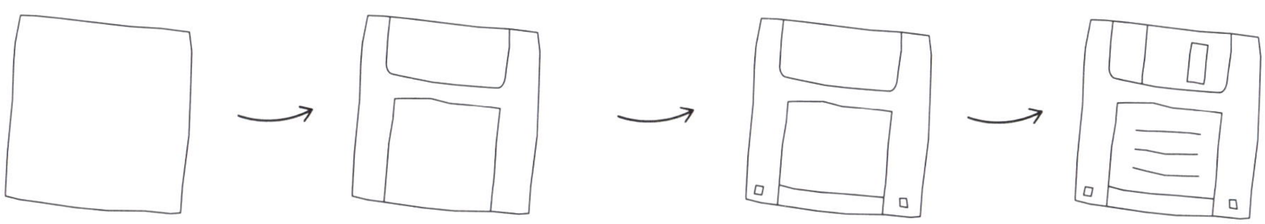

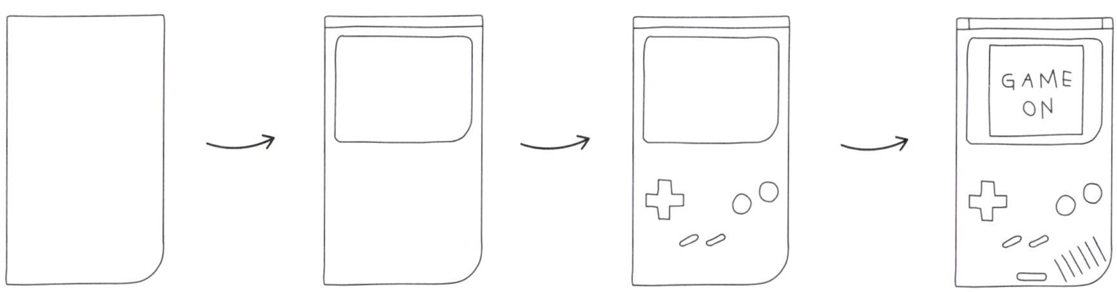

**Weißt du noch, was das ist?
Eine Rollkartei (besser bekannt als Rolodex) ist eine Möglichkeit, Karteikarten auf einer drehbaren Achse zu sortieren. Das ist praktisch für das Katalogisieren von Adressen oder Telefonnummern.**

TIPP

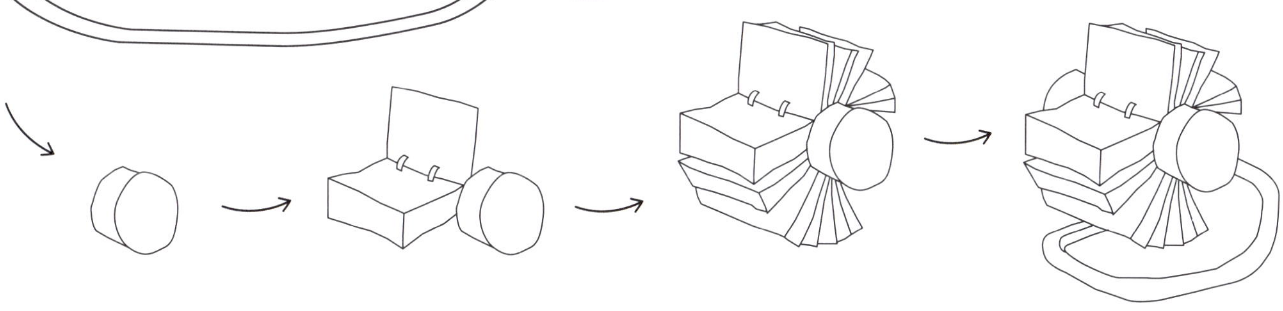

STEP BY STEP

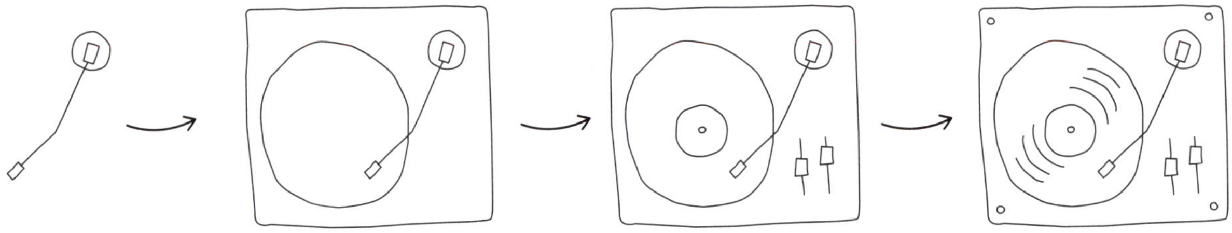

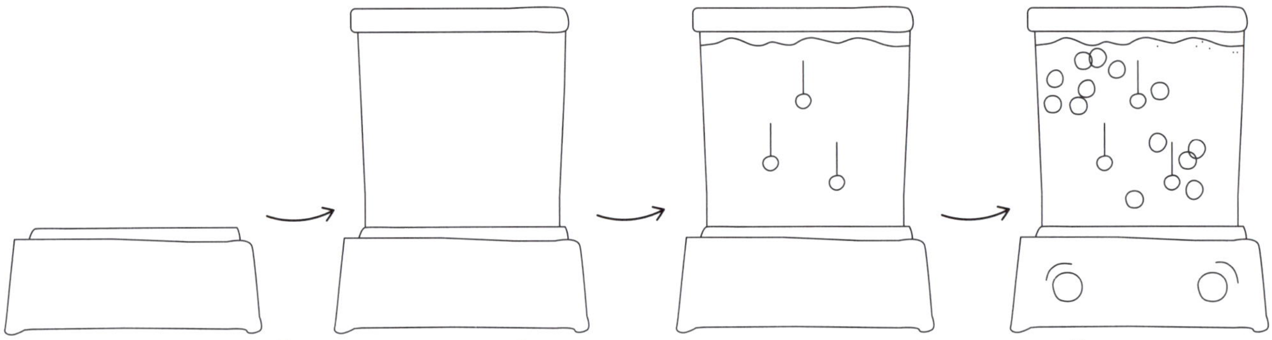

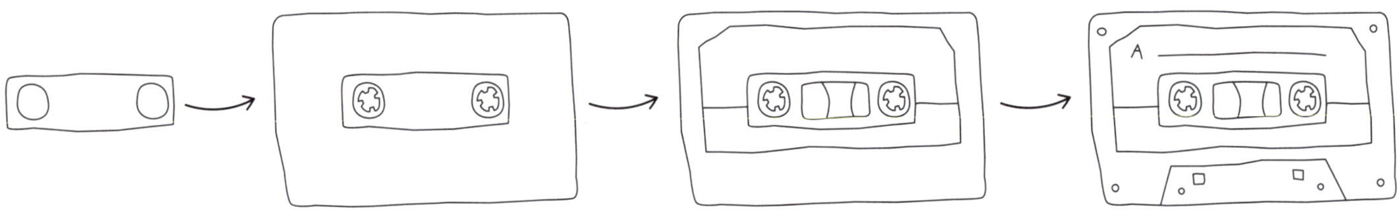

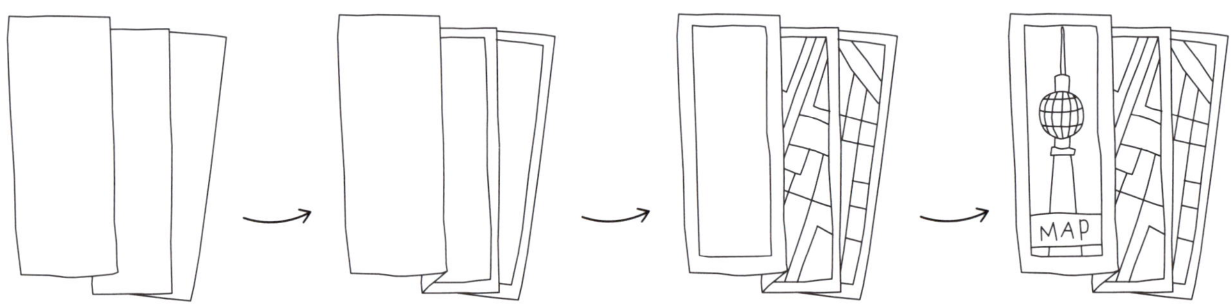

TIPP

Wenn du eine genauere Anleitung für das Zeichnen des Fernsehturms brauchst, schaue einfach auf Seite 91 beim Welttourismustag nach.

STEP BY STEP

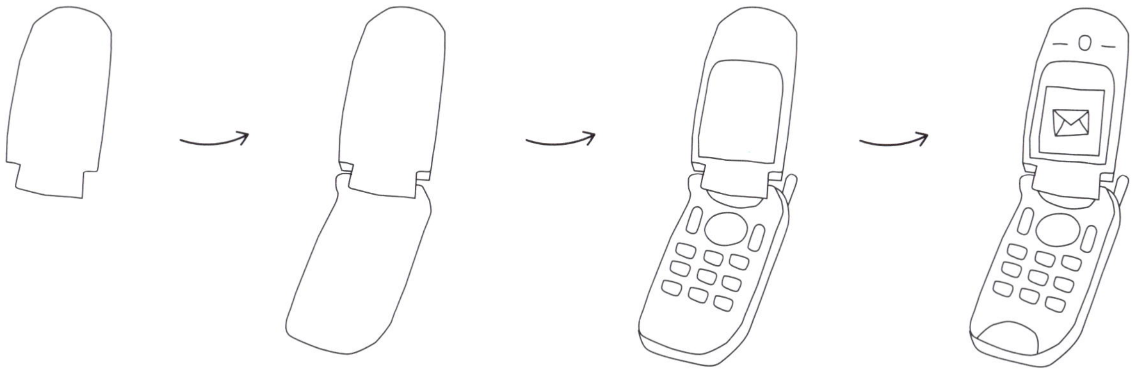

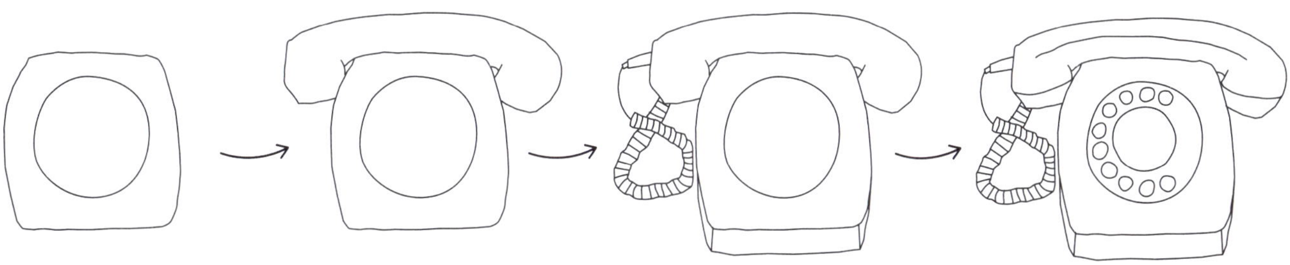

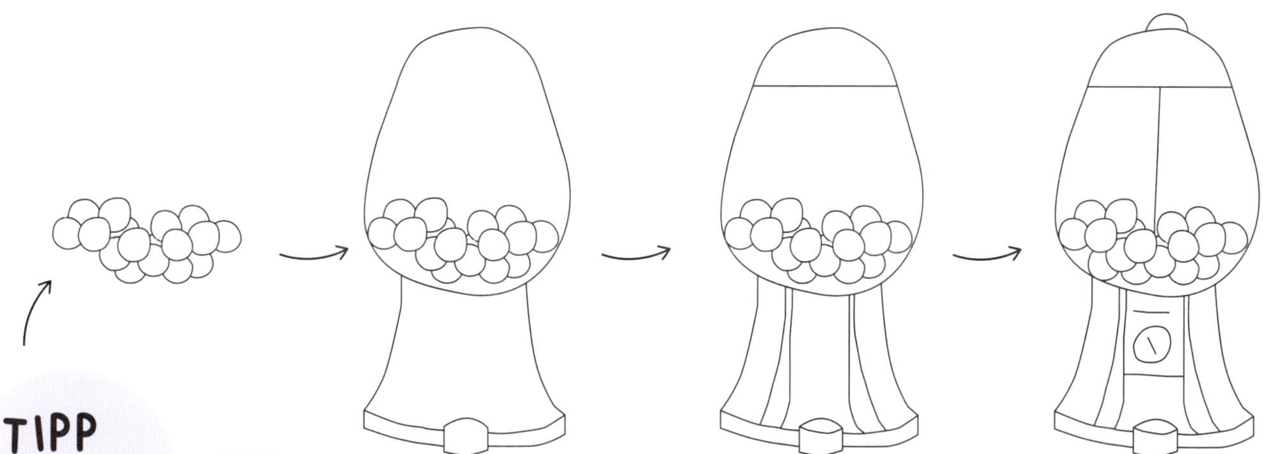

TIPP

Macht enorm viel Spaß zu zeichnen und weckt direkt Kindheitserinnerungen: der Kaugummiautomat.

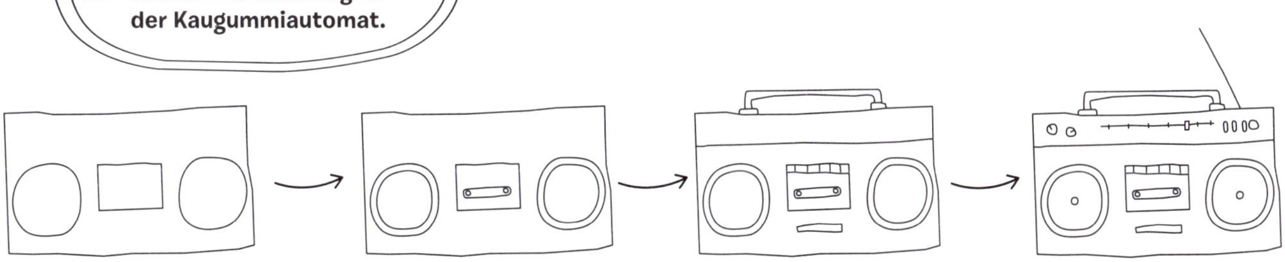

21. MÄRZ

Forest bathing

Tag des WALDES

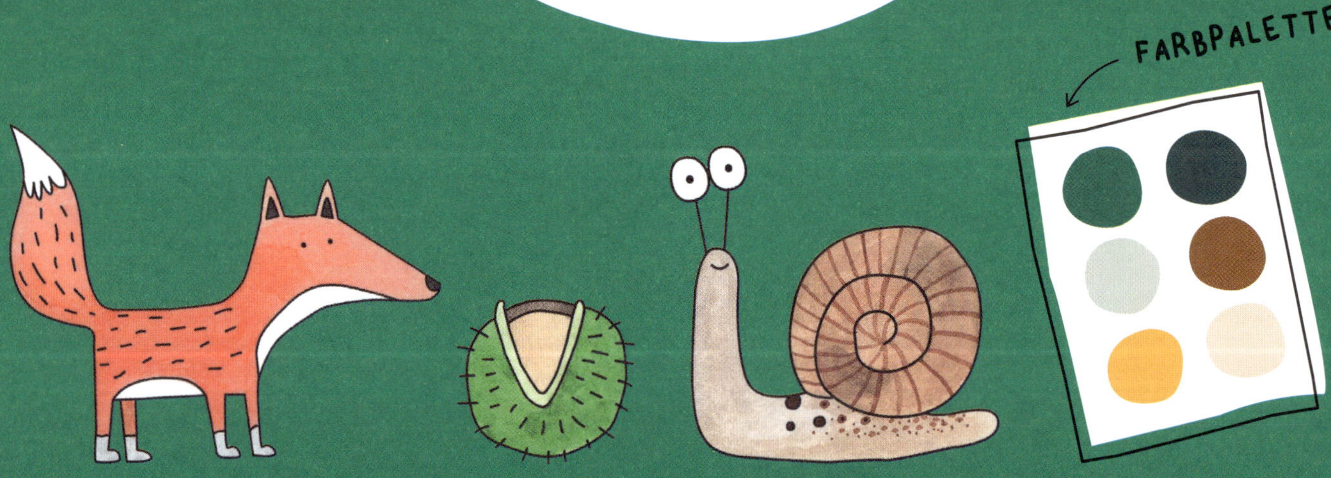

UND JETZT DU!

Ausmalbilder

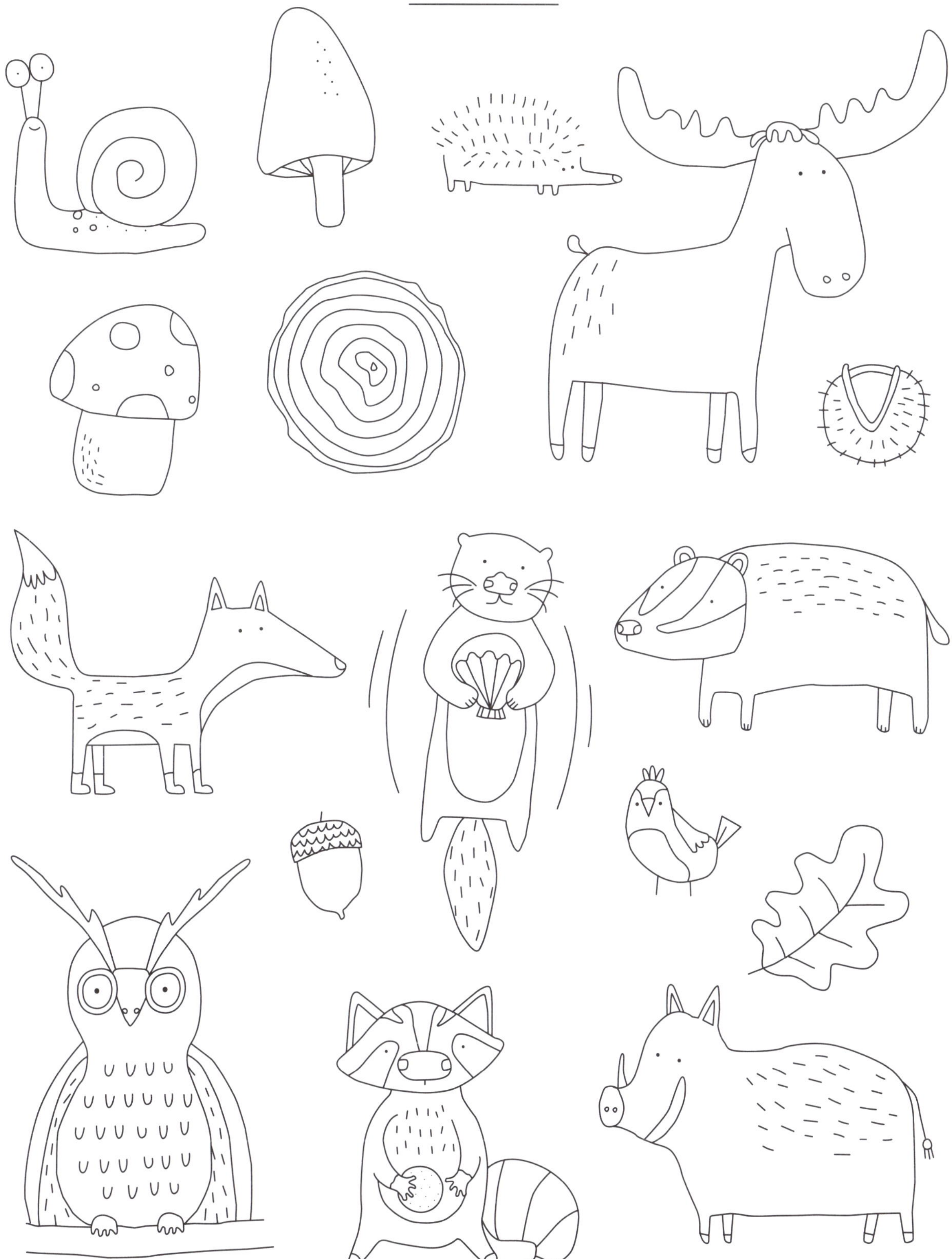

WÄRM DICH AUF

Aufwärmübung

Die Waldtiere zu zeichnen, ist dir noch nicht ganz geheuer? Kein Problem! Pflanzen und Pilze sind ein bisschen einfacher zu zeichnen. Stell dir vor, du hättest einen Waldspaziergang gemacht und würdest nun die Fundstücke aus dem Wald auf dem Tisch ausbreiten und zeichnen. Oder noch besser: Du hast tatsächlich einen Waldspaziergang gemacht und zeichnest deine Fundstücke.

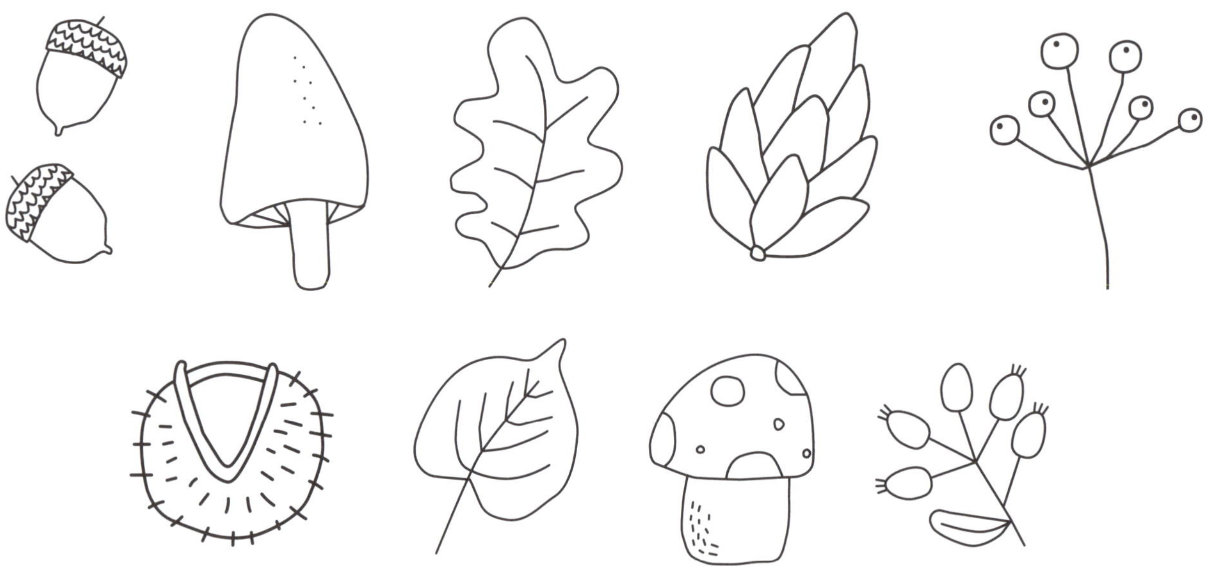

STEP BY STEP

Anleitungen

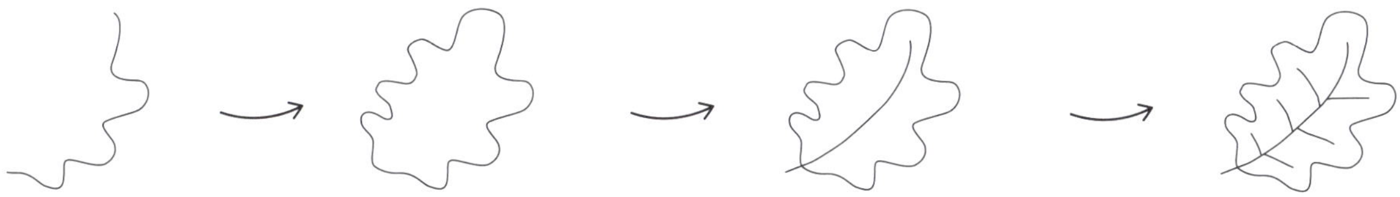

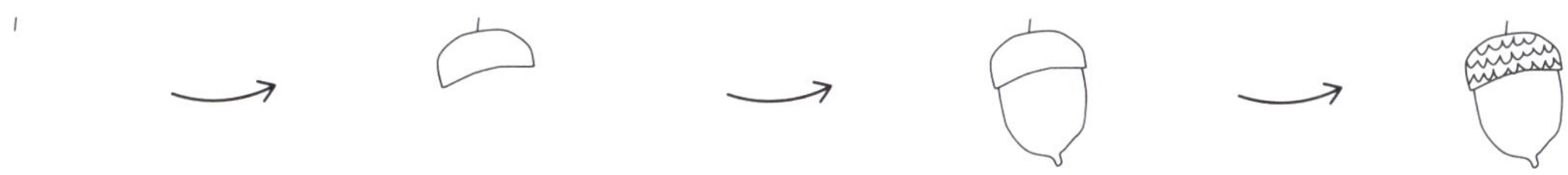

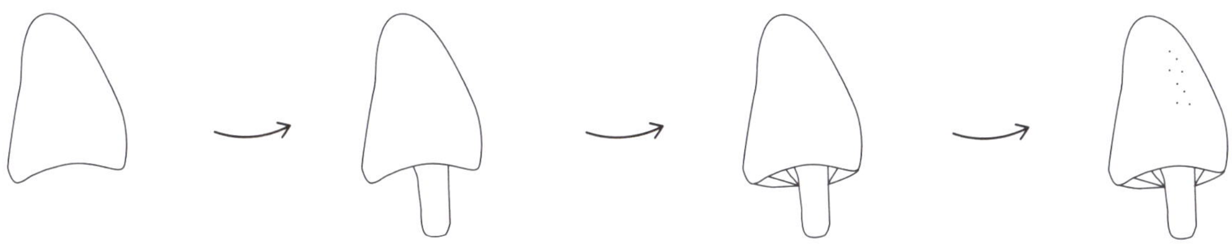

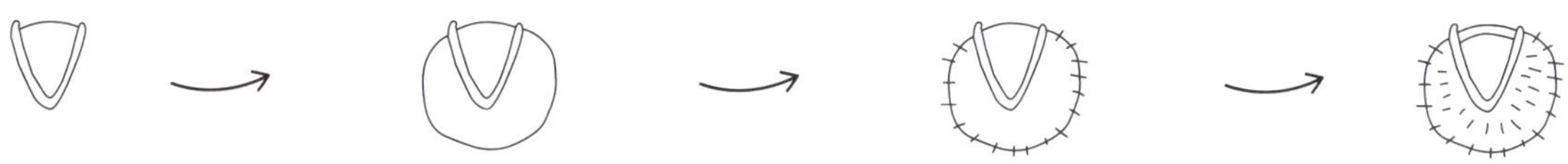

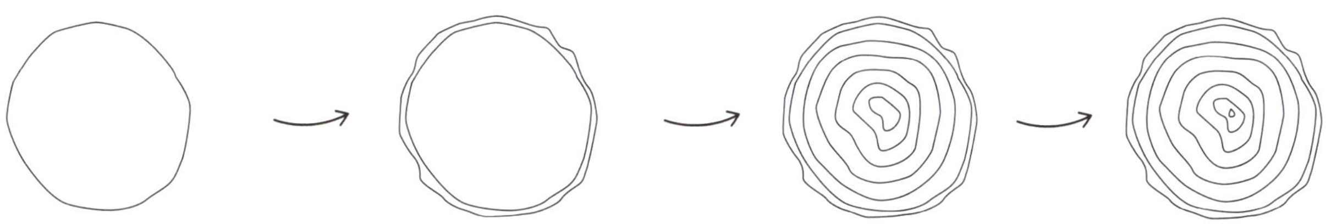

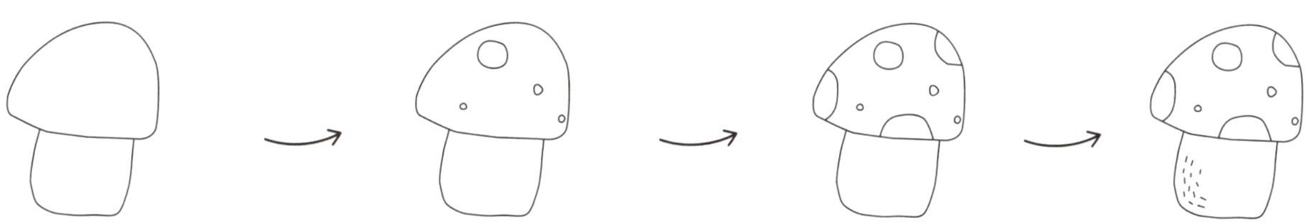

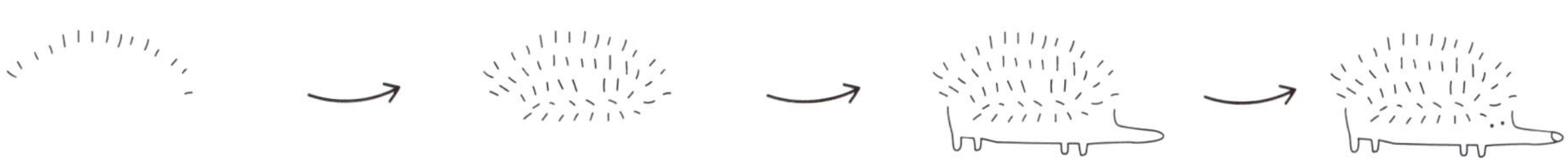

STEP BY STEP

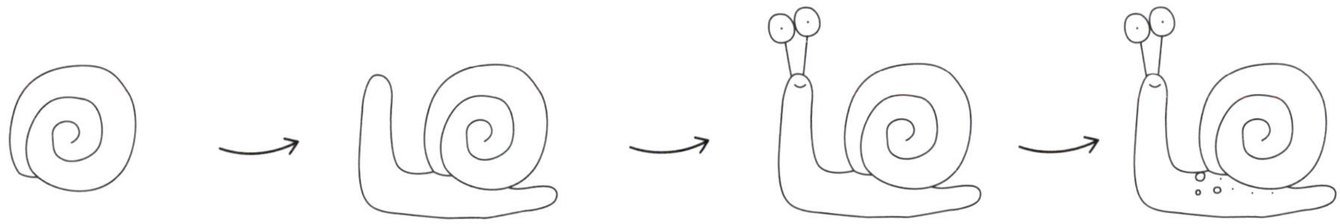

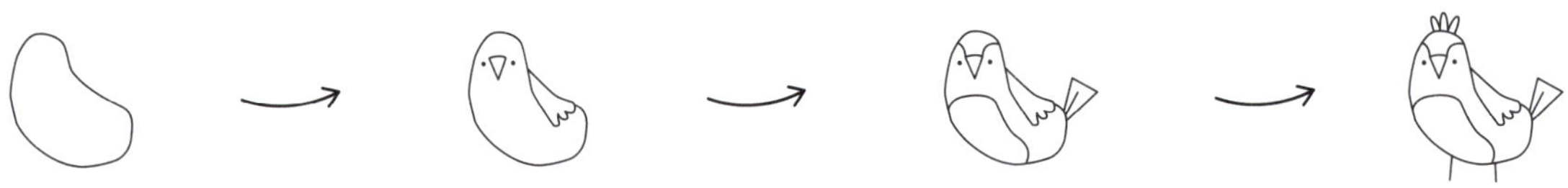

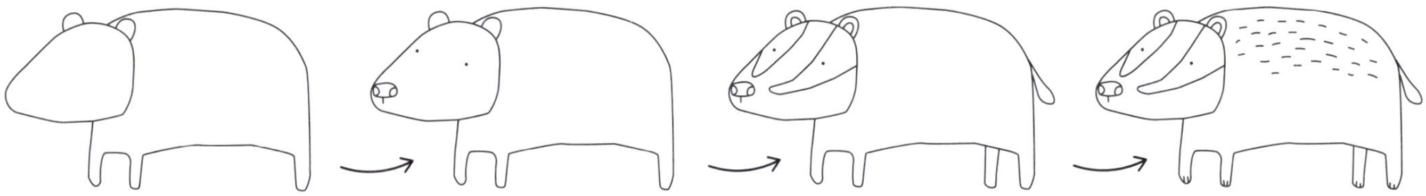

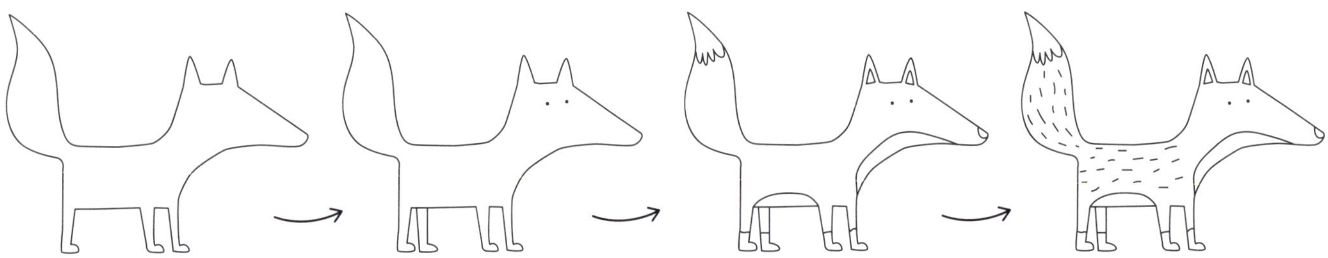

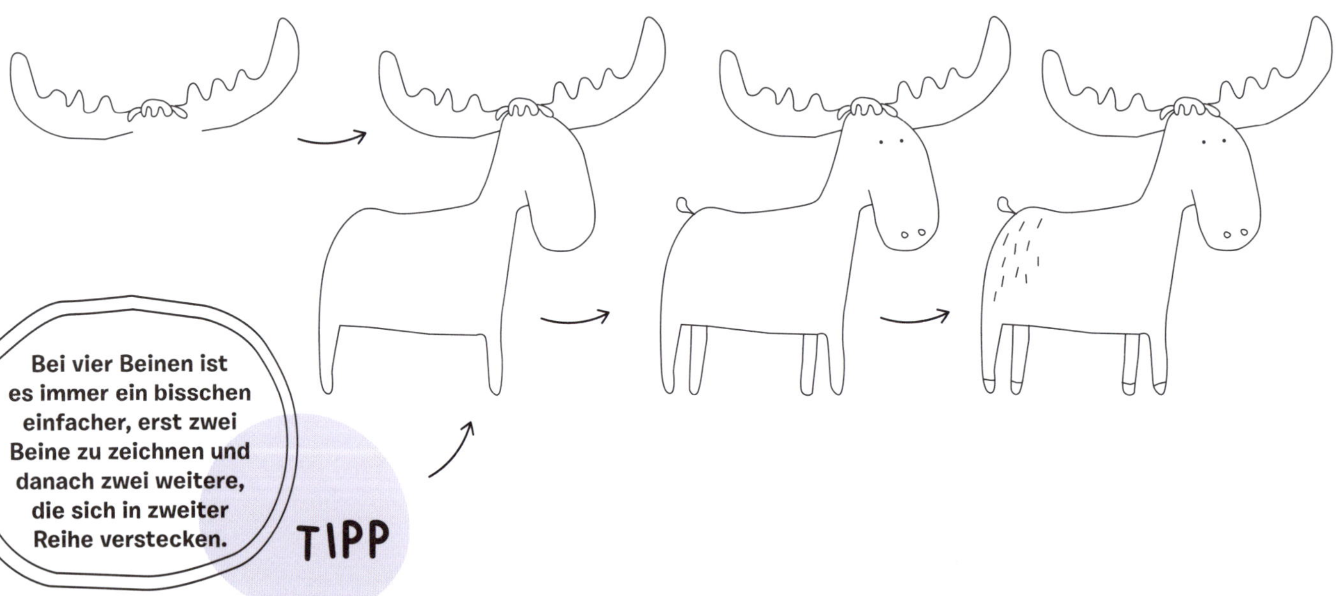

Bei vier Beinen ist es immer ein bisschen einfacher, erst zwei Beine zu zeichnen und danach zwei weitere, die sich in zweiter Reihe verstecken.

TIPP

STEP BY STEP

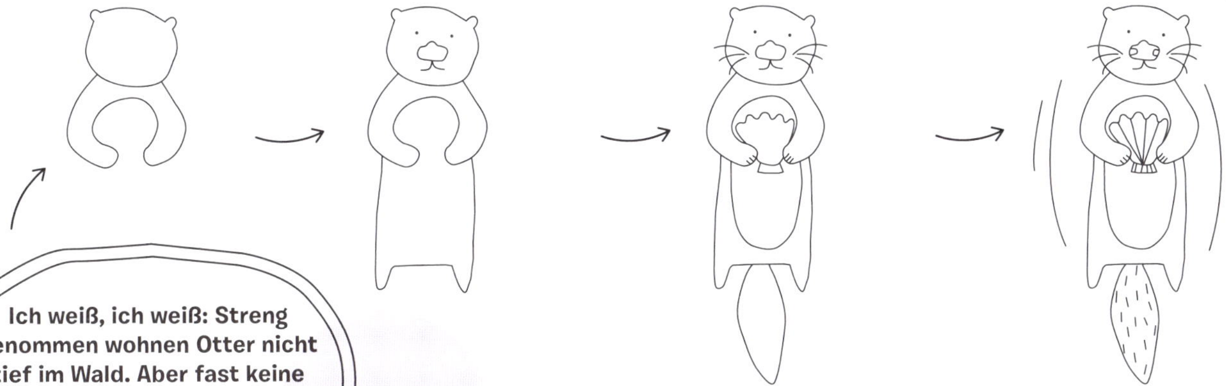

Ich weiß, ich weiß: Streng genommen wohnen Otter nicht tief im Wald. Aber fast keine Frage wurde mir häufiger gestellt als: »Wie zeichnet man einen Otter?«

TIPP

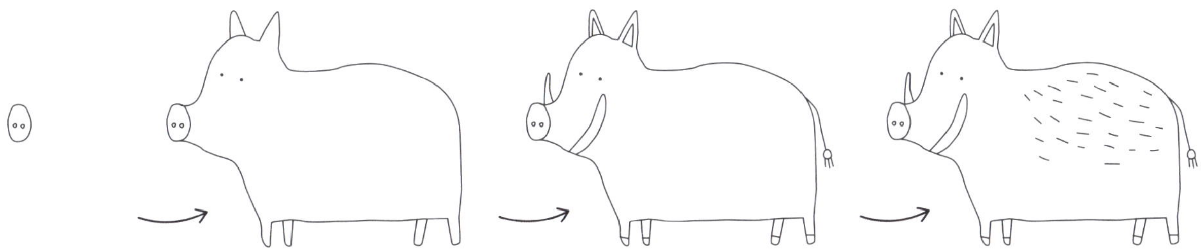

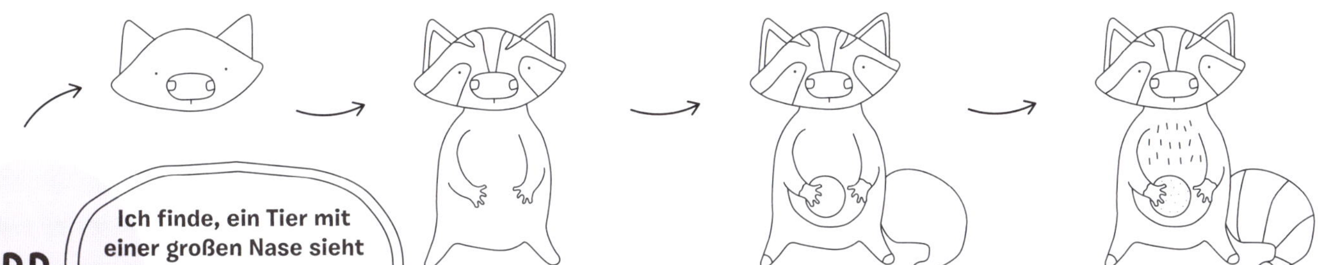

TIPP

Ich finde, ein Tier mit einer großen Nase sieht sofort niedlicher aus. So wie dieser Waschbär.

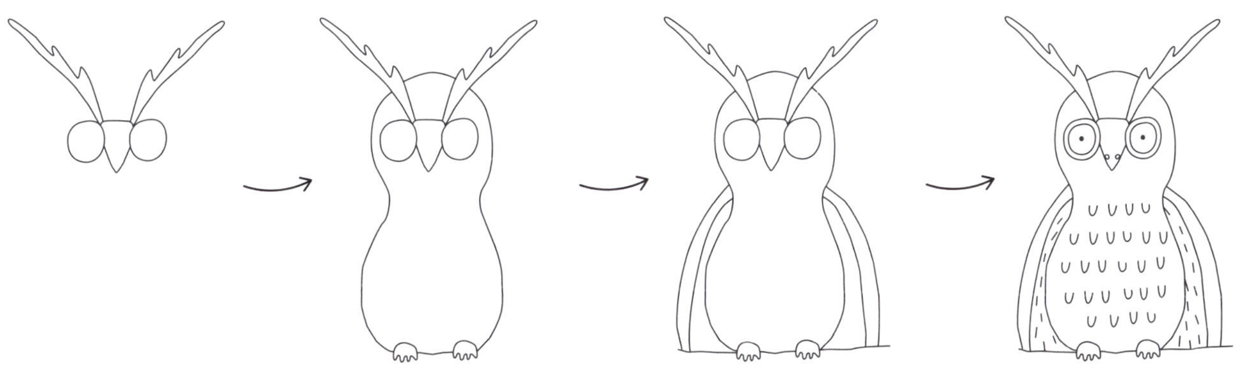

BEWEGLICHER FEIERTAG IM MÄRZ ODER APRIL

Bunnies and chicks

Frohe OSTERN

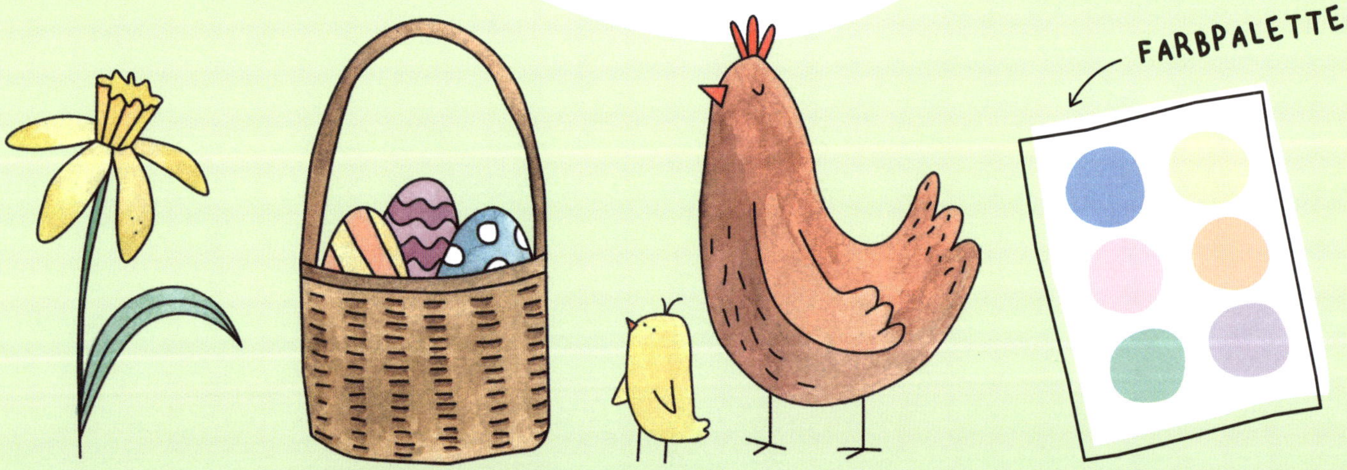

KAPITEL 5

UND JETZT DU!

Ausmalbilder

Aufwärmübung

*Ein Körbchen gehört zu Ostern wie bunt bemalte Eier.
Wie du dieses Körbchen zeichnest, kann unterschiedlich ausfallen.
Hier sind vier Varianten – perfekt zum Warmzeichnen,
denn du musst einfach nur Striche ineinander weben.*

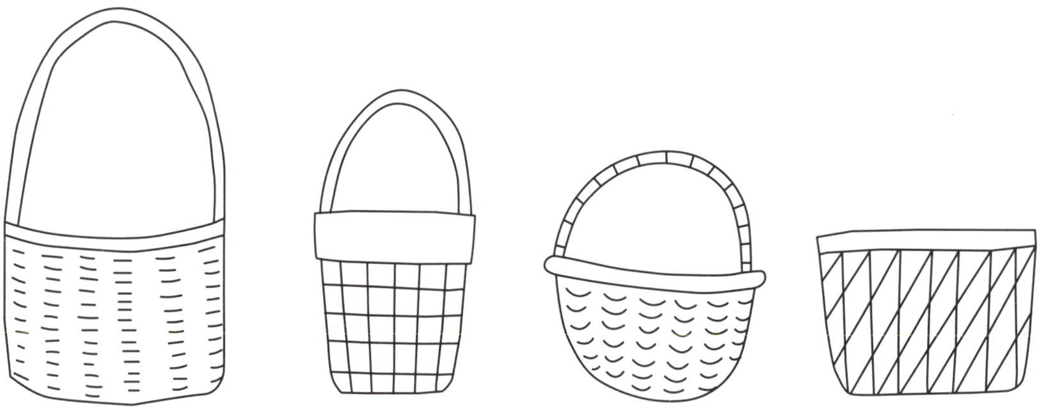

STEP BY STEP

Anleitungen

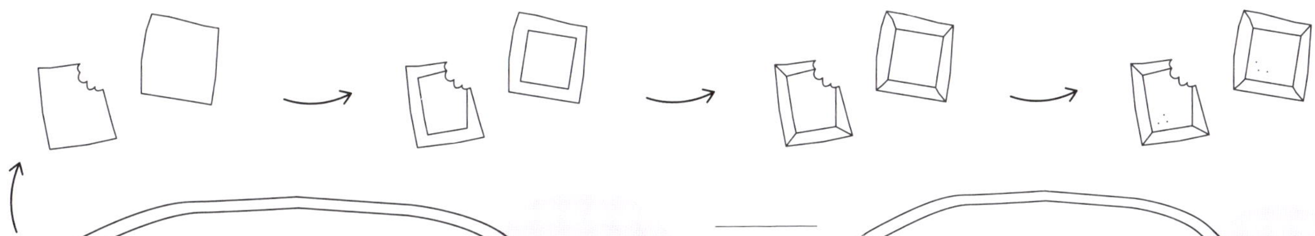

Damit ganz klar wird, worum es sich bei diesem Kästchen handelt, ist es gut, Bissspuren und eine fehlende Ecke zu zeichnen. Dann sieht jeder: Ah, das ist ein Stück Schokolade!

TIPP

Um dem Muffinförmchen die typische Struktur zu verleihen, ziehe Linien von den Zacken am oberen Rand zum Boden.

TIPP

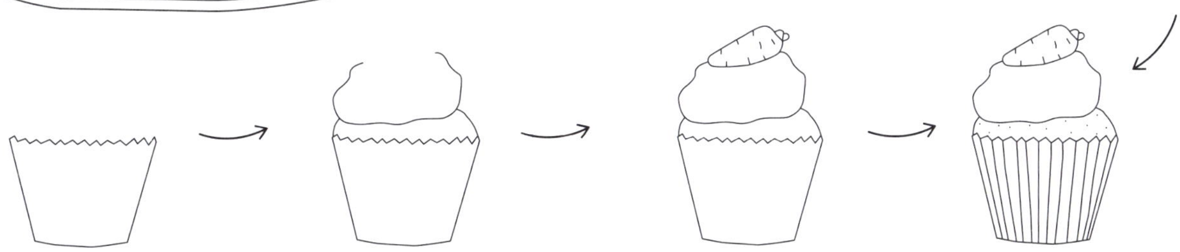

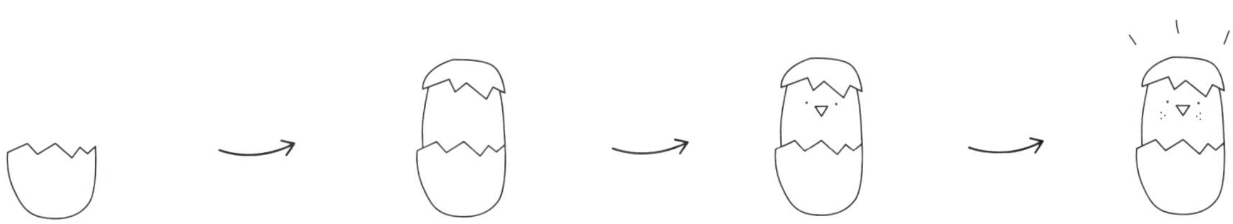

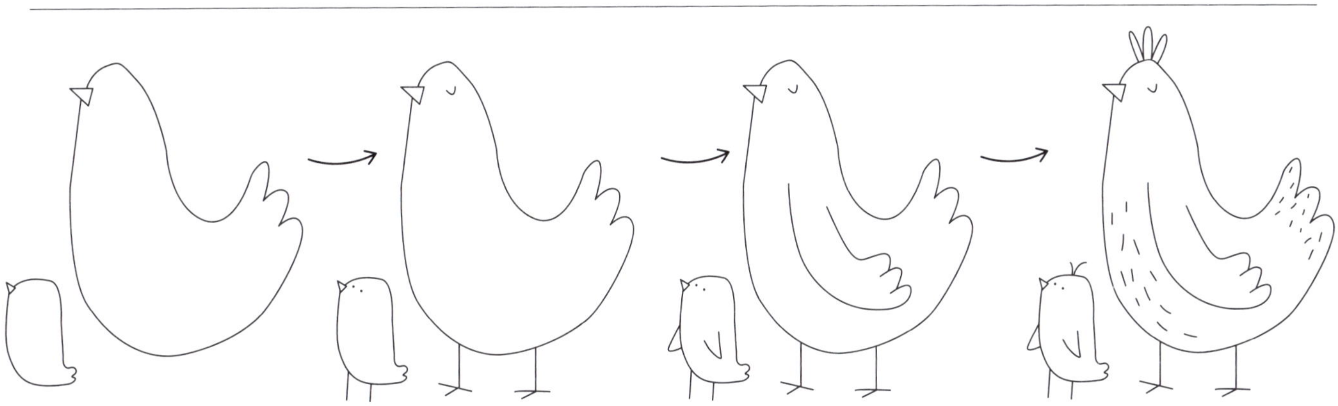

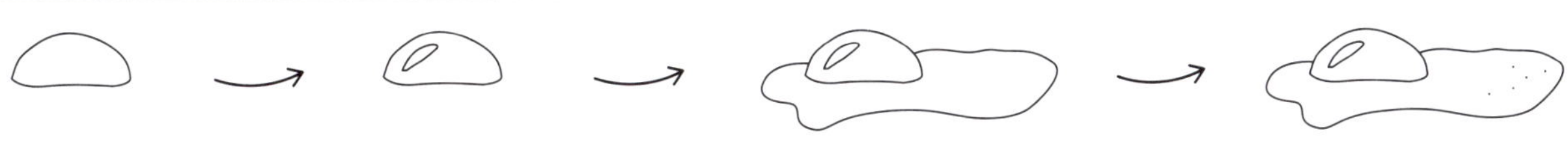

STEP BY STEP

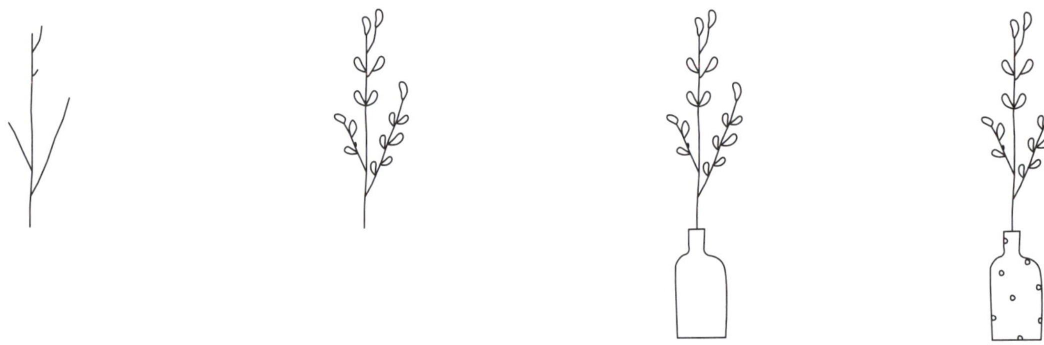

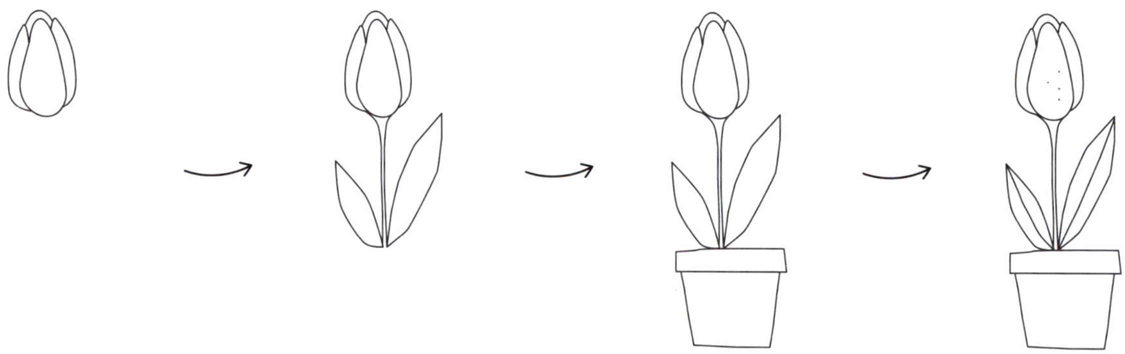

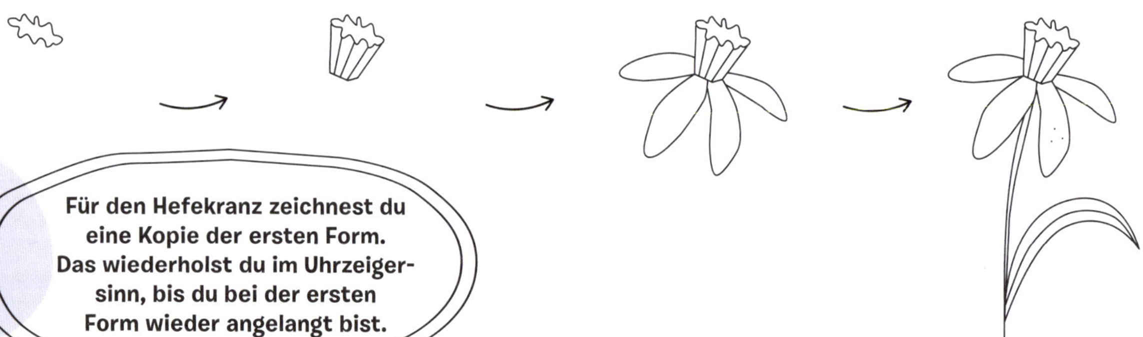

TIPP

Für den Hefekranz zeichnest du eine Kopie der ersten Form. Das wiederholst du im Uhrzeigersinn, bis du bei der ersten Form wieder angelangt bist.

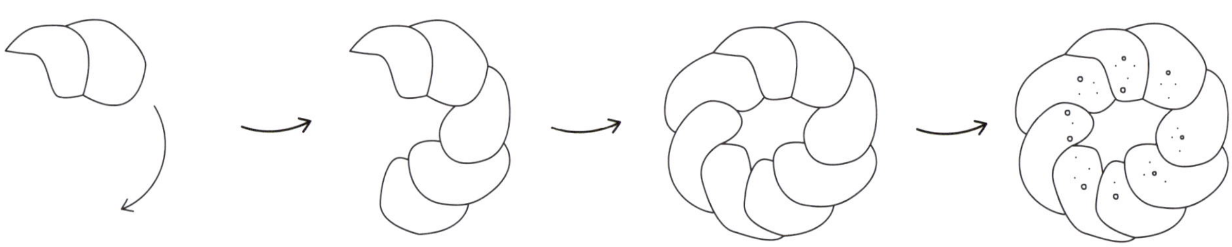

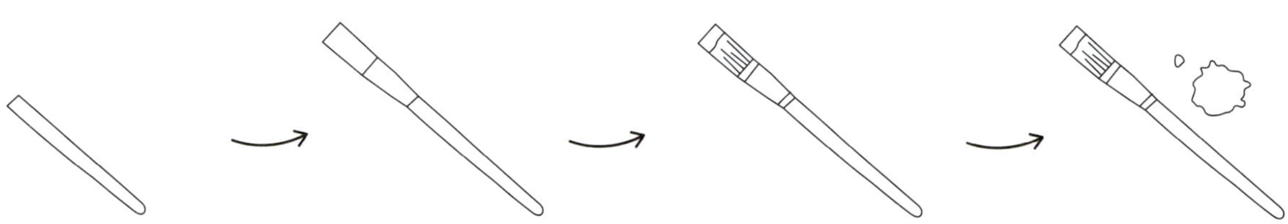

STEP BY STEP

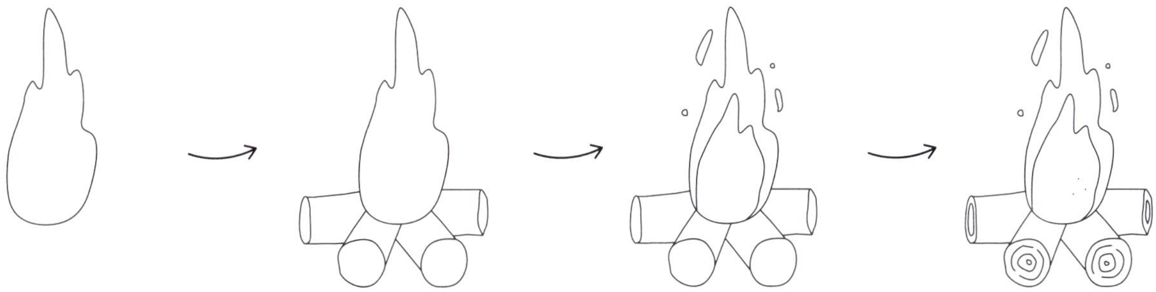

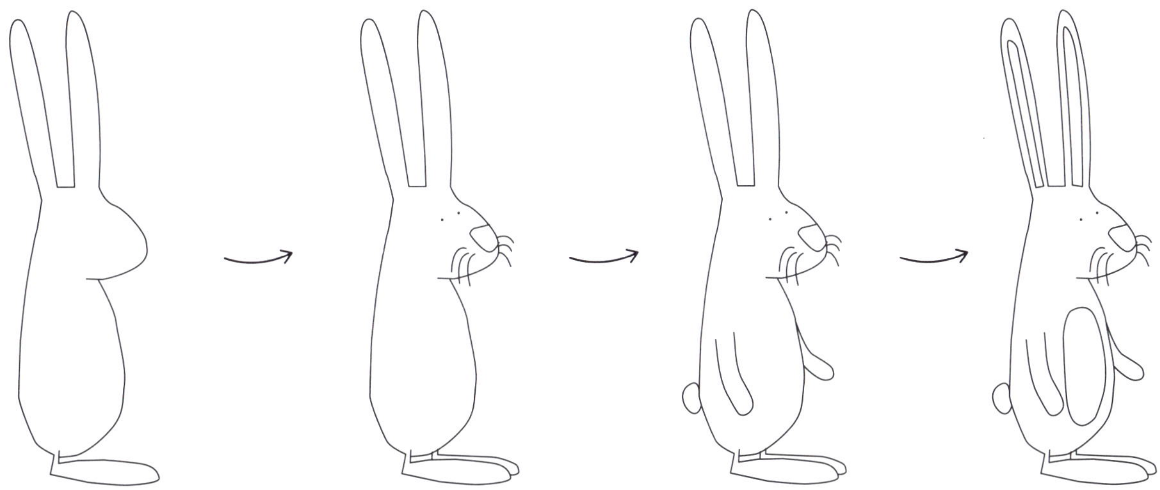

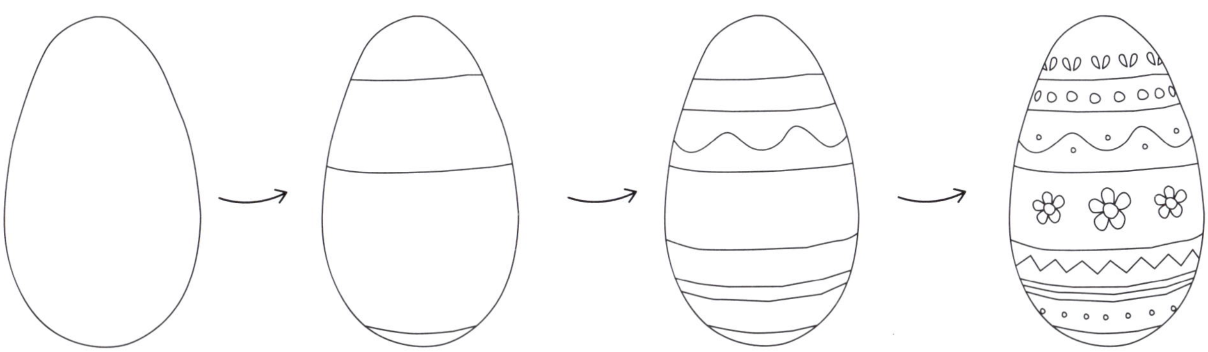

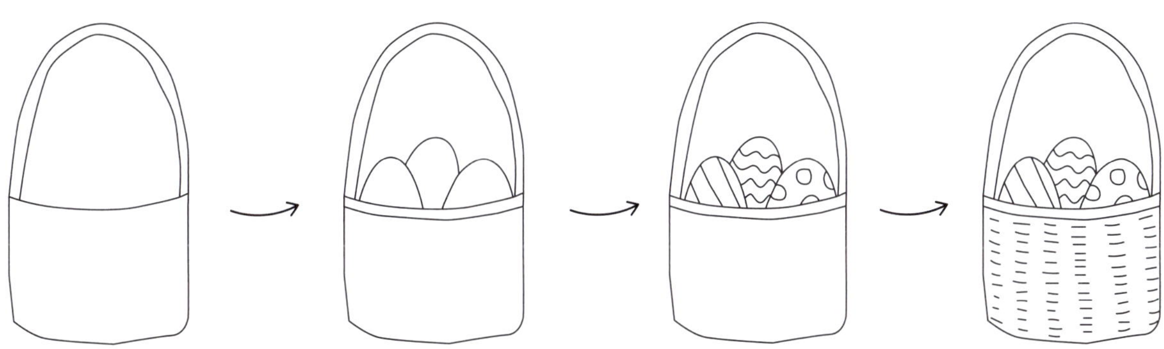

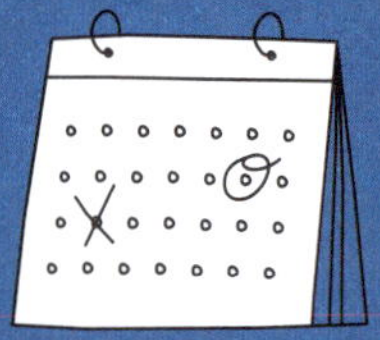

12. APRIL

Fly me to the moon …

Tag der RAUMFAHRT

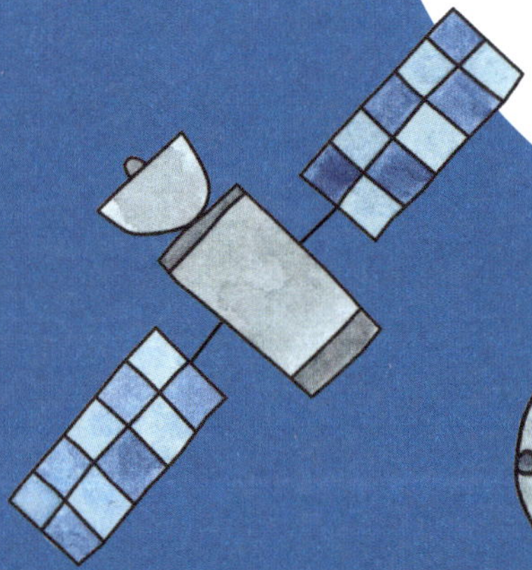

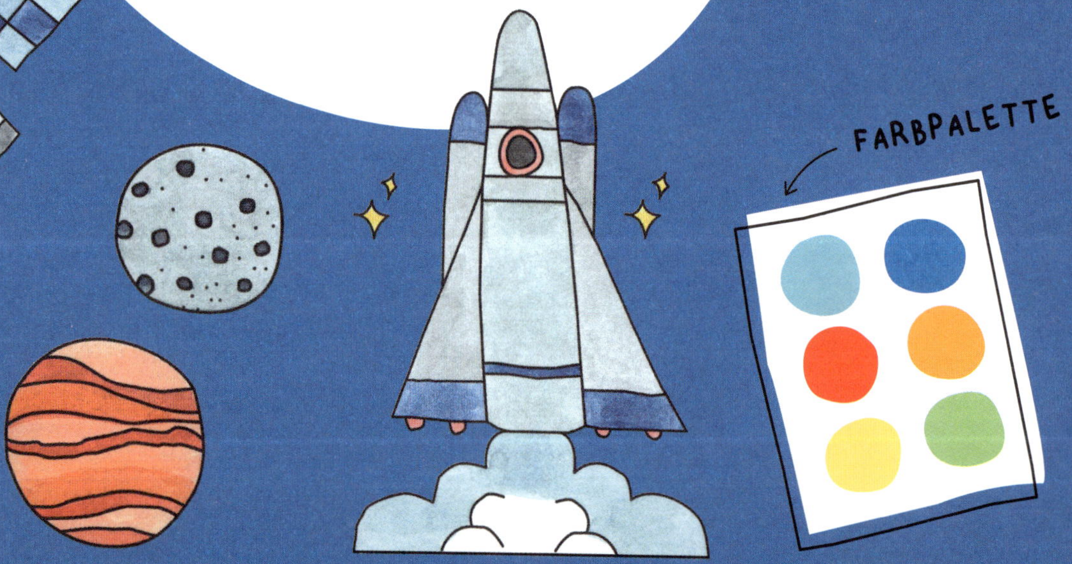

UND JETZT DU!

Ausmalbilder

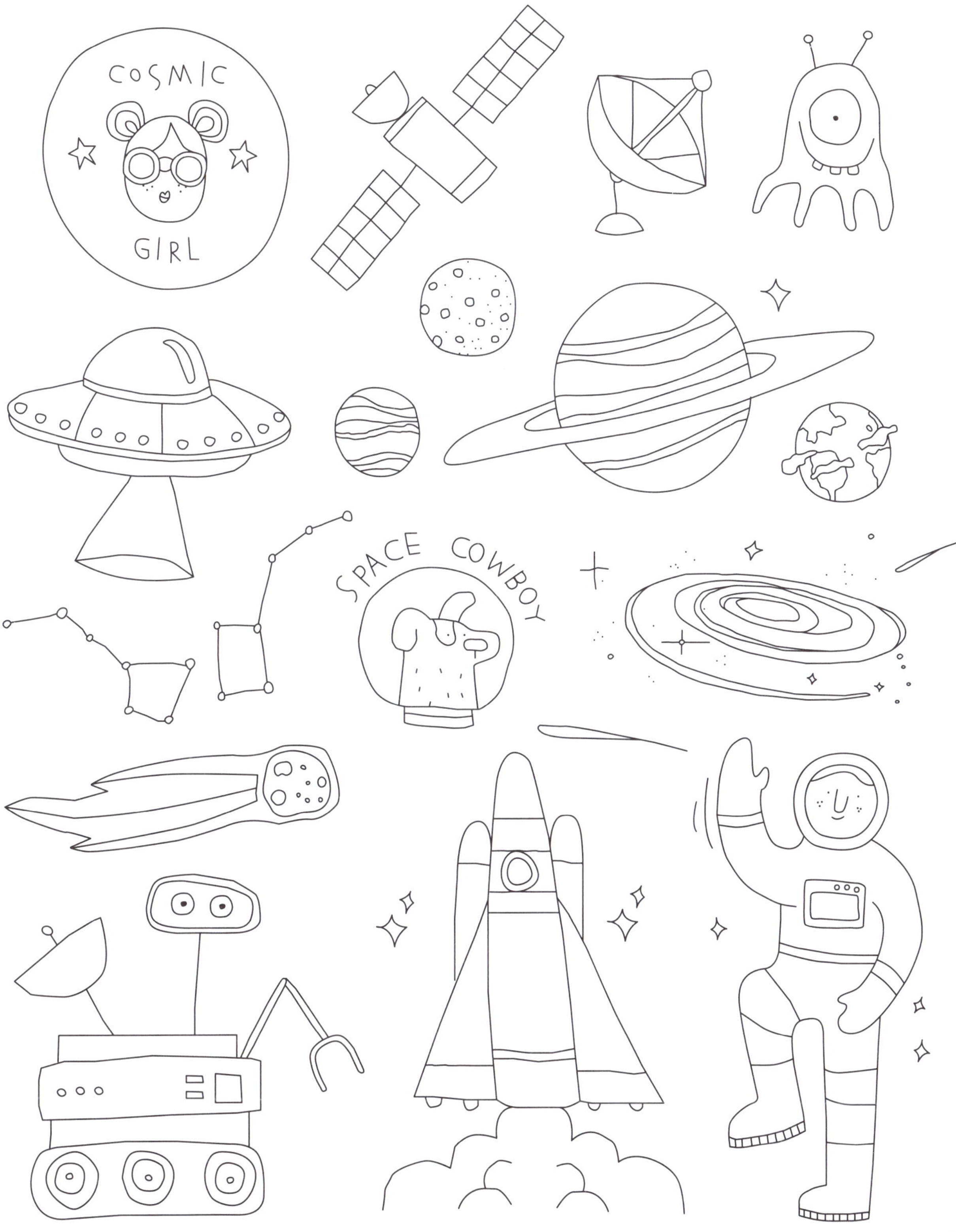

Aufwärmübung

Stell dir vor, es erreicht dich eine Postkarte von einem bislang unentdeckten Planeten in der Milchstraße. Wie sehen die Bewohner dieses Planeten aus? Wie heißen sie? Um warm zu werden, kannst du üben, diese Außerirdischen zu zeichnen. Vielleicht sind sie flauschig und wie ein Pompon. Oder doch eher glatt wie eine Jelly Bean?

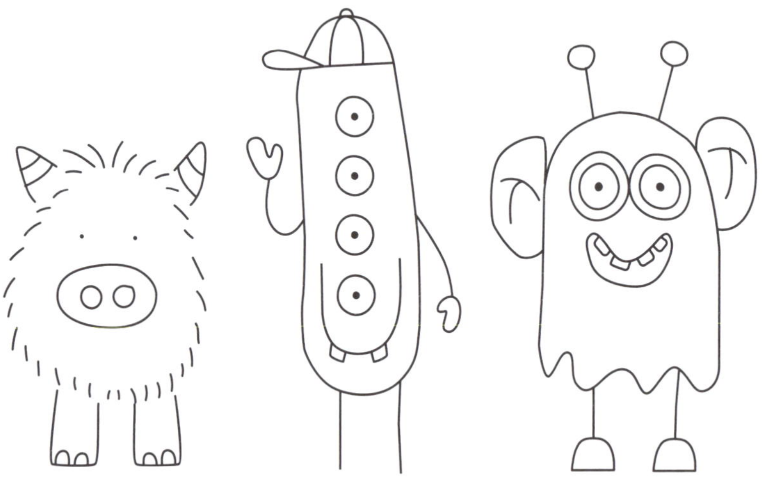

STEP BY STEP

Anleitungen

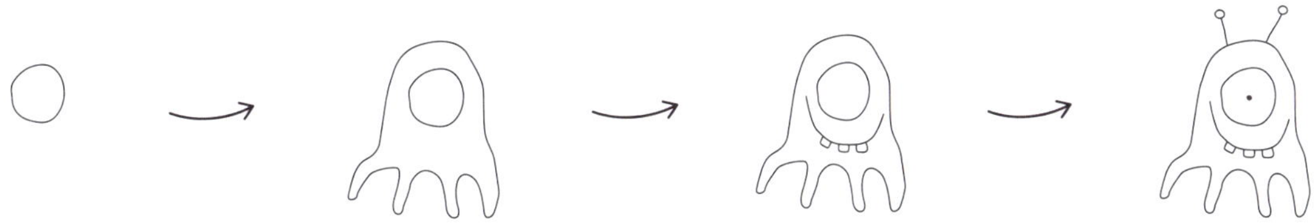

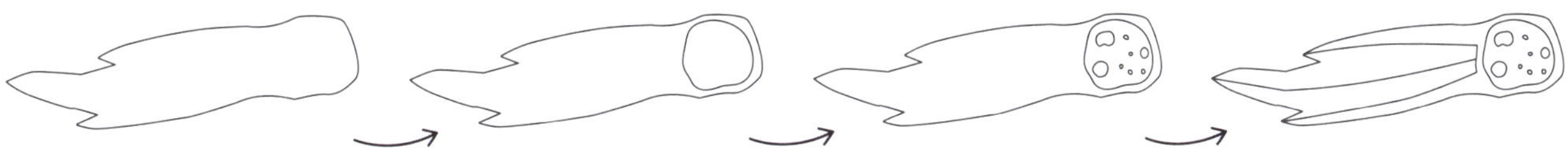

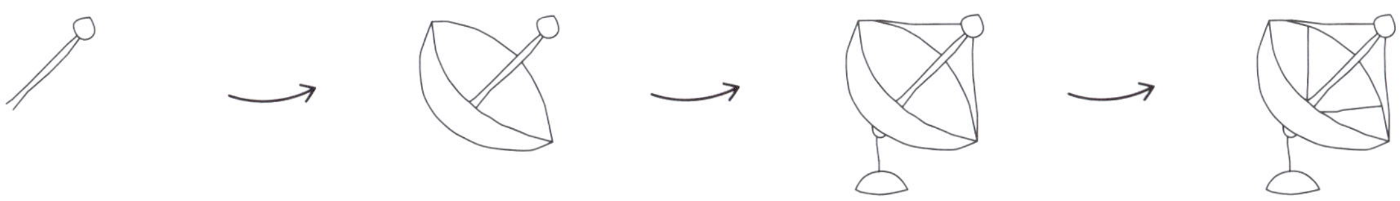

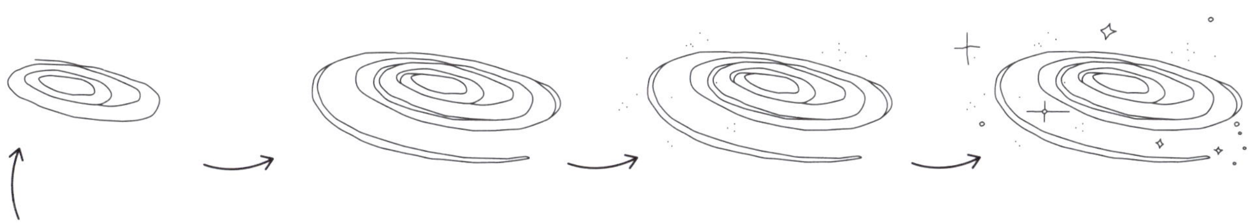

TIPP

Du denkst, ein Motiv wie die Milchstraße wäre viel zu kompliziert für eine schnelle Zeichnung? Nein, das kriegst du hin! Wichtig ist dabei, die grobe Form wiederzugeben und ihr dann mit kleinen Details Leben einzuhauchen.

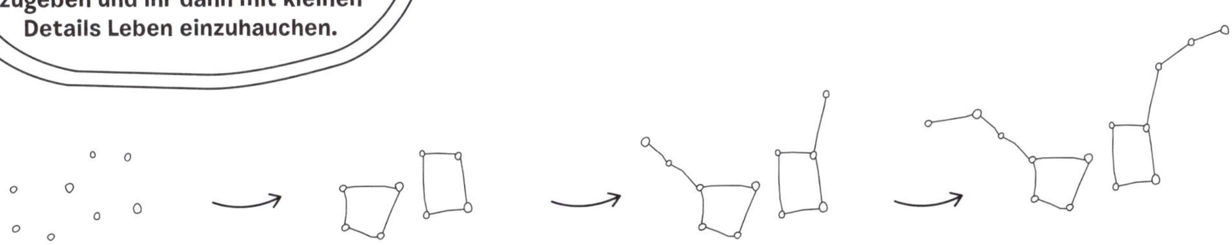

STEP BY STEP

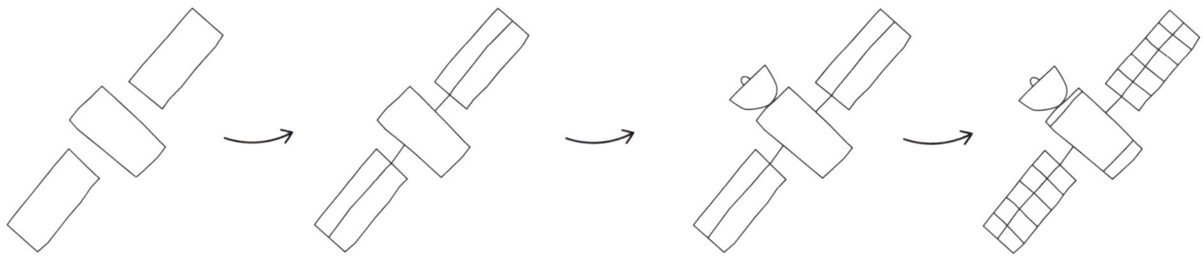

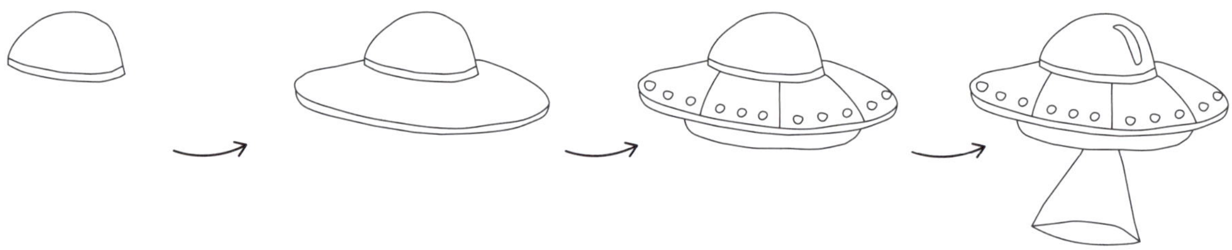

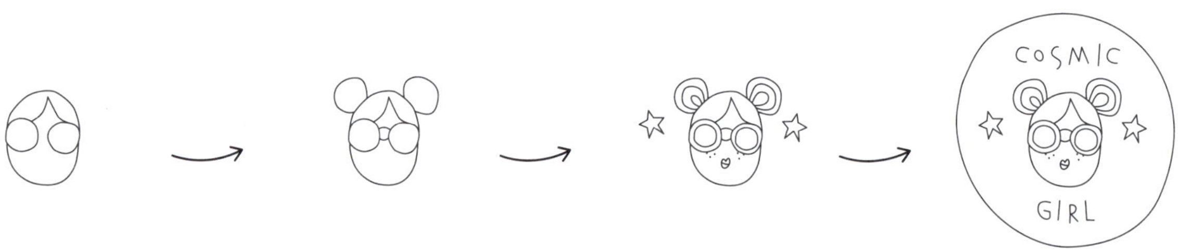

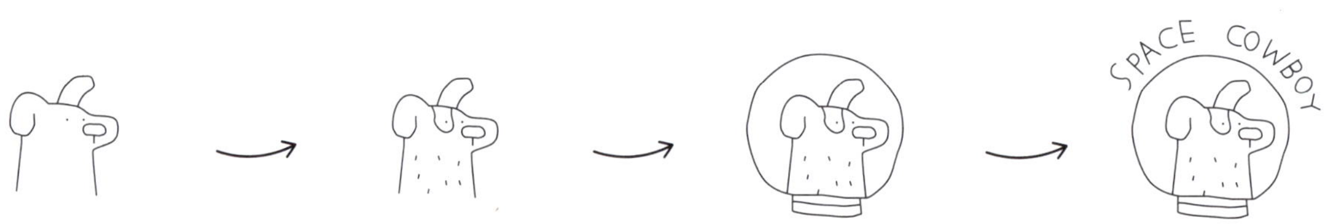

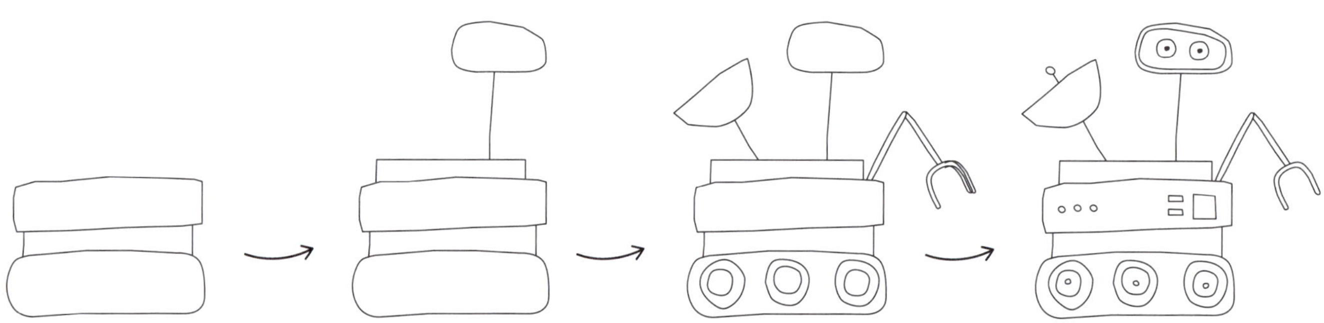

STEP BY STEP

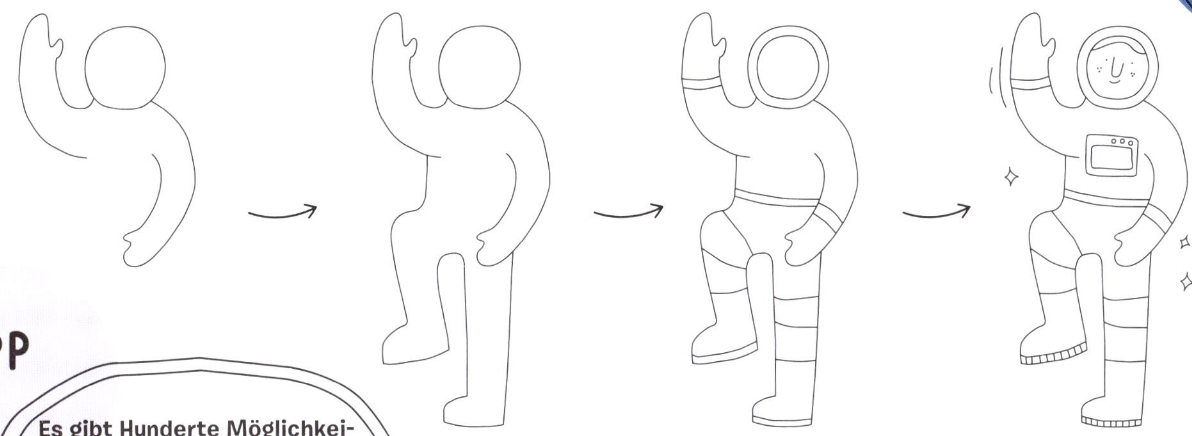

TIPP

Es gibt Hunderte Möglichkeiten, eine Rakete zu zeichnen. Bei dieser Zeichnung kannst du Elemente hinzufügen oder wegnehmen, bis du mit deiner Rakete zufrieden bist.

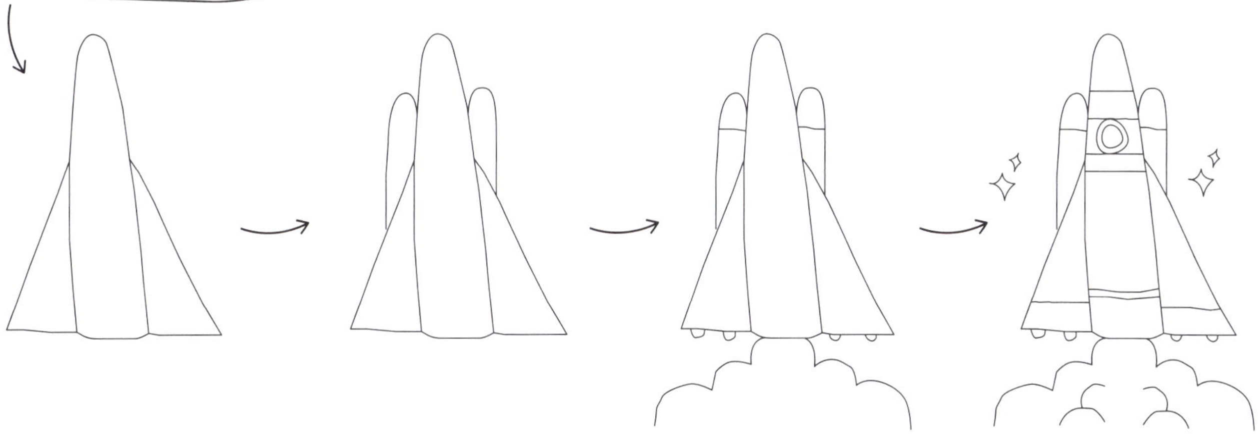

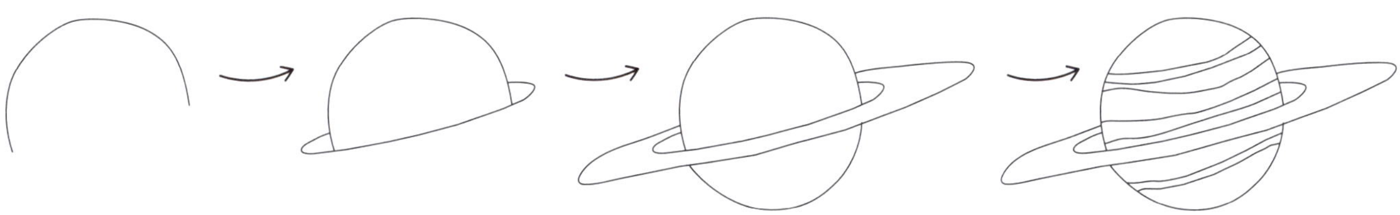

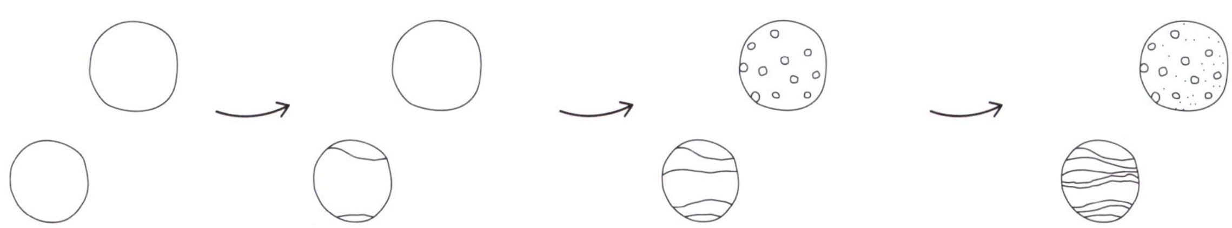

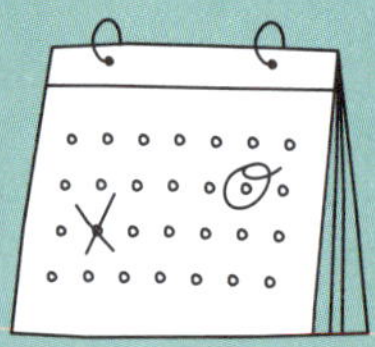

22. APRIL

Respect your mama!

Tag der ERDE

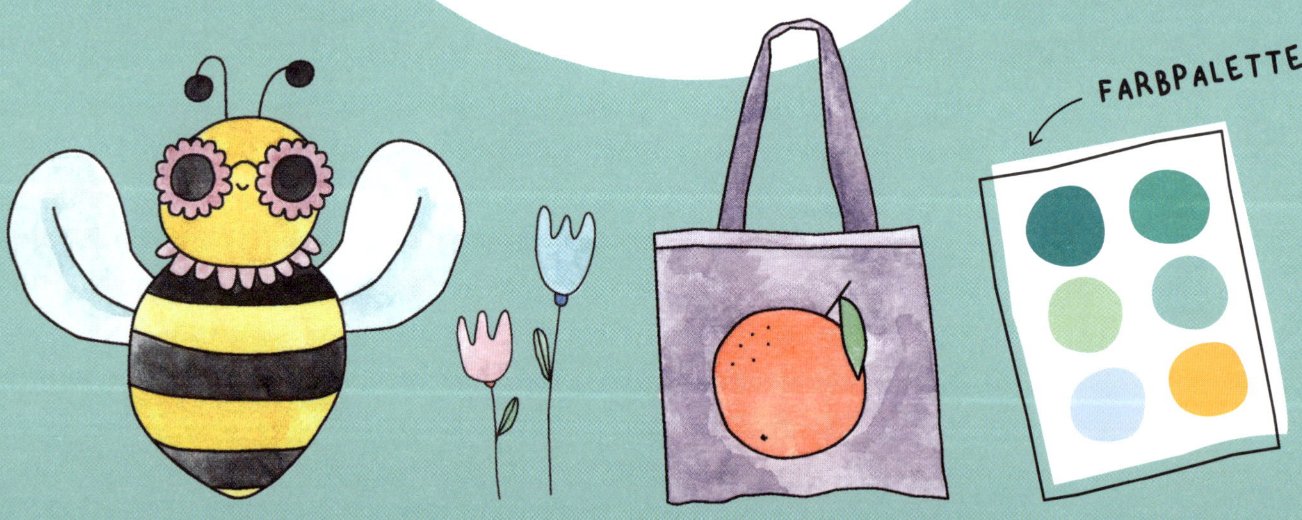

UND JETZT DU!

Ausmalbilder

Aufwärmübung

Klimaschutz kann vielfältig aussehen: Fährst du bei Wind und Wetter mit dem Fahrrad? Trifft man dich nie ohne deine Brotdose an? Oder findest du in jedem Secondhandladen die tollsten Kleidungsstücke? Zeichne drei Badges, die deine Klimaschutztalente im Alltag darstellen.

Das ist dir zu viel für den Anfang? Kein Problem! Du kannst erst mal nur die drei Badges nachzeichnen, aber die äußere Form ein bisschen verändern. Wie wäre es zum Beispiel mit vielen kleinen Zacken statt Rundungen?

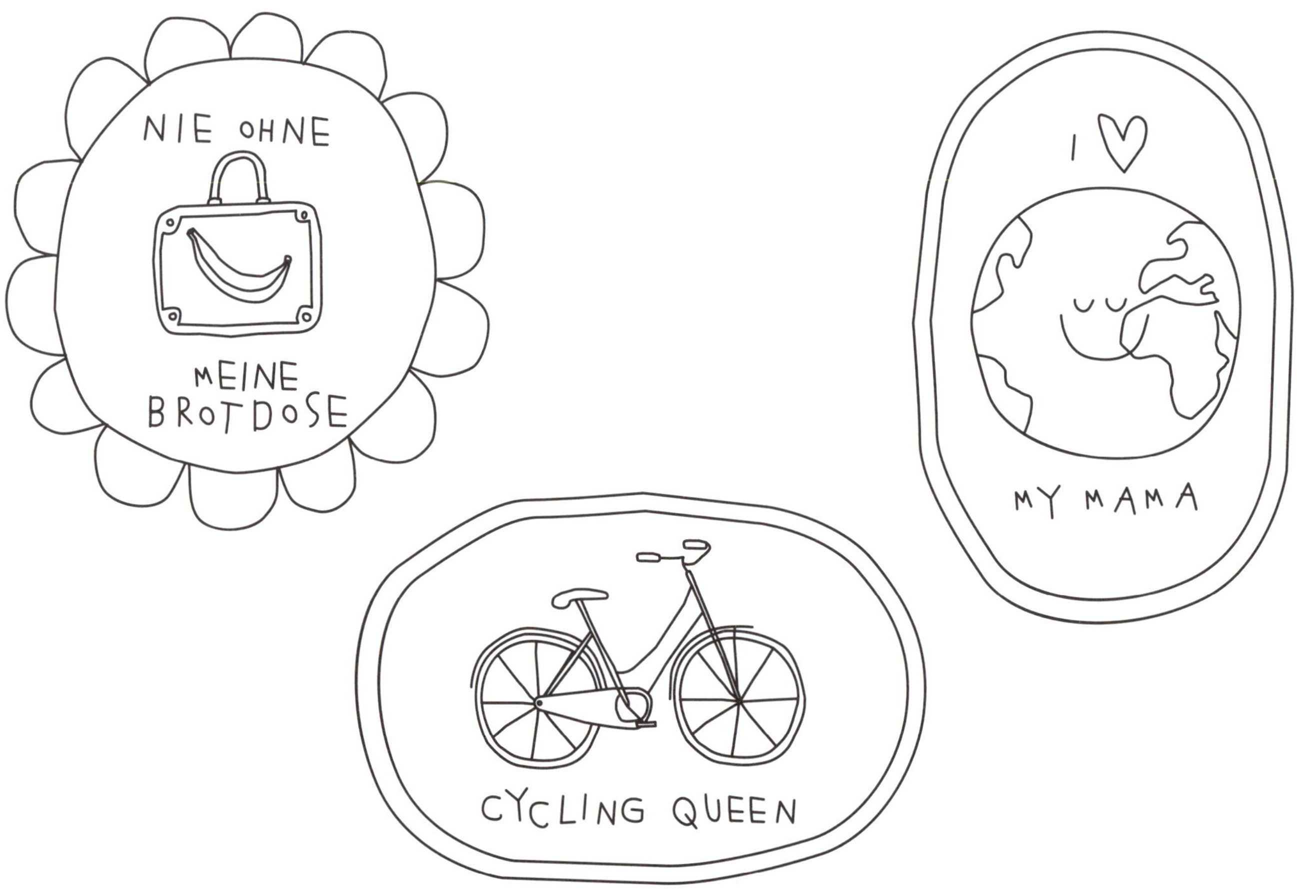

STEP BY STEP

Anleitungen

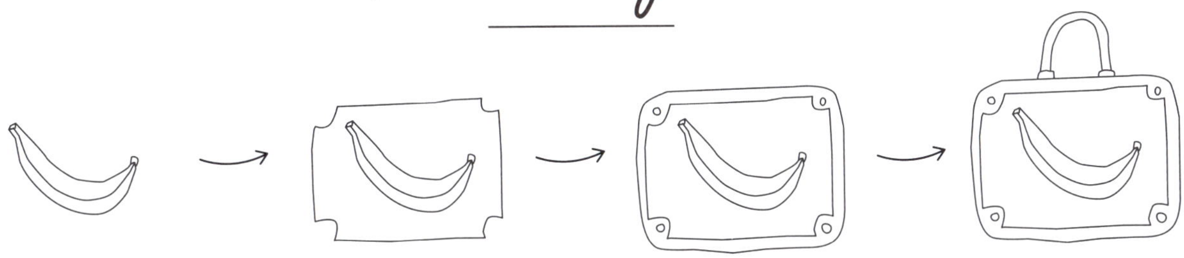

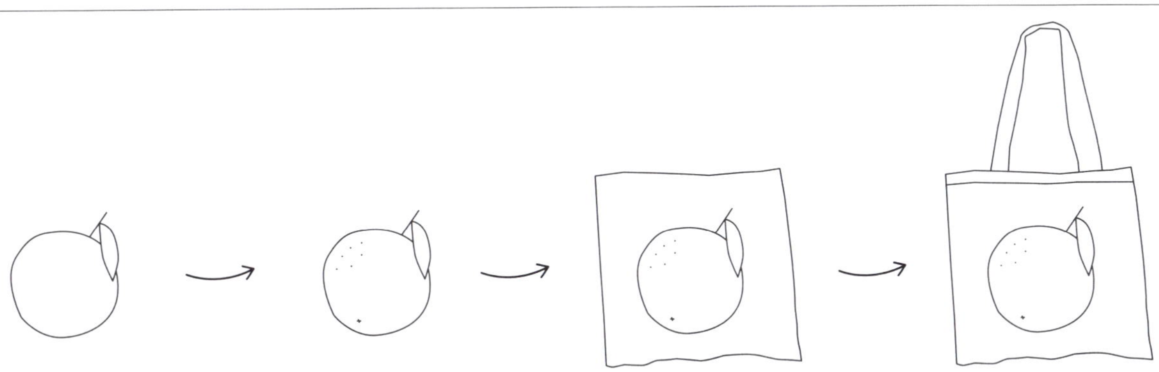

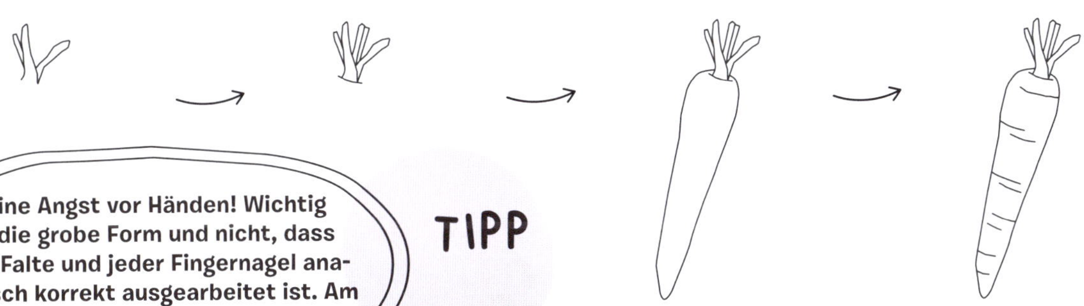

TIPP

Keine Angst vor Händen! Wichtig ist die grobe Form und nicht, dass jede Falte und jeder Fingernagel anatomisch korrekt ausgearbeitet ist. Am besten Schwung holen und loslegen.

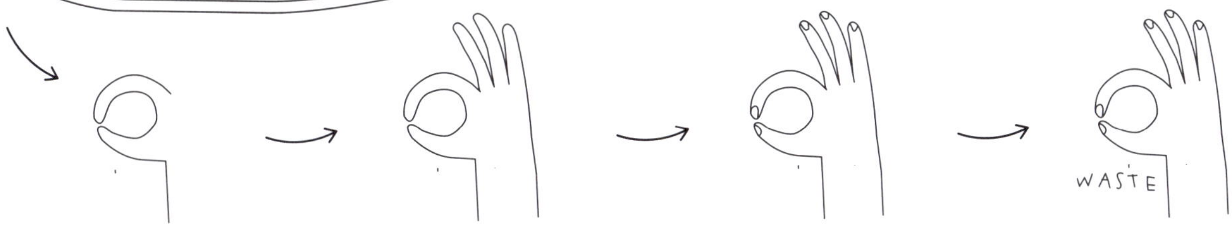

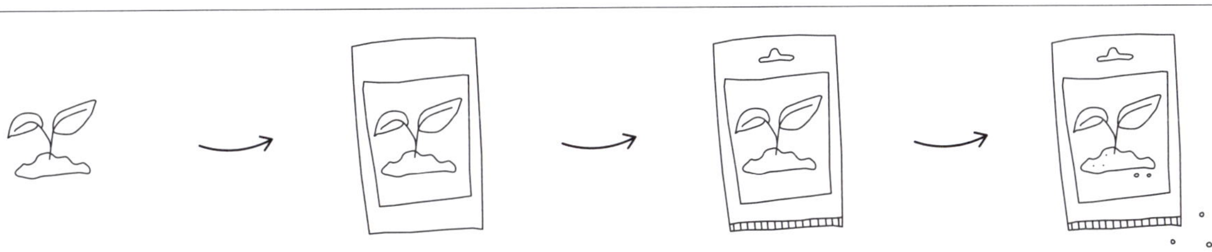

STEP BY STEP

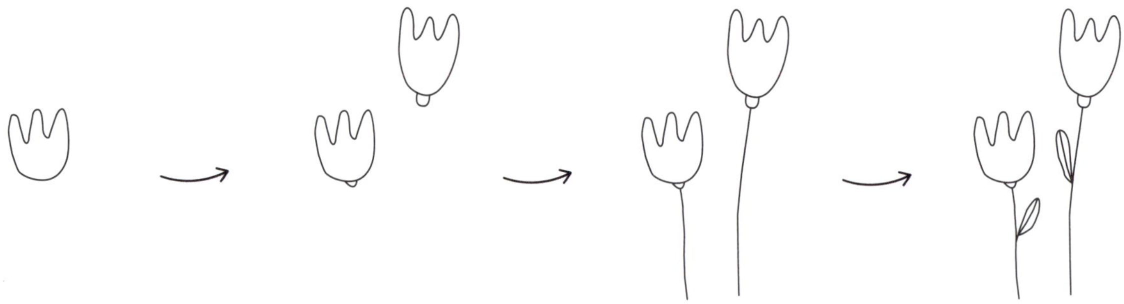

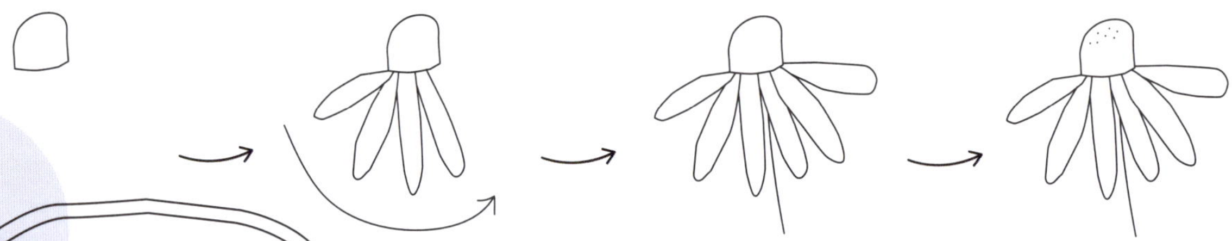

TIPP

Die Blütenblätter von links nach rechts hinzufügen. Keine Sorge, sie müssen nicht alle einheitlich aussehen – Form und Größe dürfen variieren.

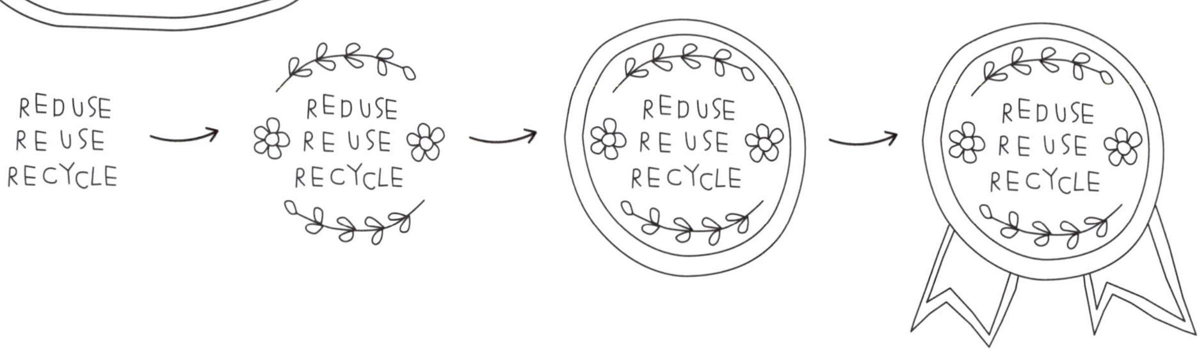

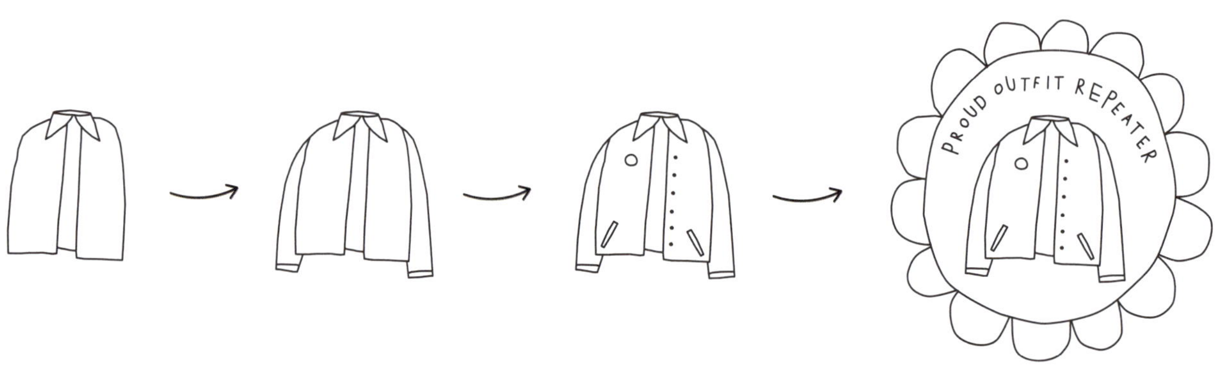

STEP BY STEP

TIPP

Wenn das Fahrrad beim ersten Mal nicht funktioniert: Nicht verzagen. Ich habe schon so viele Fahrradzeichnungen in den Papierkorb geworfen ... Irgendwann klappt's (auch ganz ohne Stützräder)!

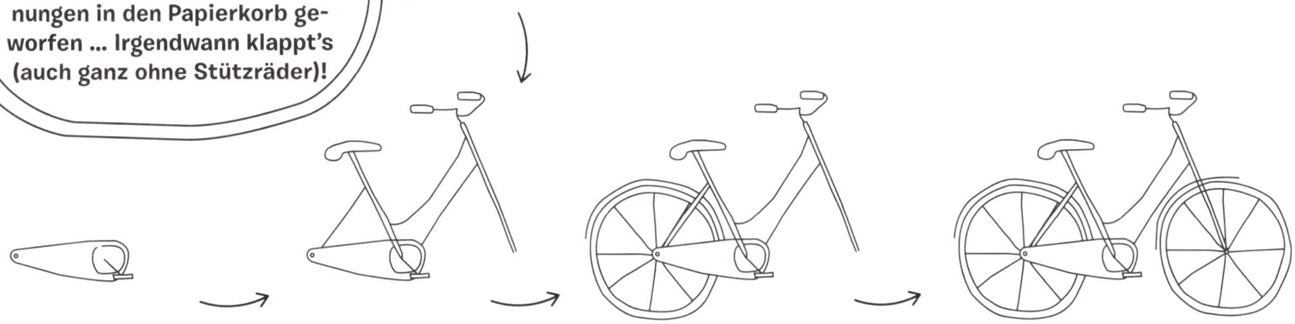

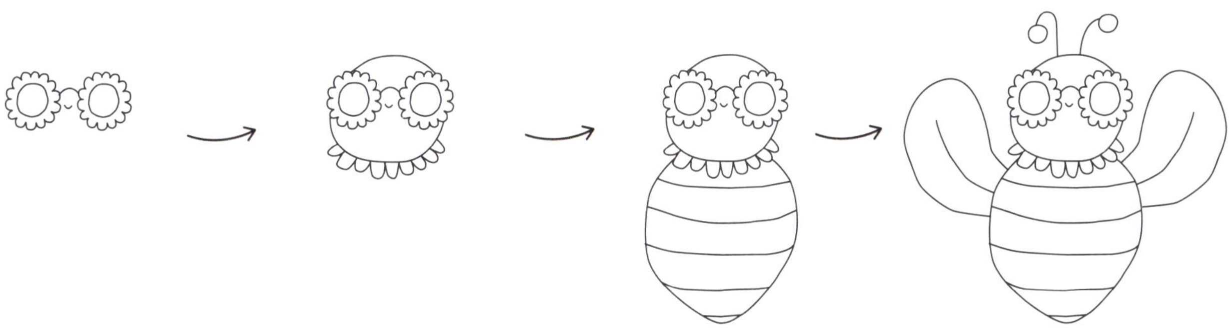

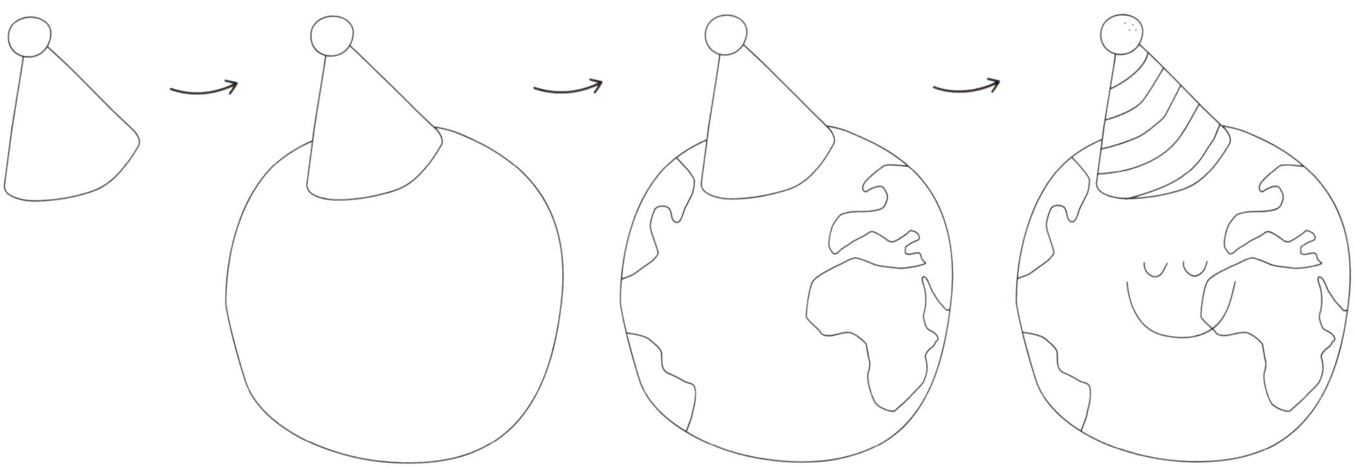

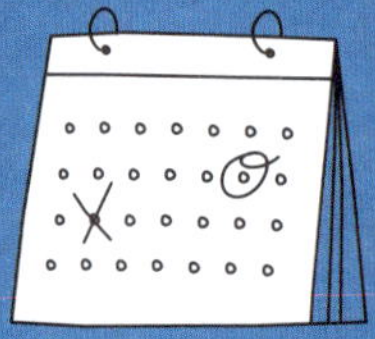

8. JUNI

Under the sea

Welttag der OZEANE

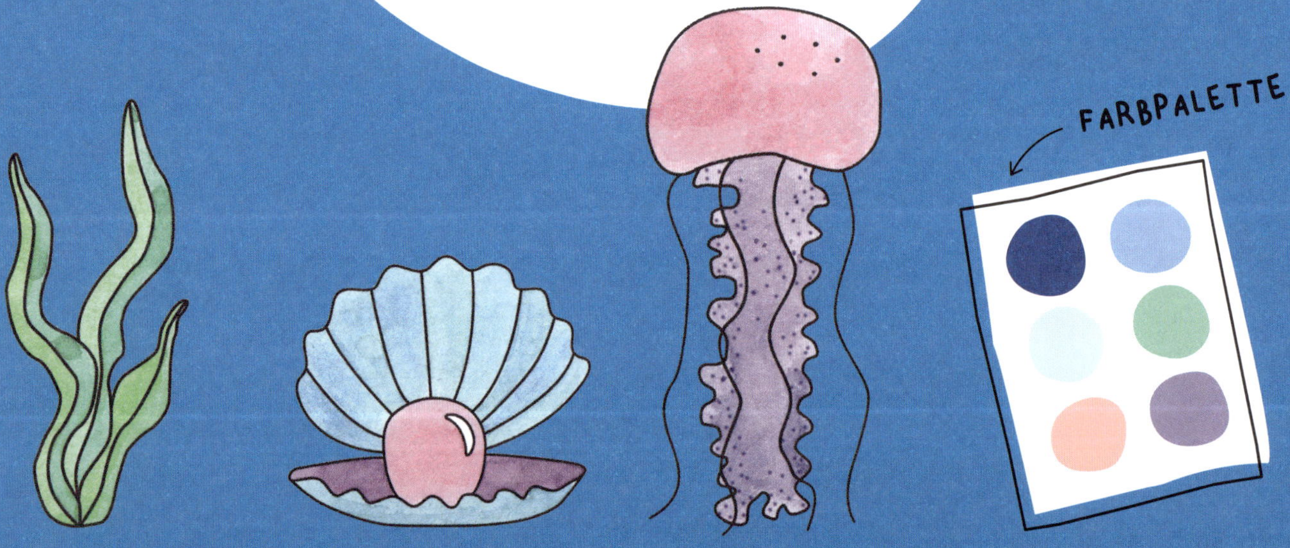

KAPITEL 8

UND JETZT DU!

Ausmalbilder

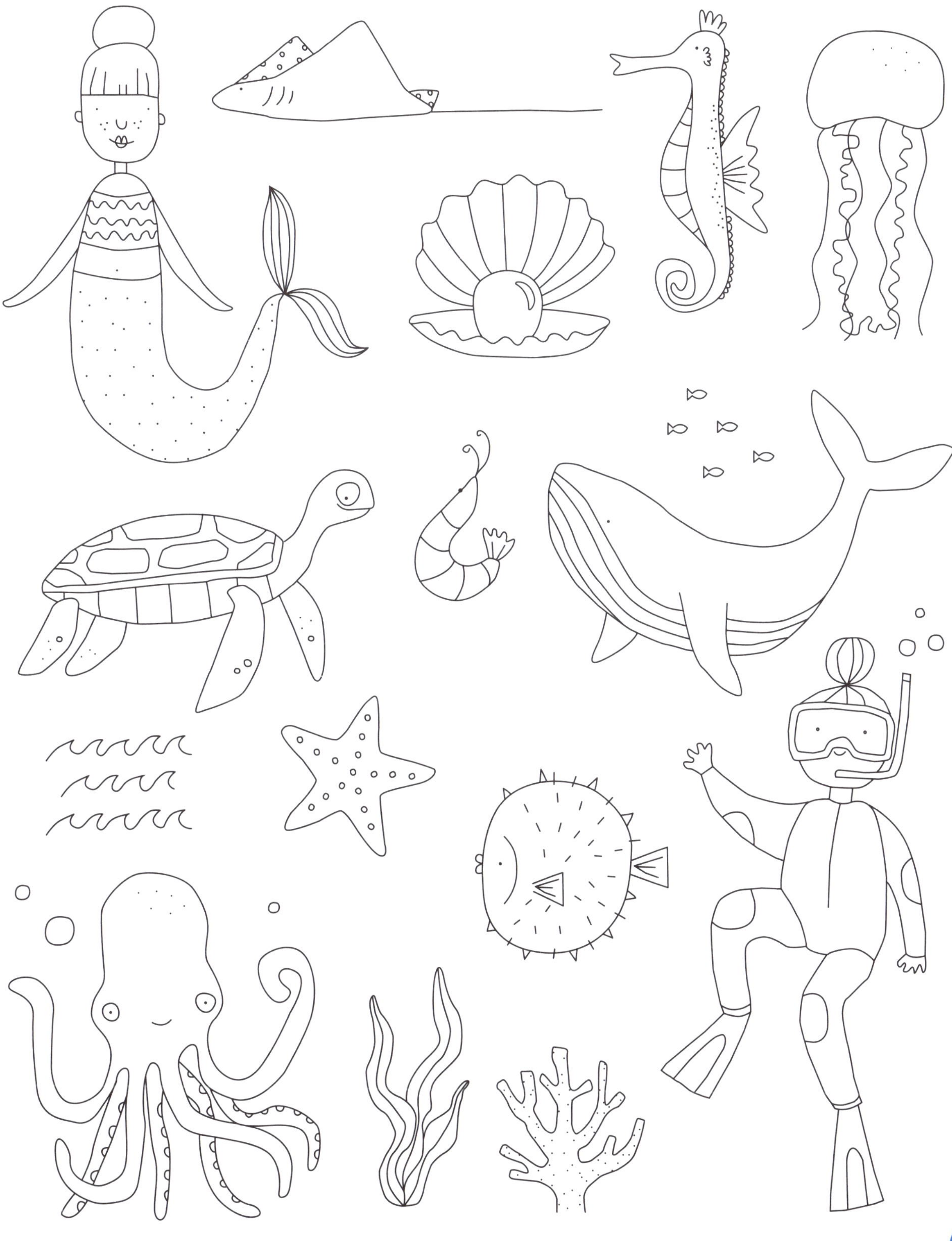

WÄRM DICH AUF

Aufwärmübung

Immer, wenn ich am Strand bin, sammle ich Muscheln. Vorausgesetzt, es liegen welche herum. Wenn keine zu sehen sind, kann man immer noch welche zeichnen. Hier sind einige Muschelarten als Inspiration. Das Praktische an gezeichneten Muscheln: Sie müssen nicht in einer Plastiktüte mit ins Hotel geschleift werden, wo sie dann am Ende des Urlaubs vergessen werden.

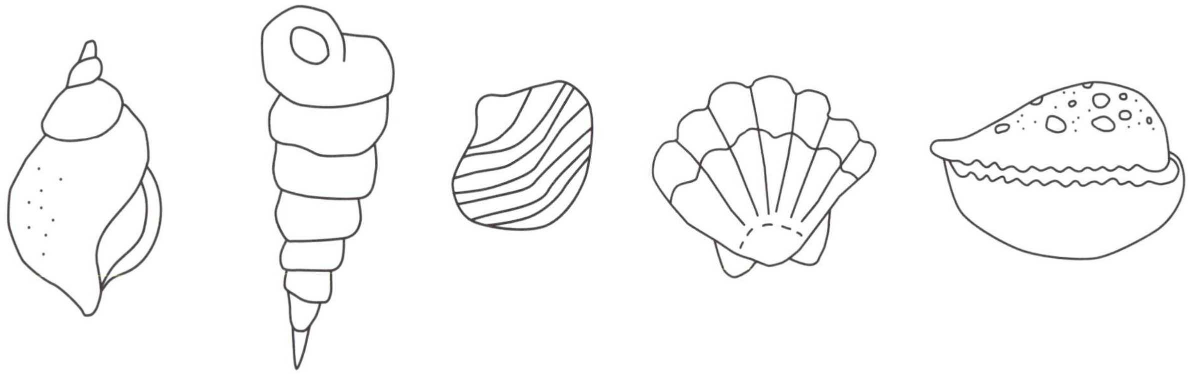

STEP BY STEP

Anleitungen

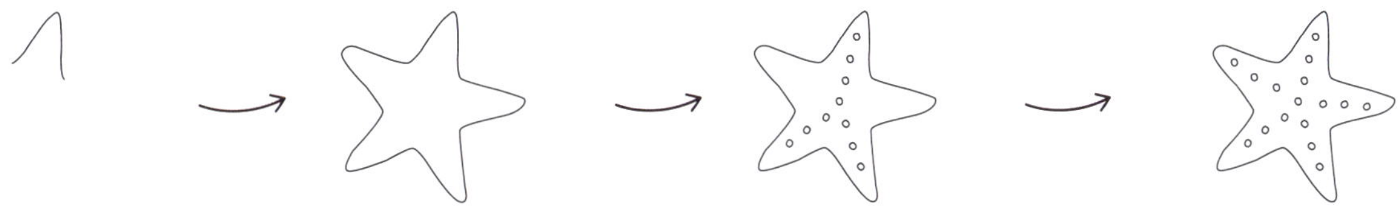

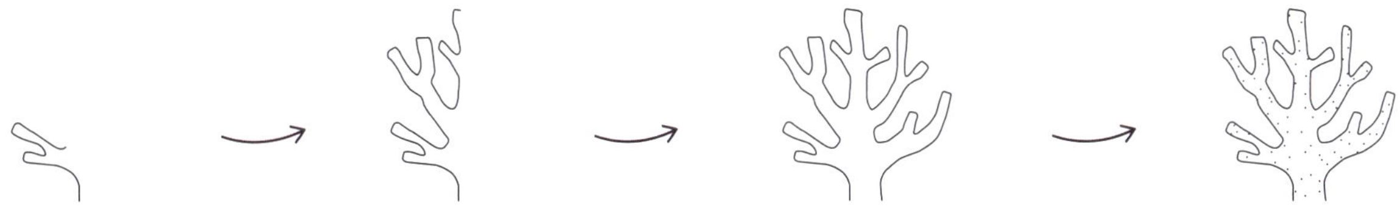

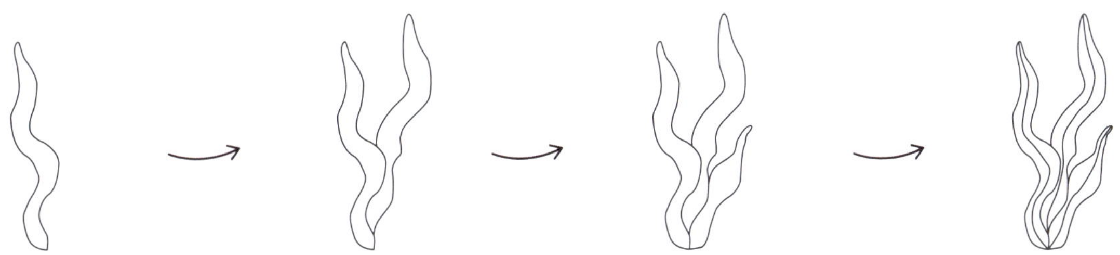

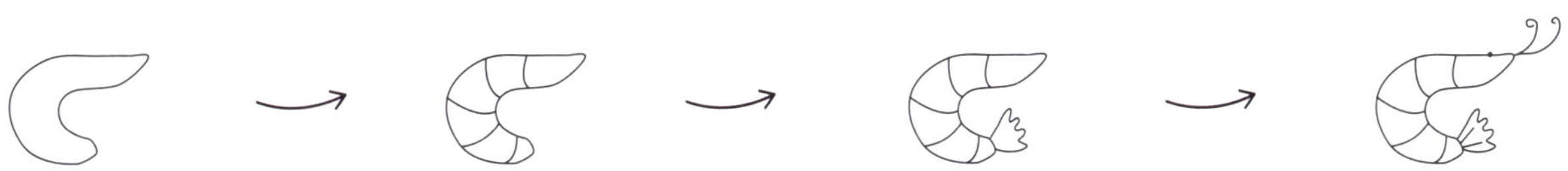

TIPP

Dieser Rochen hat Punkte. Aber vielleicht soll deiner lieber einfarbig, gestreift oder kariert sein. Wie du diese Fläche füllst, ist dir überlassen.

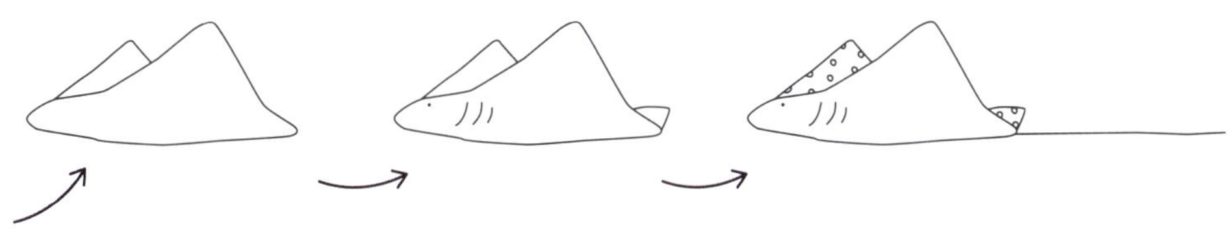

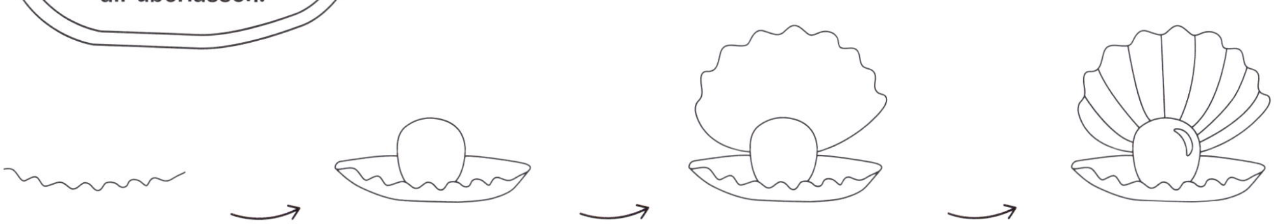

STEP BY STEP

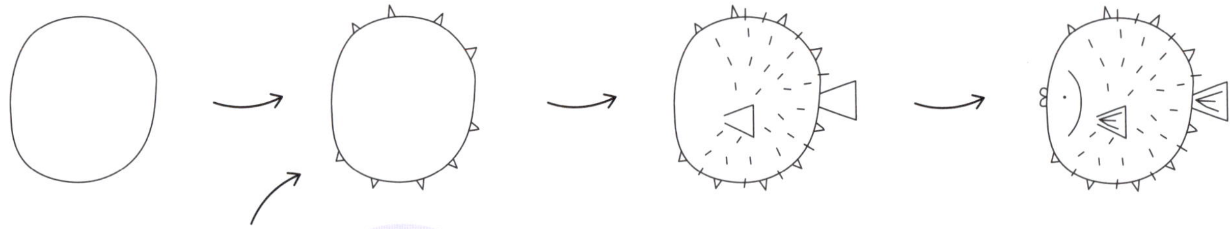

TIPP

Wie schaffst du es, diesen Kugelfisch extra stachelig aussehen zu lassen? Mit einer Kombination aus kleinen Dreiecken (außen) und kurzen Strichen (innen).

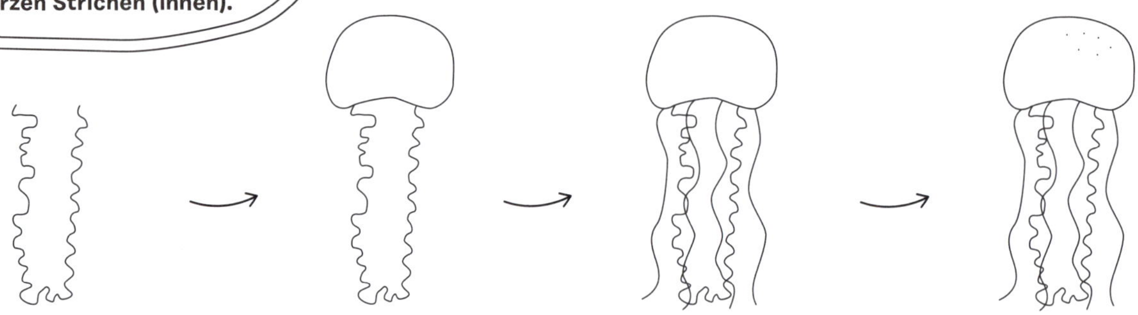

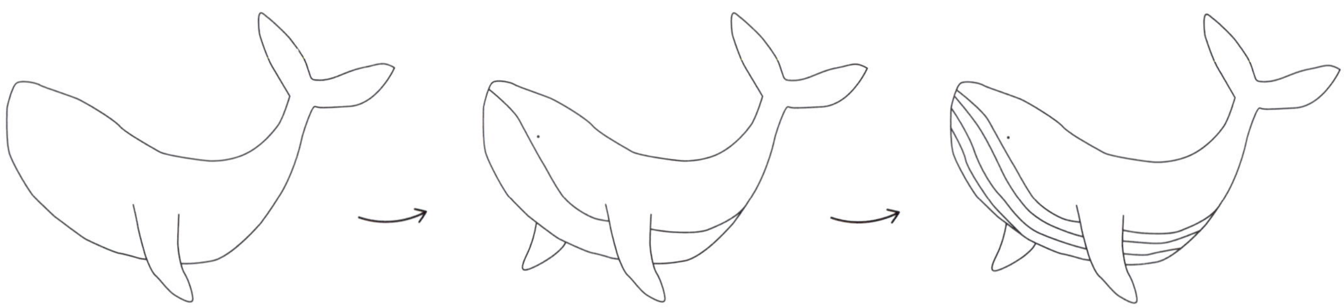

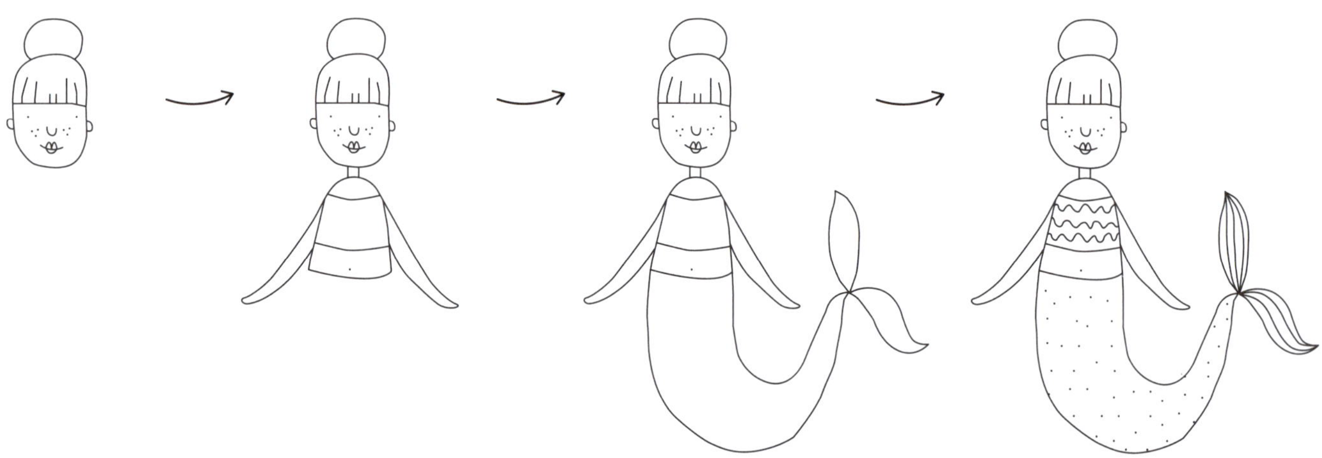

STEP BY STEP

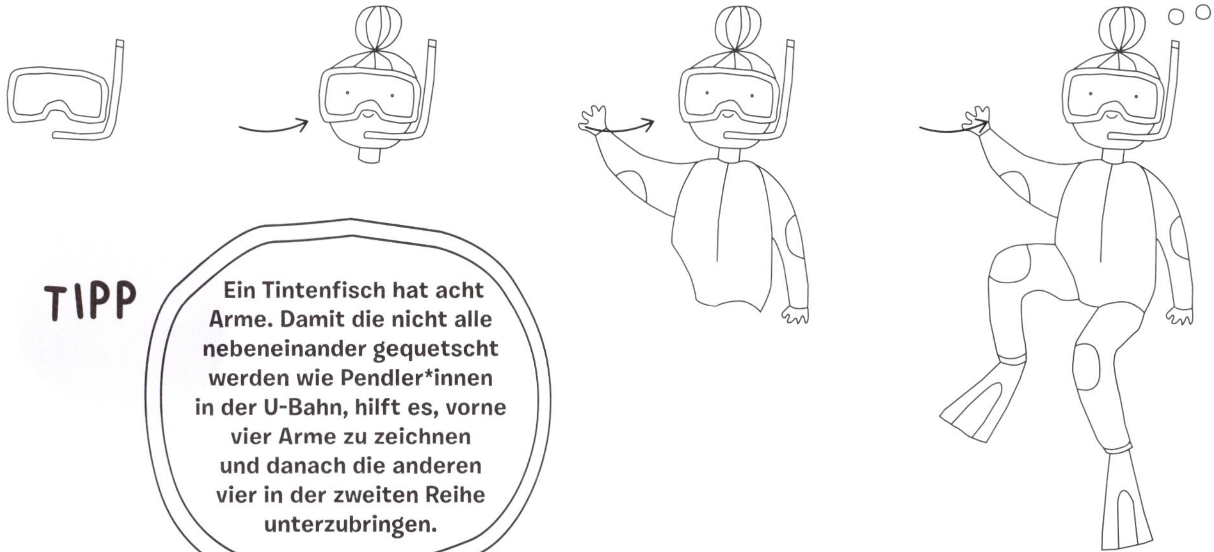

TIPP

Ein Tintenfisch hat acht Arme. Damit die nicht alle nebeneinander gequetscht werden wie Pendler*innen in der U-Bahn, hilft es, vorne vier Arme zu zeichnen und danach die anderen vier in der zweiten Reihe unterzubringen.

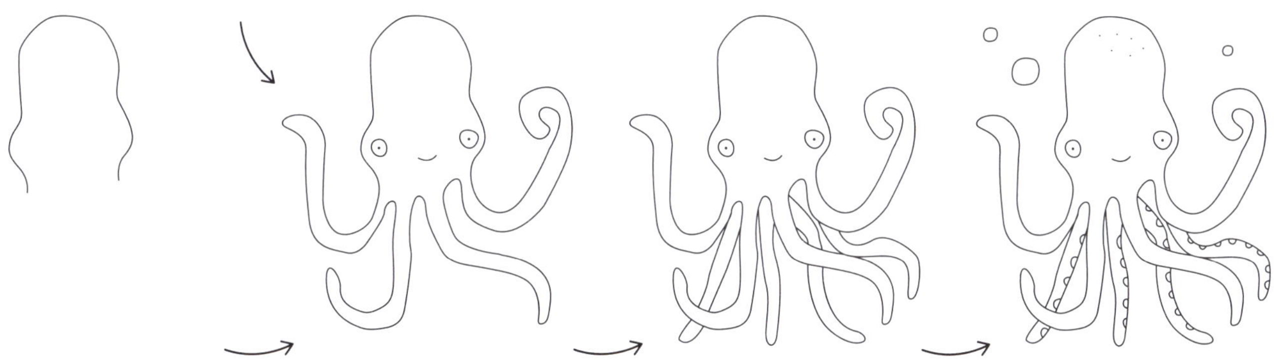

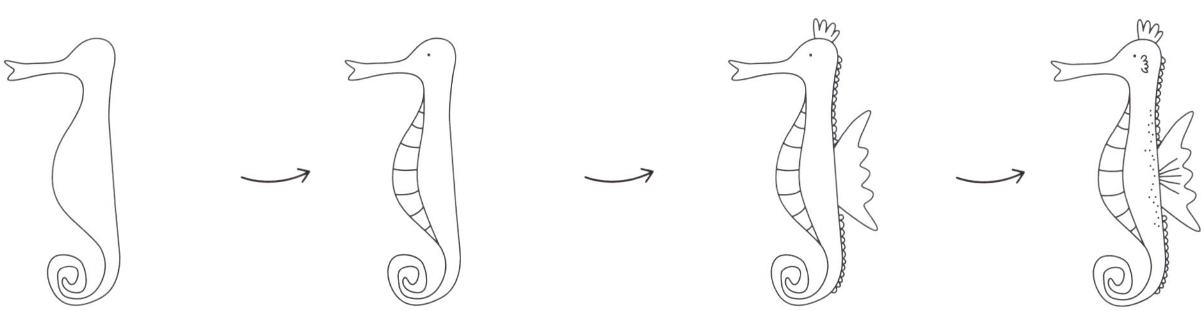

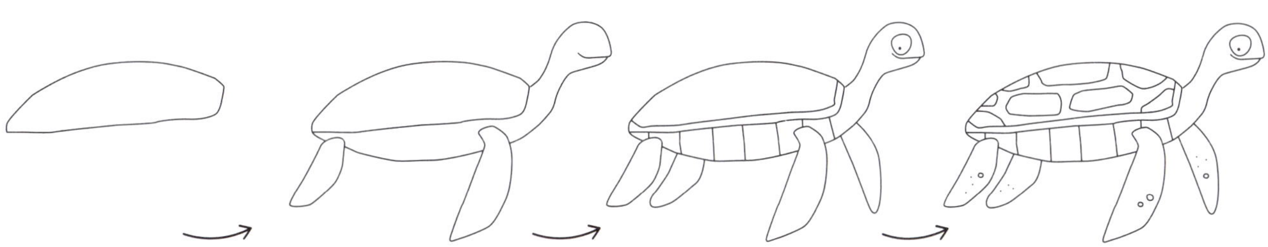

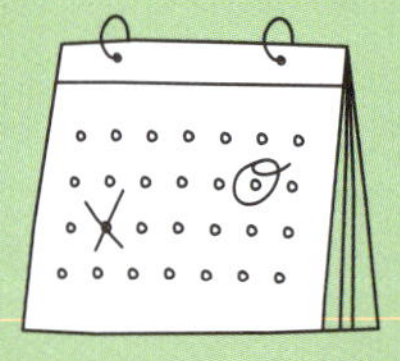

ZWEITER SONNTAG IM JUNI

„I never promised you a rose garden …"

Tag des GARTENS

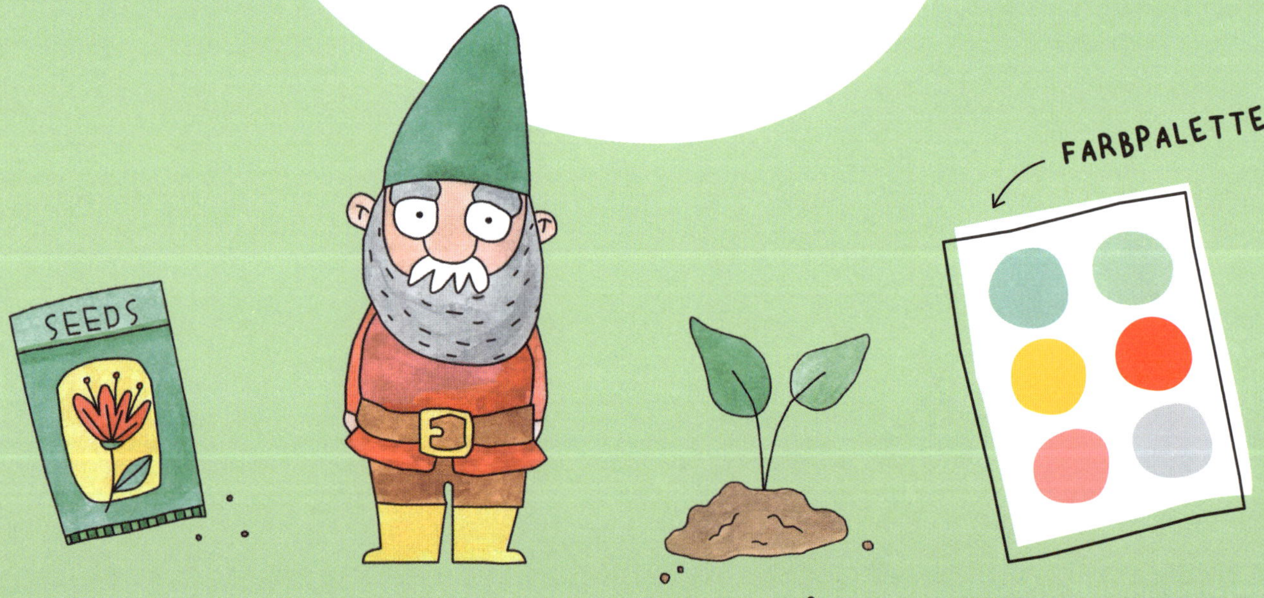

KAPITEL 9

UND
JETZT
DU!

Ausmalbilder

WÄRM DICH AUF

Aufwärmübung

Um die Zeichenmuskeln ein bisschen zu lockern, zeichne diese Gartenzwerge nach, aber verleihe ihnen dabei ein neues Accessoire. Du kannst zum Beispiel eine Blume in die Hand des Zwergs zeichnen. Oder du überlegst dir, wie du als Gartenzwerg aussehen würdest. Welchen Gegenstand hättest du in der Hand? Ein Handy? Strickzeug? Eine Tüte Lakritz?

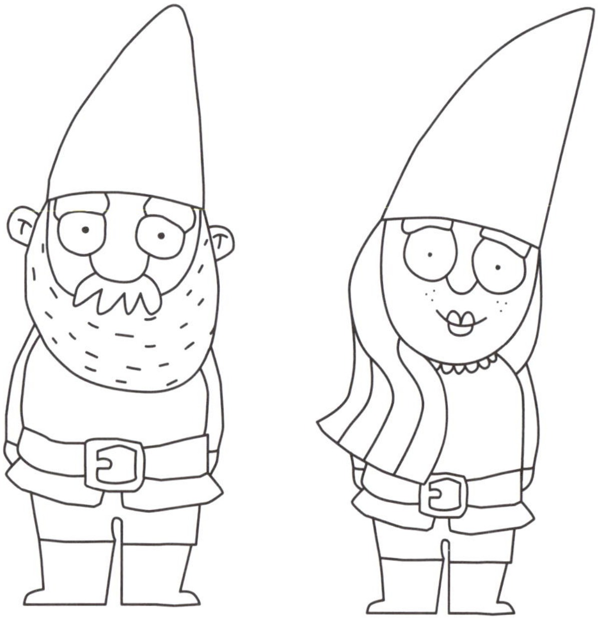

STEP BY STEP

Anleitungen

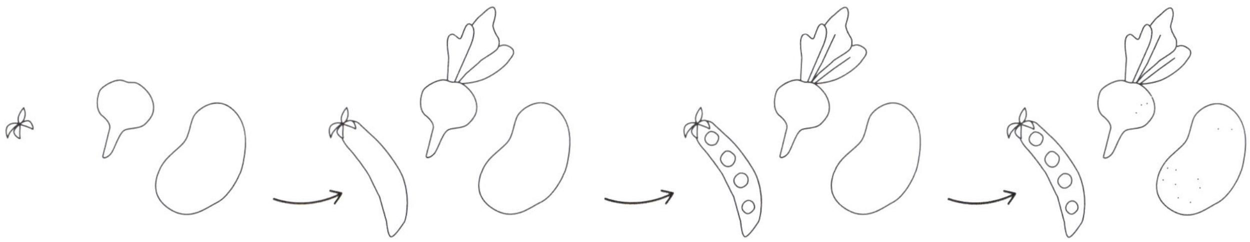

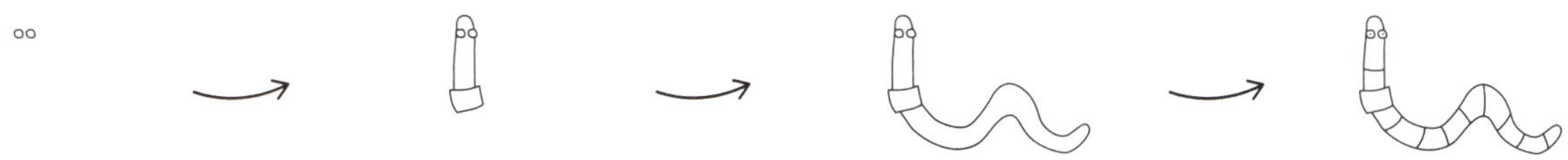

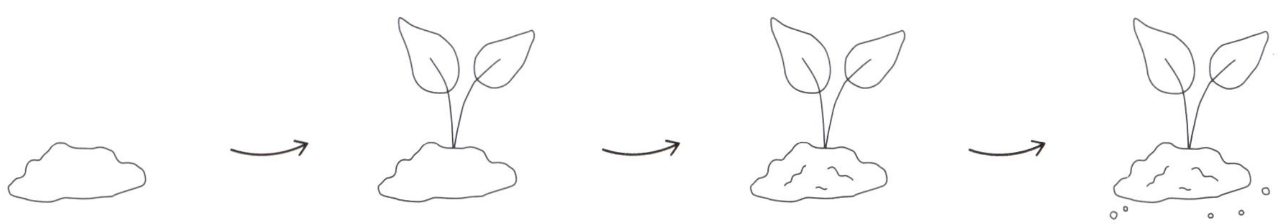

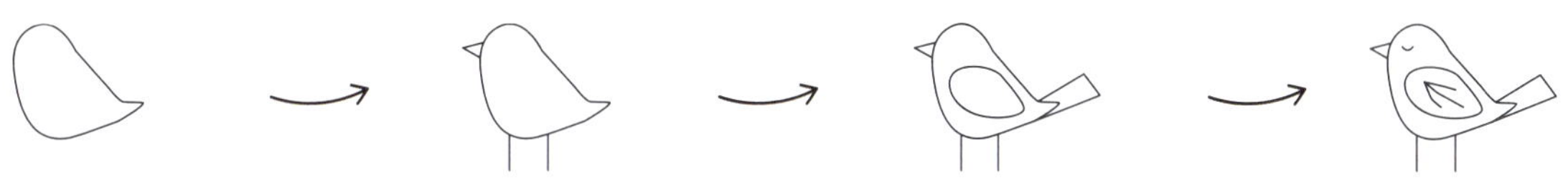

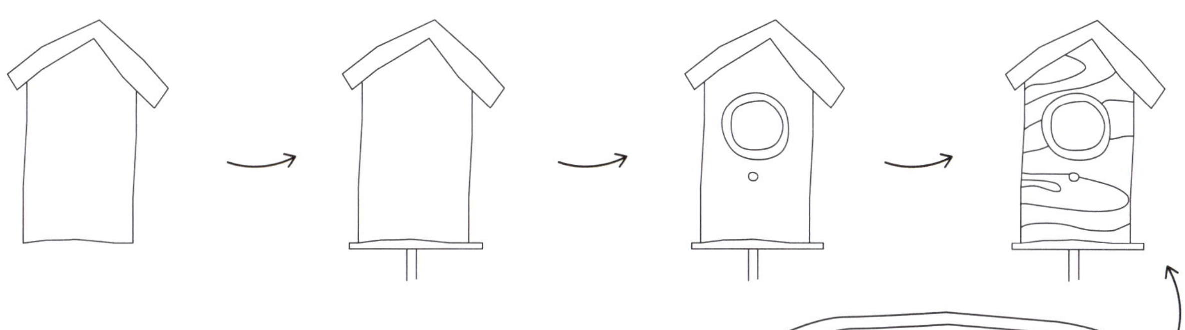

TIPP

Die Marmorierung des Holzes zu zeichnen ist ganz leicht – macht aber viel her. Du zeichnest kurvige Linien in unregelmäßigem Abstand. Denk dabei an einen kurvigen Weg den Berg hinauf – das hilft mir immer.

STEP BY STEP

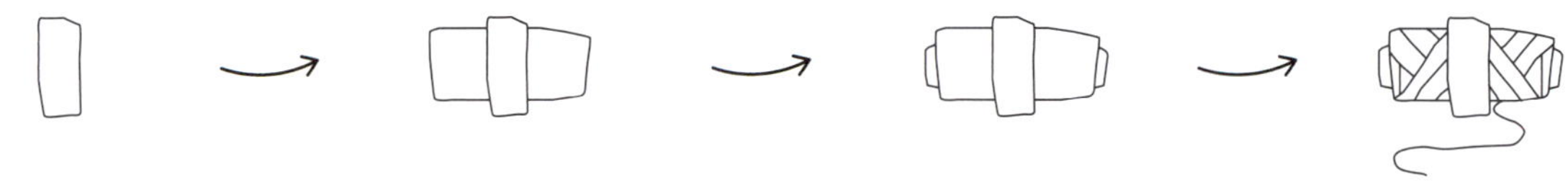

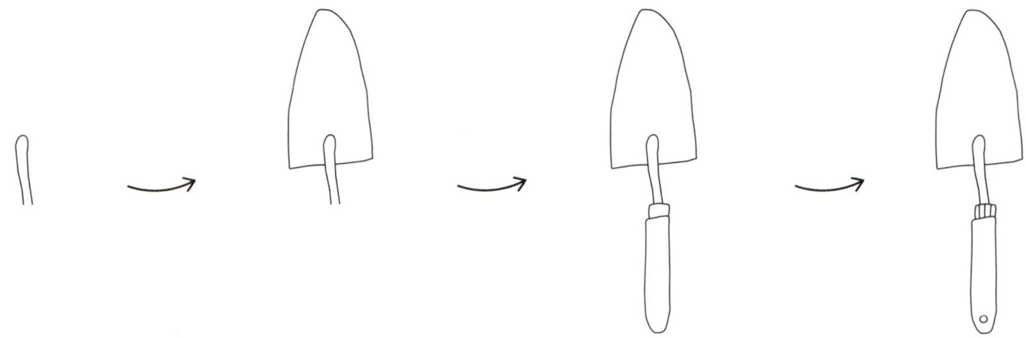

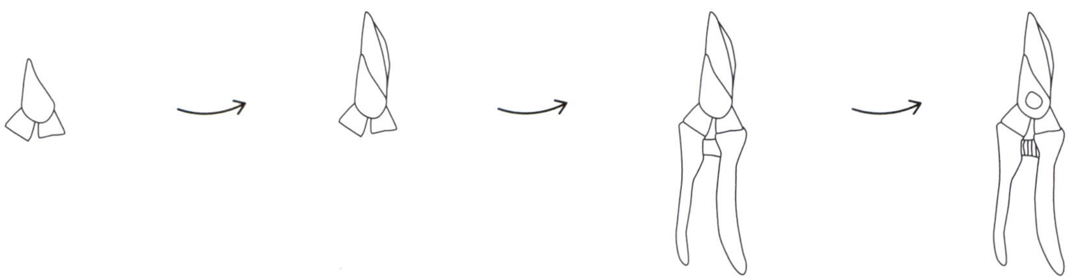

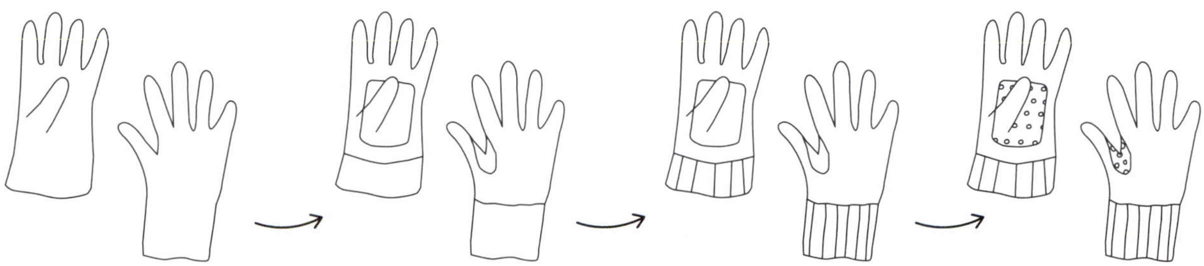

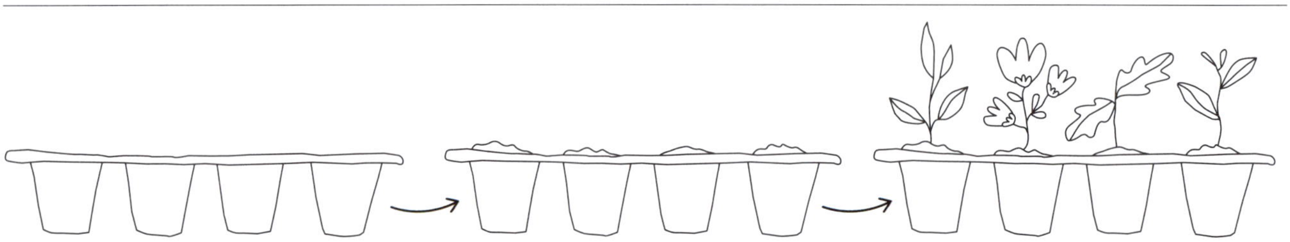

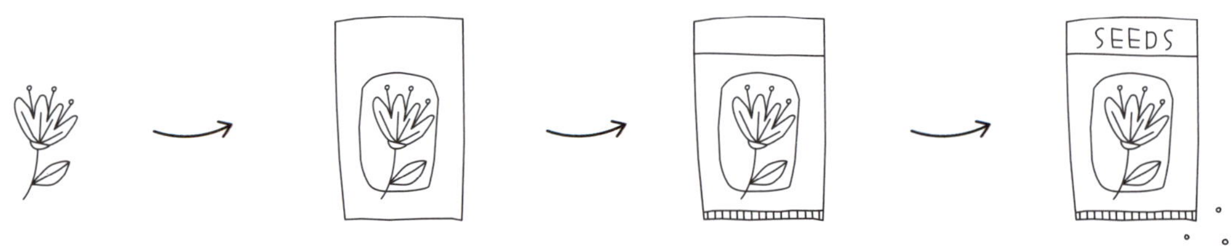

STEP BY STEP

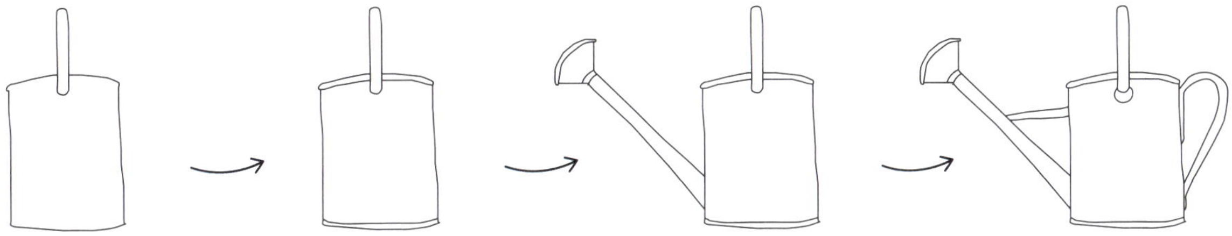

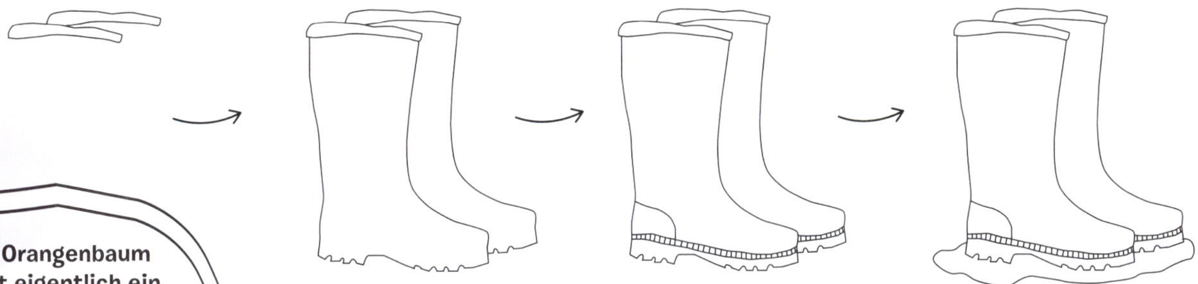

TIPP

Ein Orangenbaum sieht eigentlich ein bisschen anders aus? Nicht schlimm. Bei der Zeichnung geht es eher darum, symbolisch zu arbeiten. Du zeichnest einen kleinen Baum und fügst danach die Orangen hinzu. So versteht jeder: Aha, dies ist ein Orangenbaum.

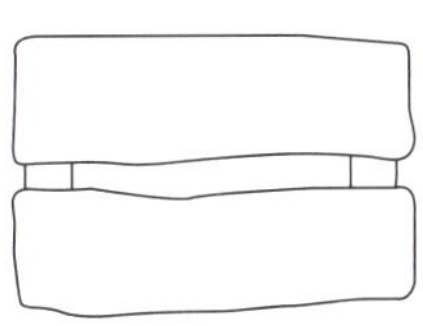

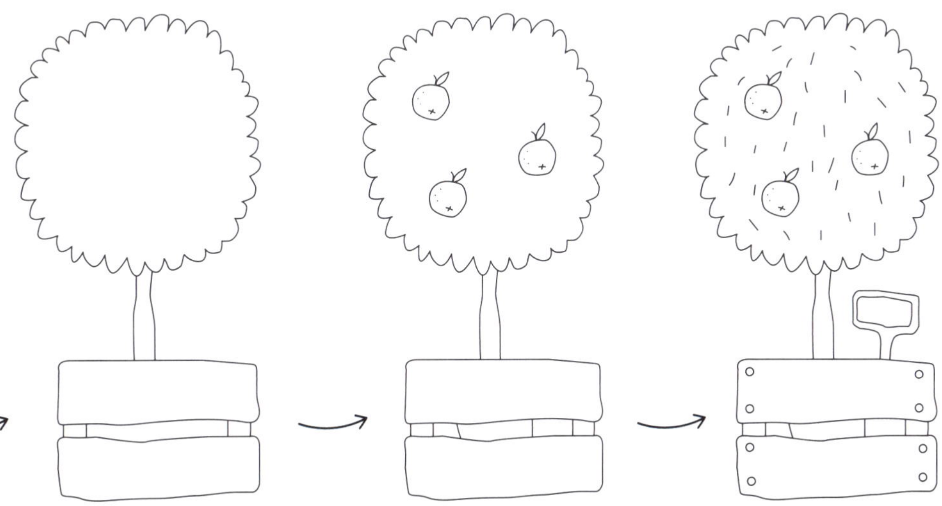

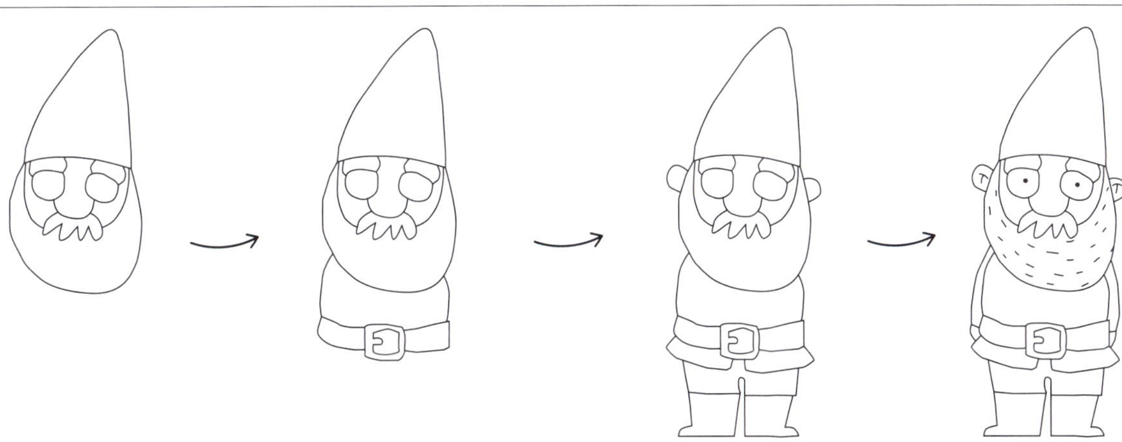

AUGUST BIS SEPTEMBER

Back to school!

Schul ANFANG

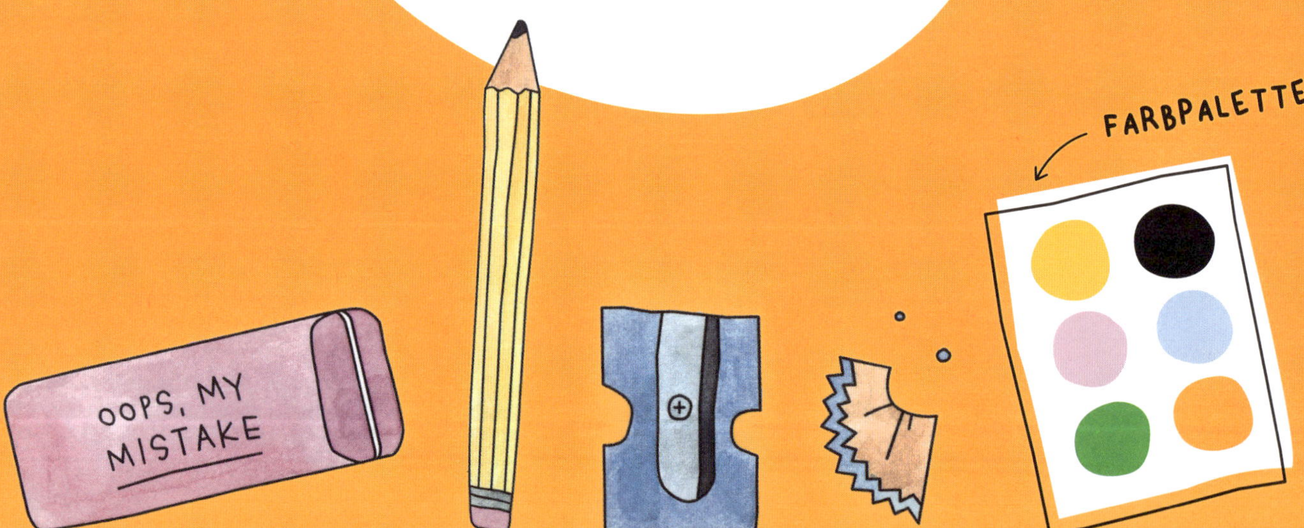

KAPITEL 10

Ausmalbilder

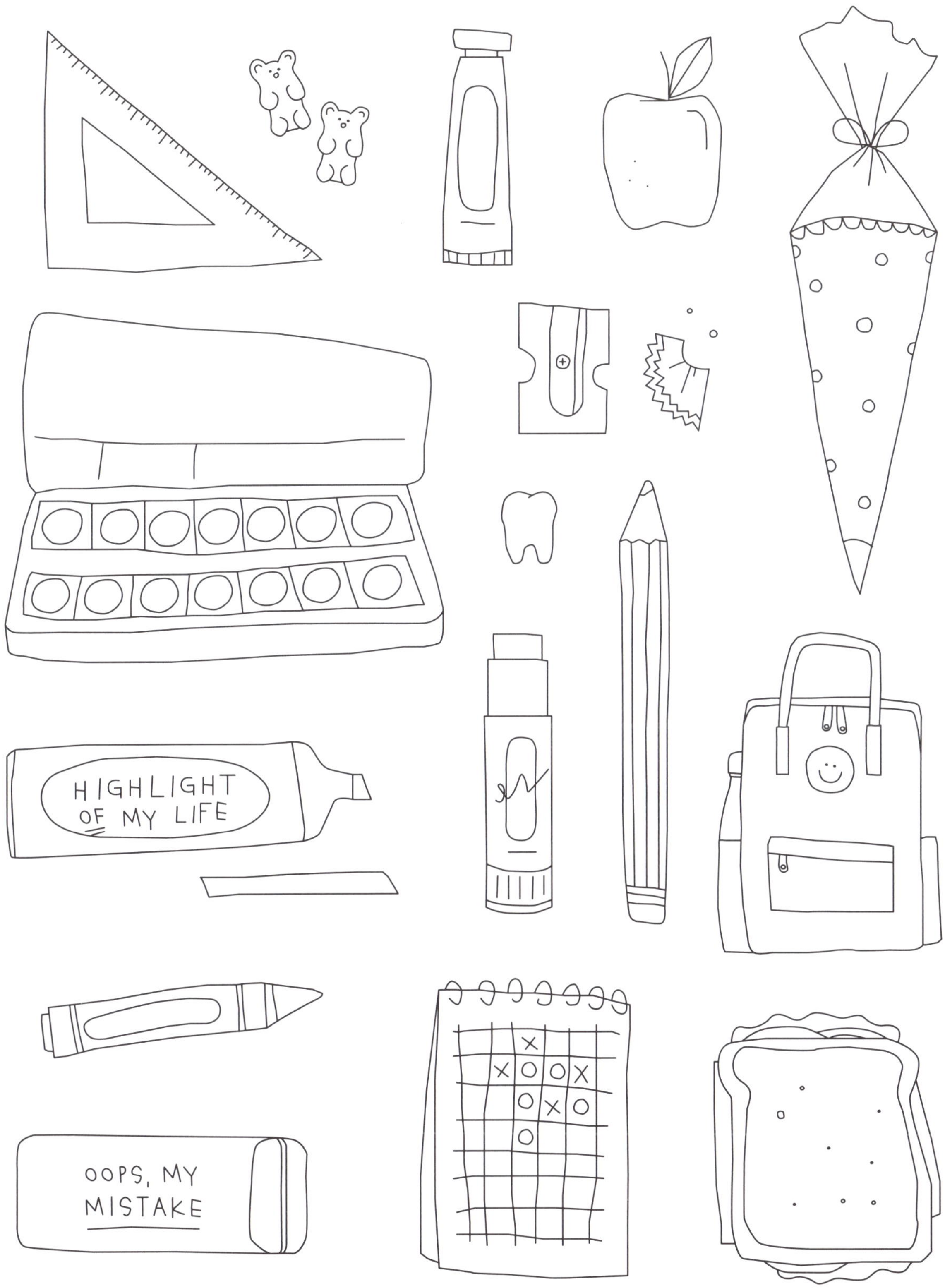

WÄRM DICH AUF

Aufwärmübung

*Egal ob Schulkind oder Chef*in – Gesunde Snacks dabeizuhaben, schadet nie. Was gibt es Schöneres, als wenn man in seiner Brotdose nicht nur einen leckeren Snack findet, sondern auch noch ein paar liebe Worte? Hier sind zwei Ideen für Brotdosenzettel.*

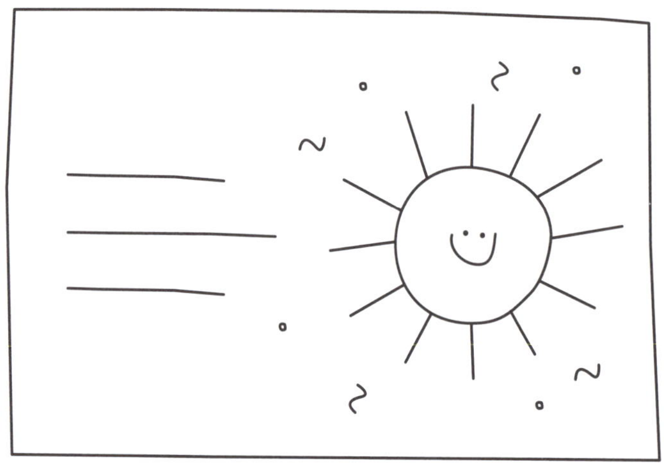

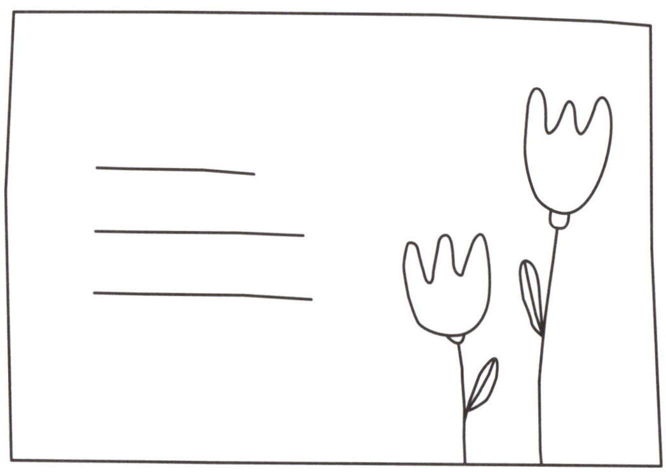

STEP BY STEP

Anleitungen

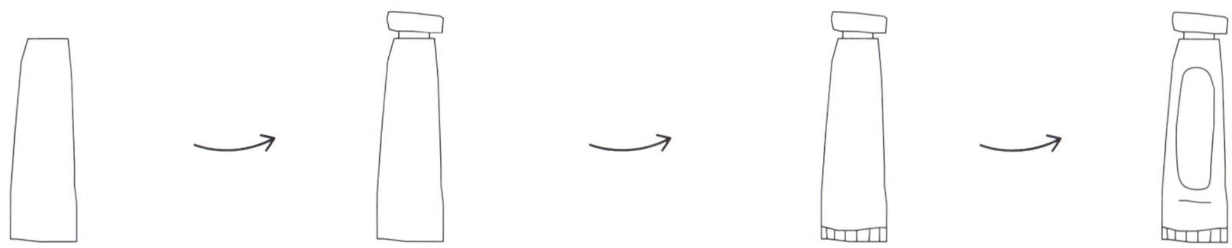

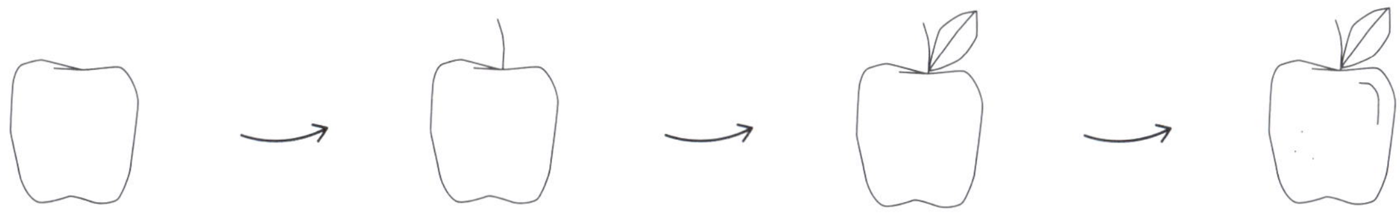

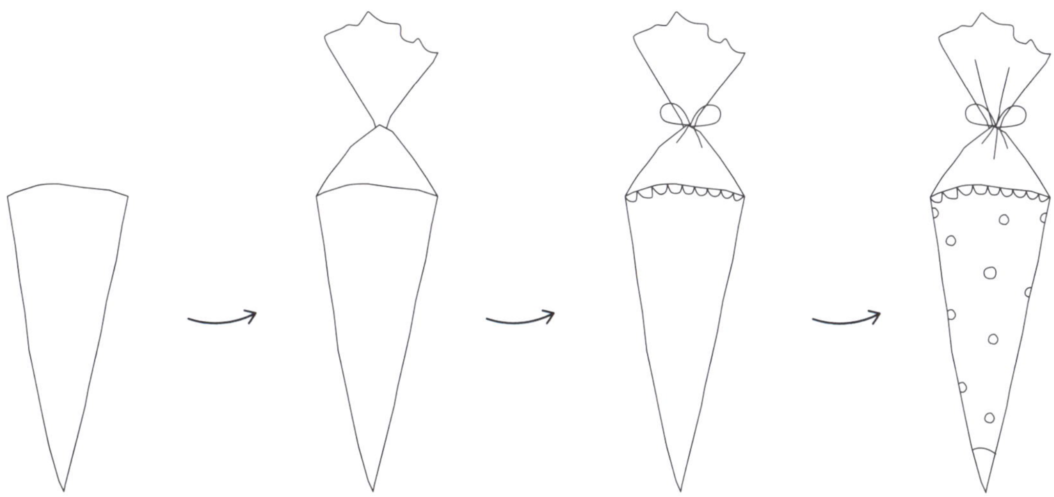

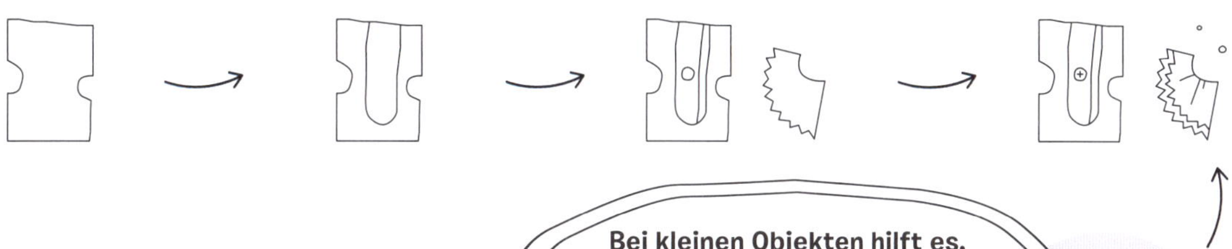

TIPP

Bei kleinen Objekten hilft es, ein paar Details für mehr Kontext hinzuzufügen. Wir zeichnen nicht nur den Anspitzer, sondern gleich noch ein paar Bleistiftspäne dazu.

STEP BY STEP

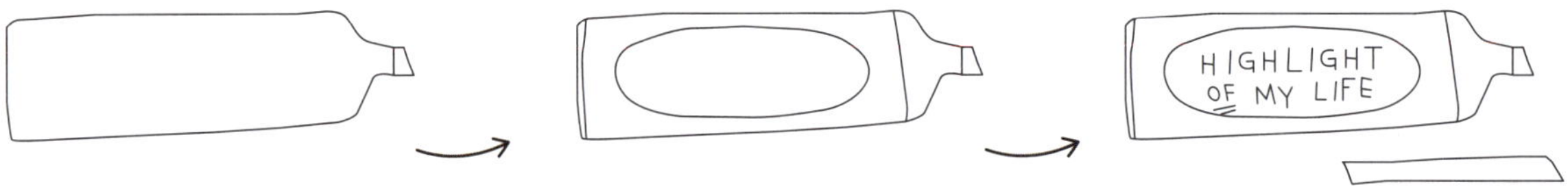

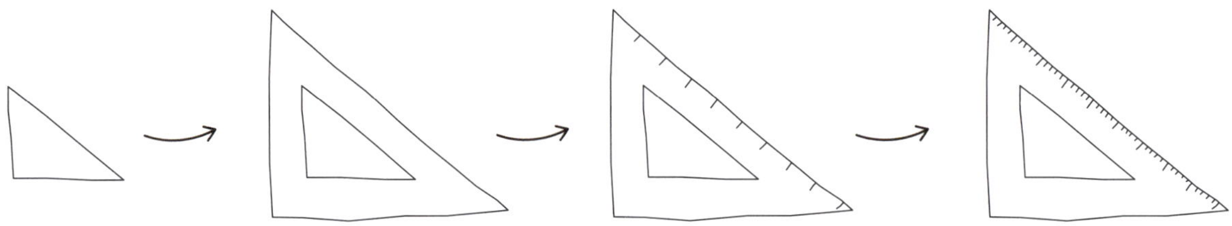

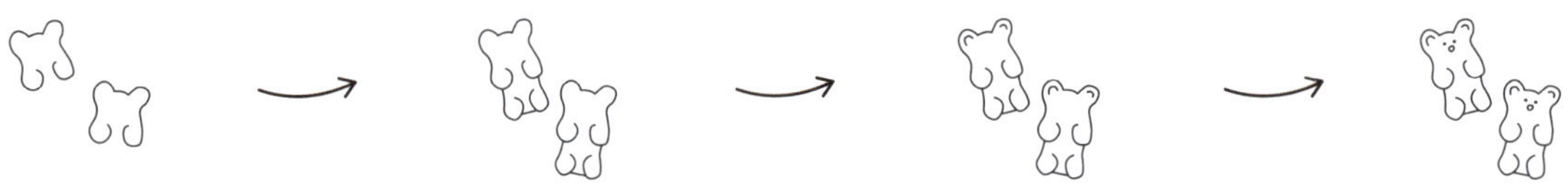

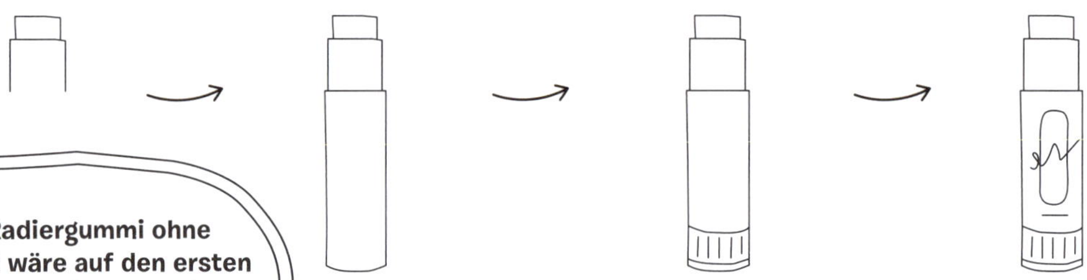

TIPP Der Radiergummi ohne den Text wäre auf den ersten Blick nur ein Blob. Der Text macht klar: Dieser Blob wird zum Radieren genutzt.

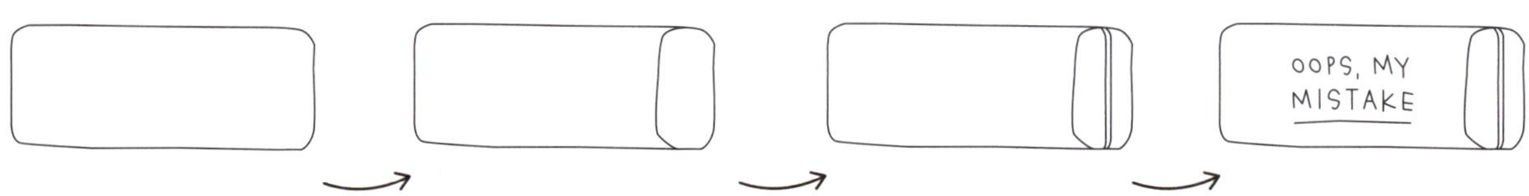

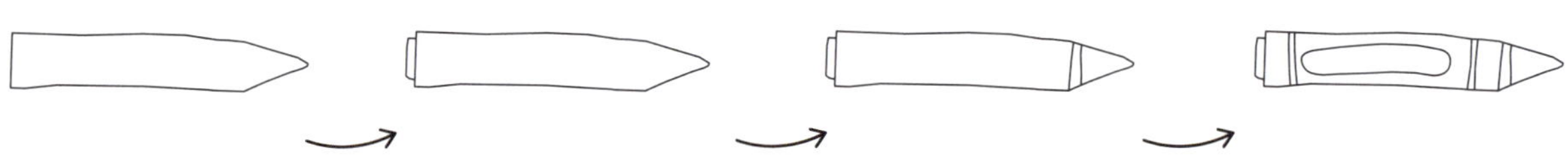

STEP BY STEP

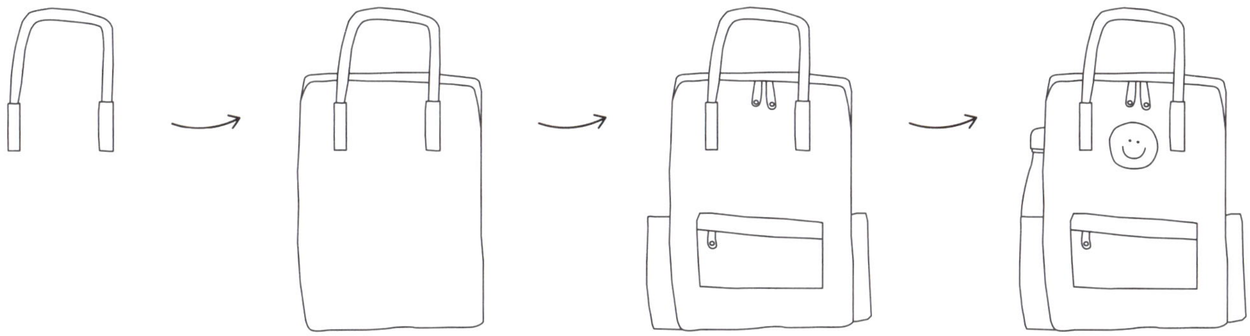

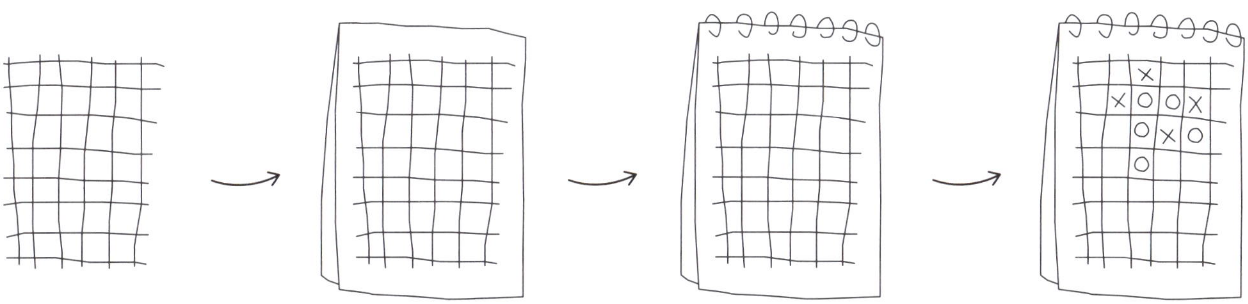

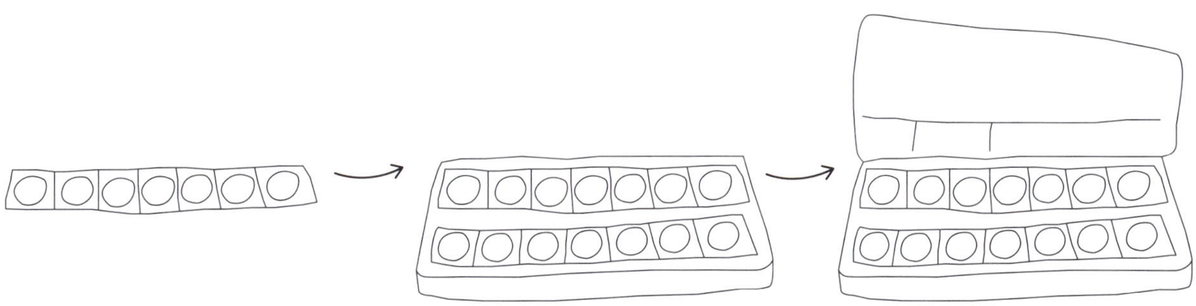

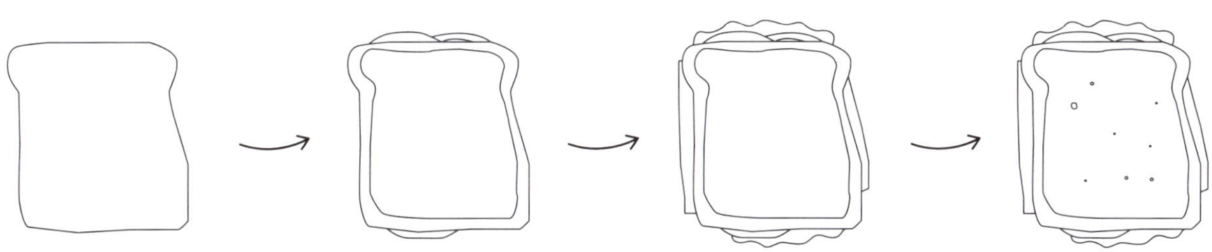

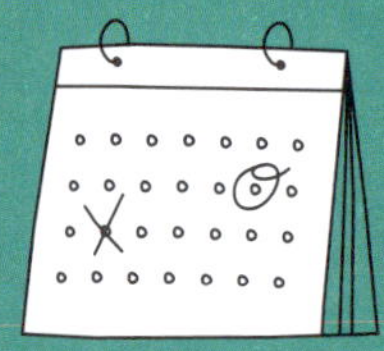

14. SEPTEMBER

Into the jungle

Tag der TROPENWÄLDER

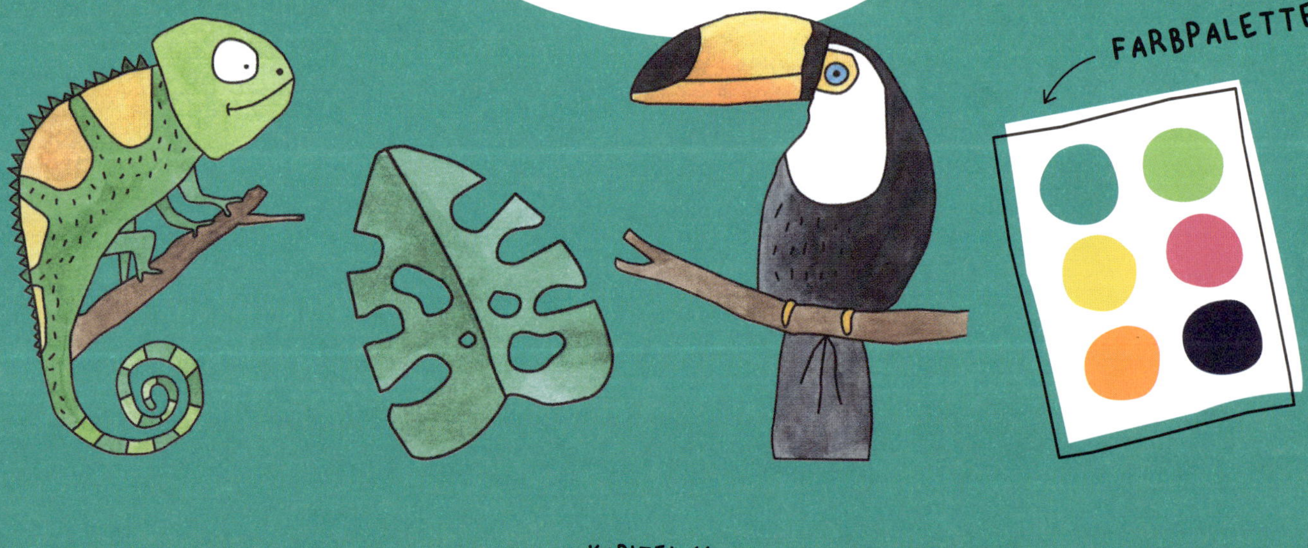

KAPITEL 11

UND JETZT DU!

Ausmalbilder

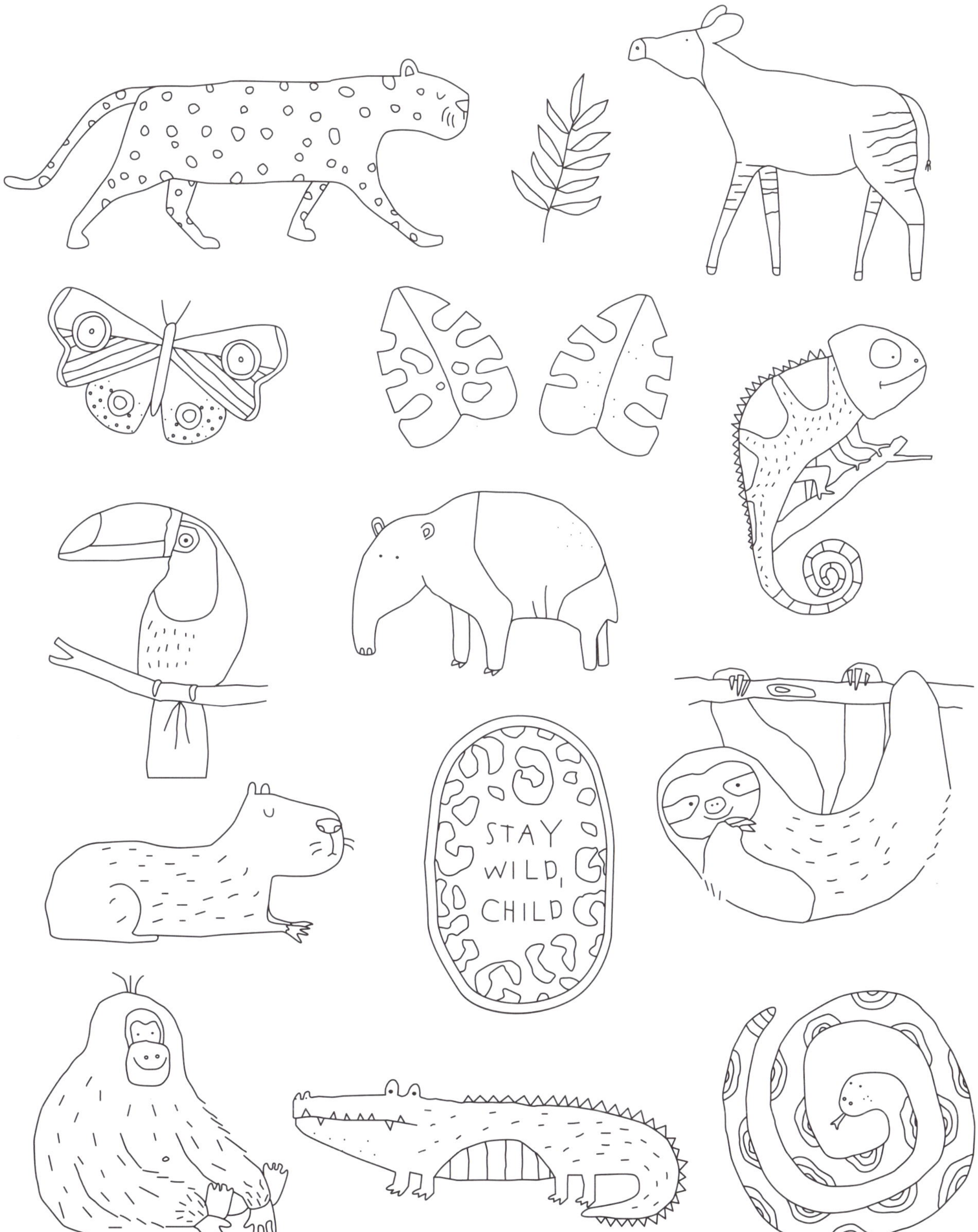

Aufwärmübung

Beim ersten Blick auf das tropische Ausmalbild wird klar: Hier ist viel los. Wenn du dir noch nicht zutraust, einzelne Tiere nachzuzeichnen, kannst du mit Mustern anfangen. Wie du in den Schritt-für-Schritt-Anleitungen sehen kannst, machen diese den größten Anteil der fertigen Zeichnung aus und geben jedem Tier seinen Wiedererkennungswert und seinen Charakter.

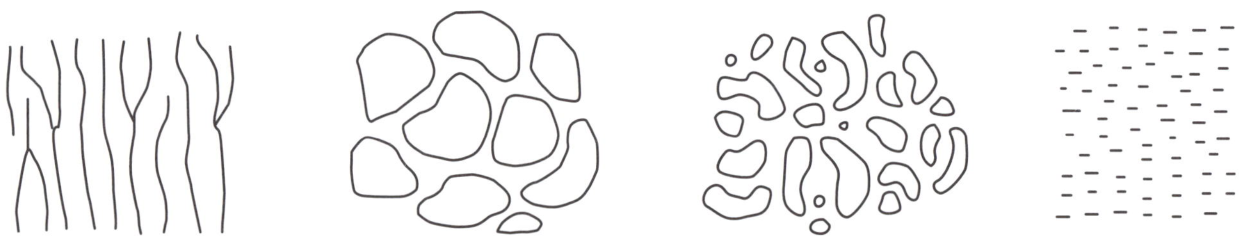

STEP BY STEP

Anleitungen

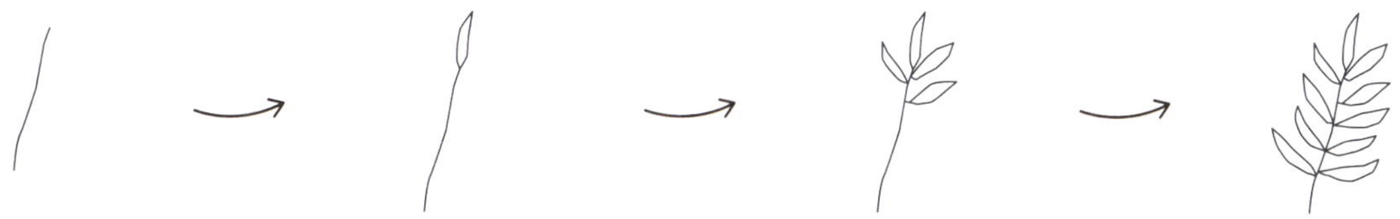

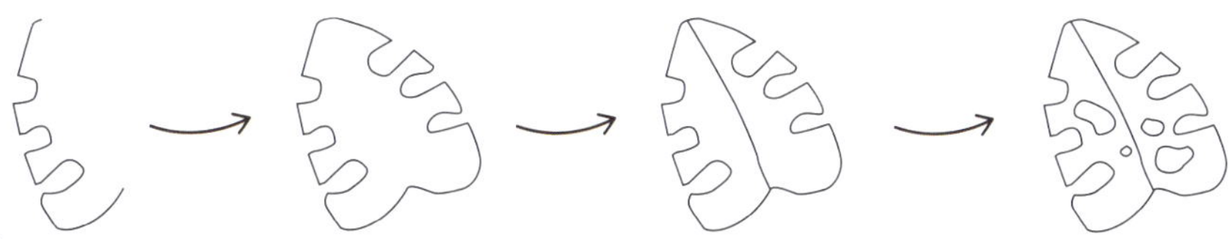

INFO

Der Tag der Tropenwälder fällt auf das Geburtsdatum von Alexander von Humboldt. Der deutsche Forschungsreisende hielt in seinen Tagebüchern Flora und Fauna in Hunderten von Skizzen und Zeichnungen fest.

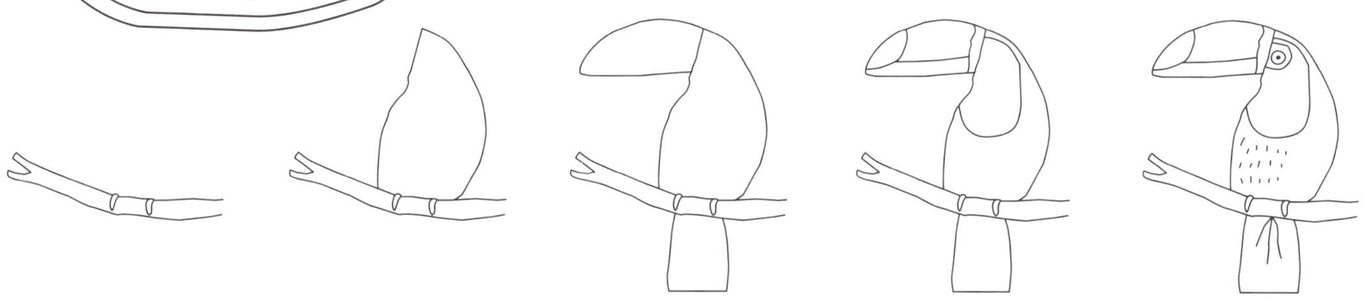

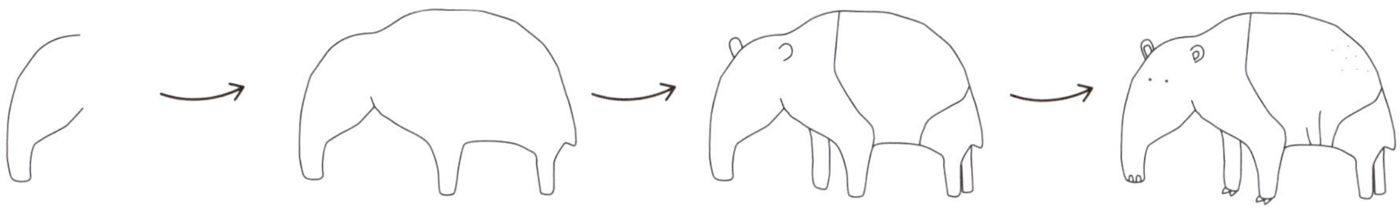

STEP BY STEP

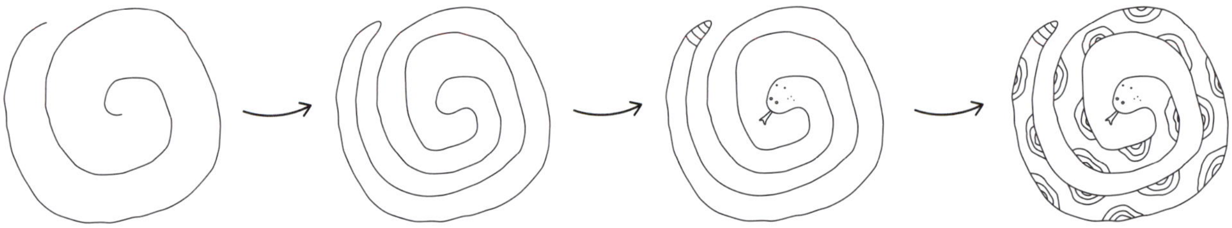

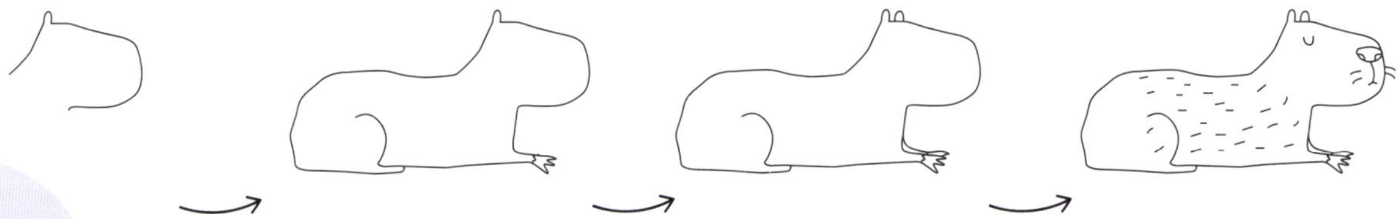

TIPP

Was aussieht wie ein zu groß geratenes Meerschweinchen, ist ein Capybara – auch als Wasserschwein bekannt.

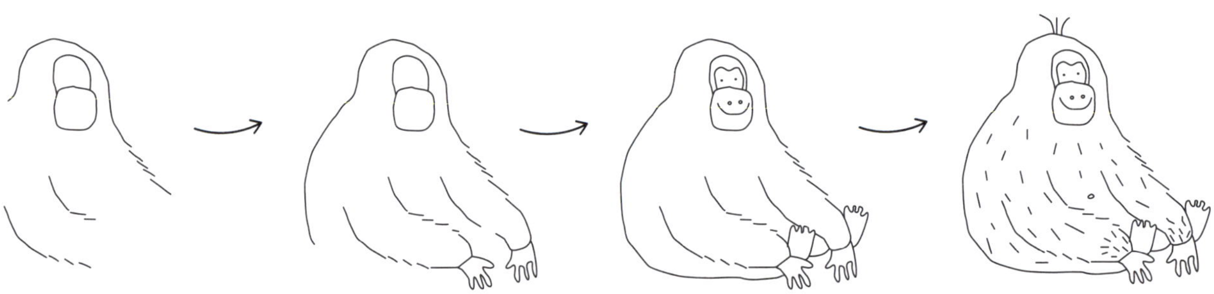

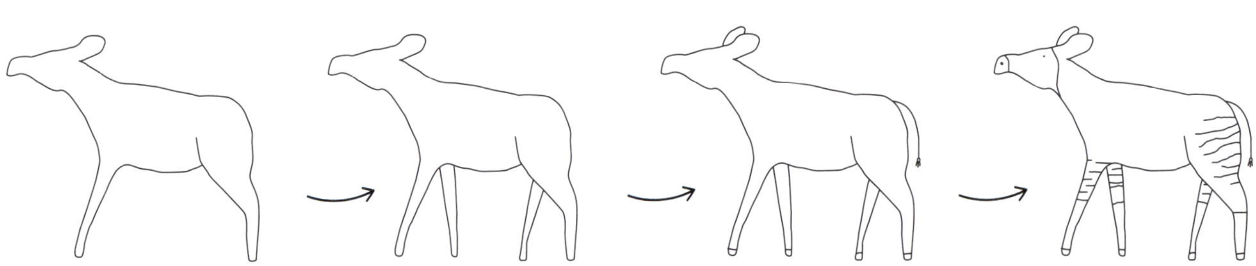

STEP BY STEP

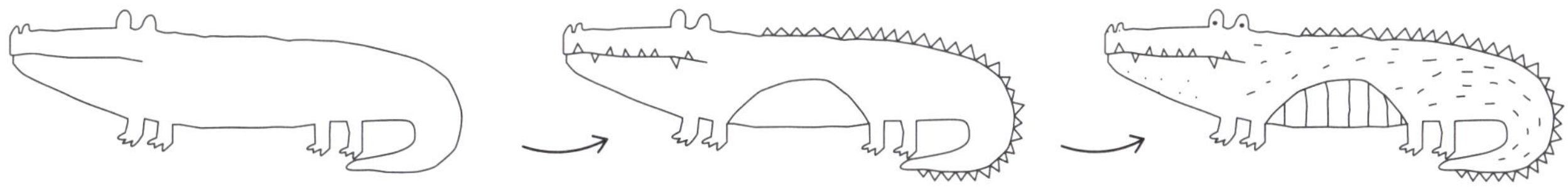

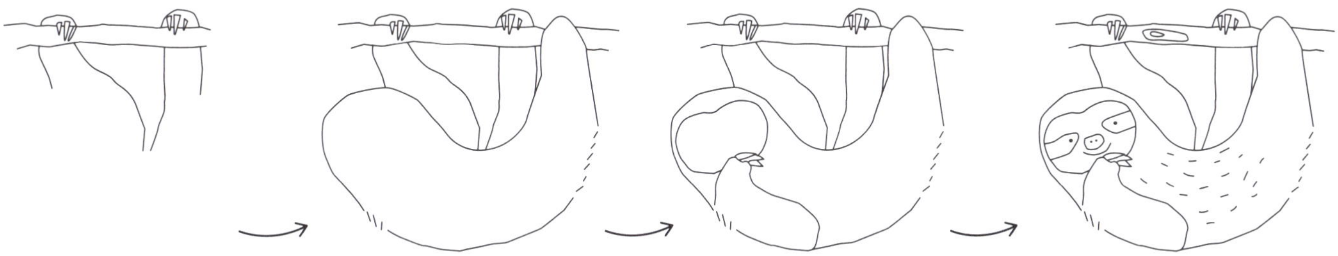

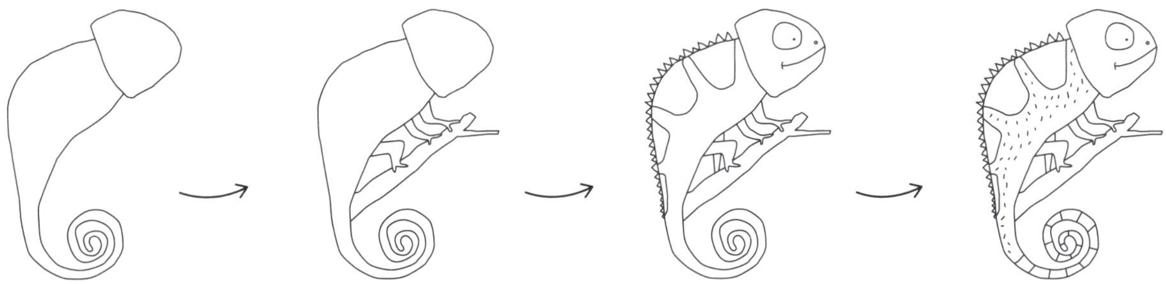

TIPP

Die Flecken der Raubkatzen sind sehr speziell und unterscheiden sich in ihren Details. Für den Anfang kannst du Kreise in verschiedenen Formen und Größen zeichnen.

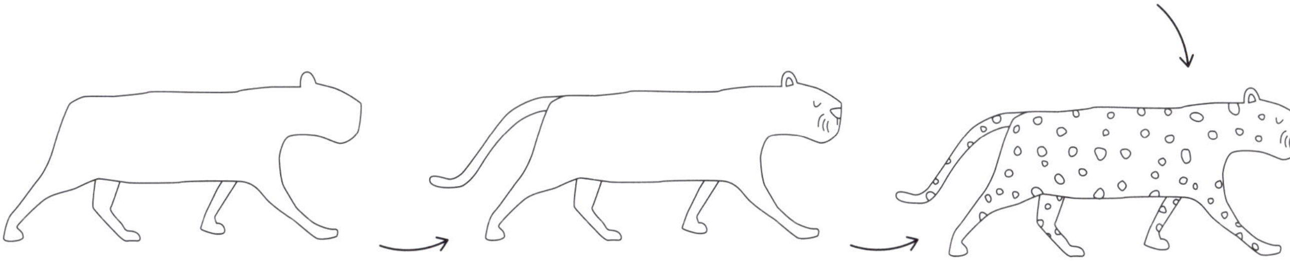

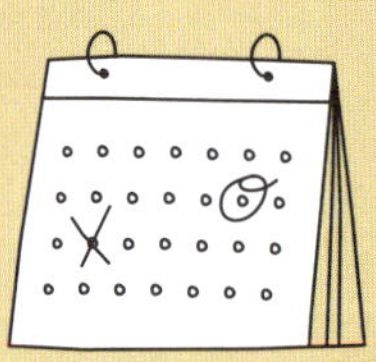

20. SEPTEMBER

Life of a child

Welt KINDER TAG

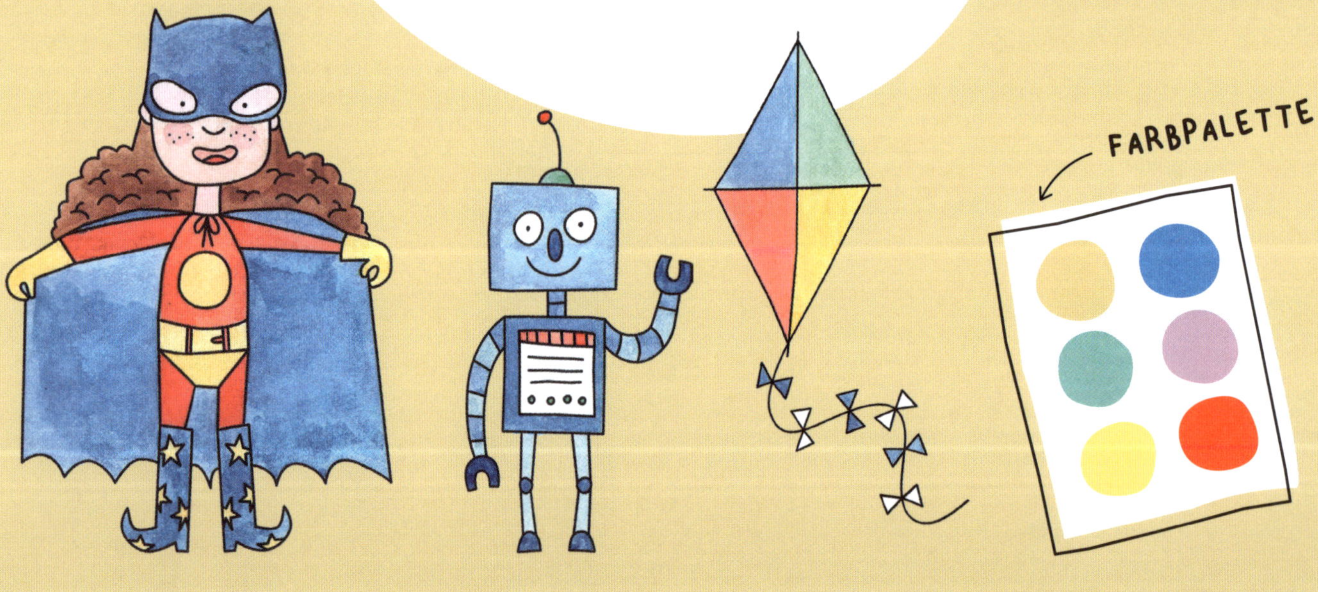

UND JETZT DU!

Ausmalbilder

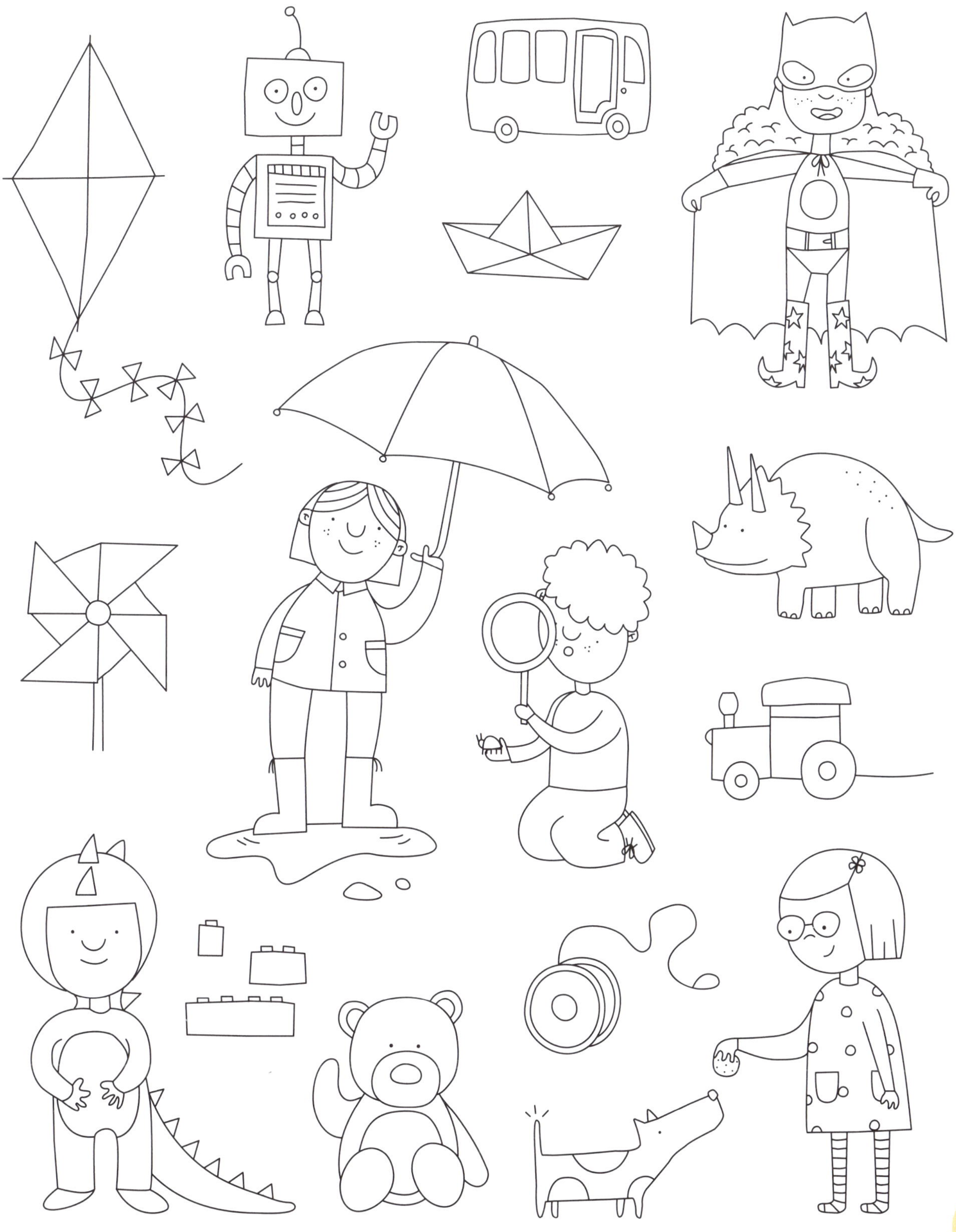

Aufwärmübung

Oft ist es ein bisschen einschüchternd, einen kompletten Menschen zu zeichnen. Es stellen sich viele Fragen: Wie ist das Verhältnis der Gliedmaßen? Wie dick oder dünn sollen die Arme und Beine sein? Welche Art Schuhe trägt der Mensch? Oder muss ich etwa auch noch die Füße malen?! Wir fangen einfach einen Schritt früher an und ersparen uns diese kleinen Sorgen, indem wir erst mal ein paar Gesichter zeichnen. Wer weiß, vielleicht fühlst du dich dann schon fit genug für ein kleines Selbstporträt ...?

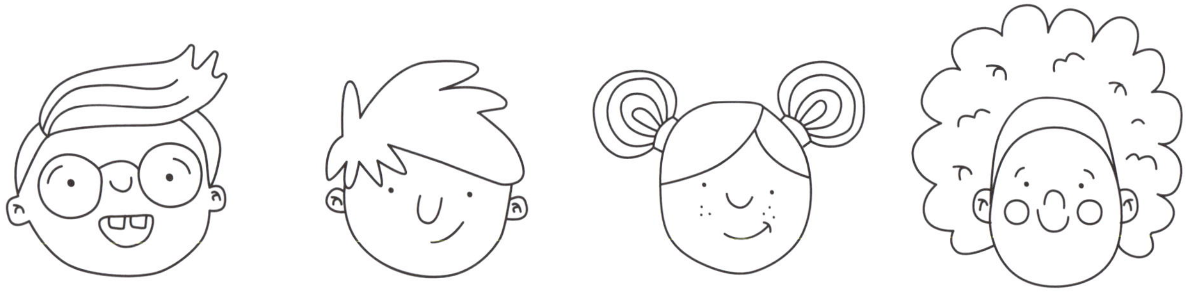

STEP BY STEP

Anleitungen

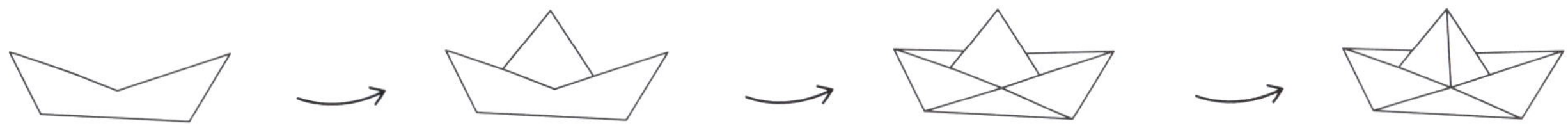

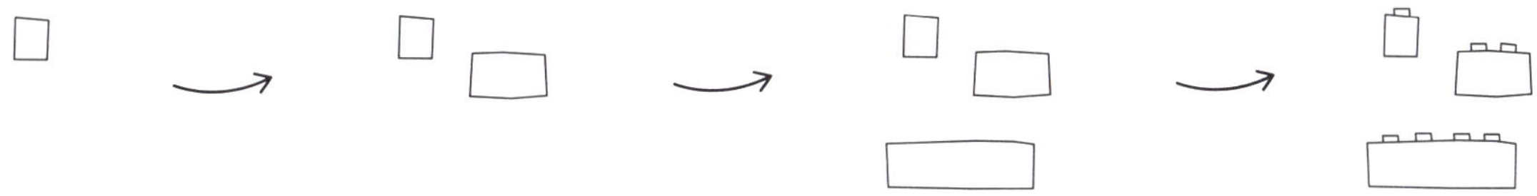

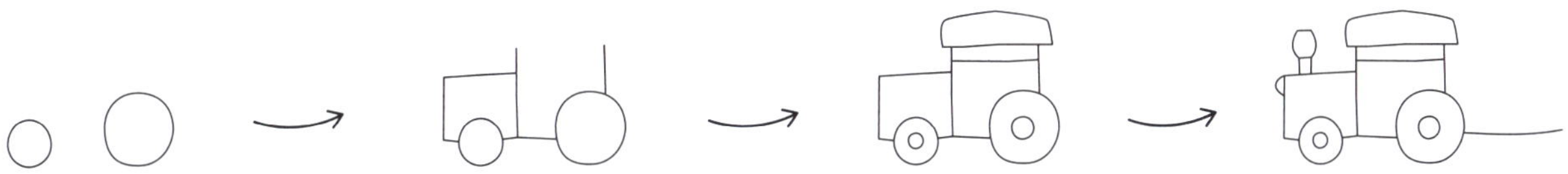

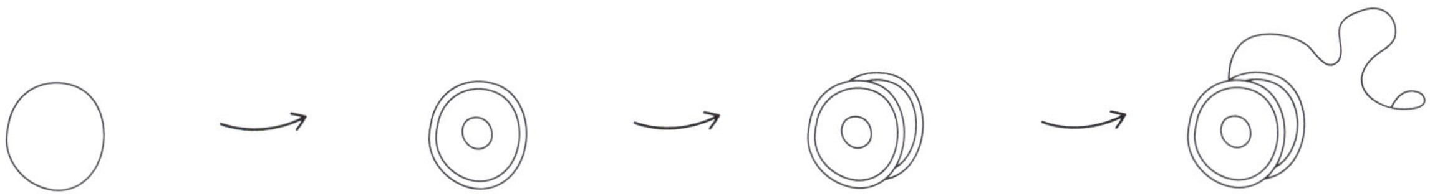

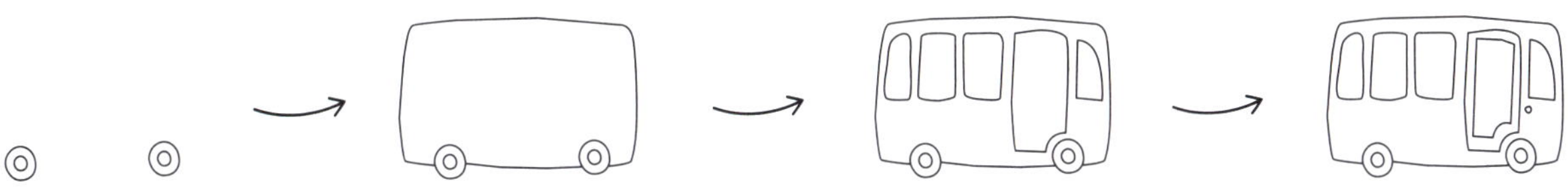

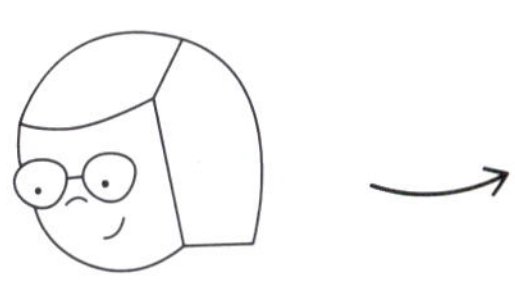

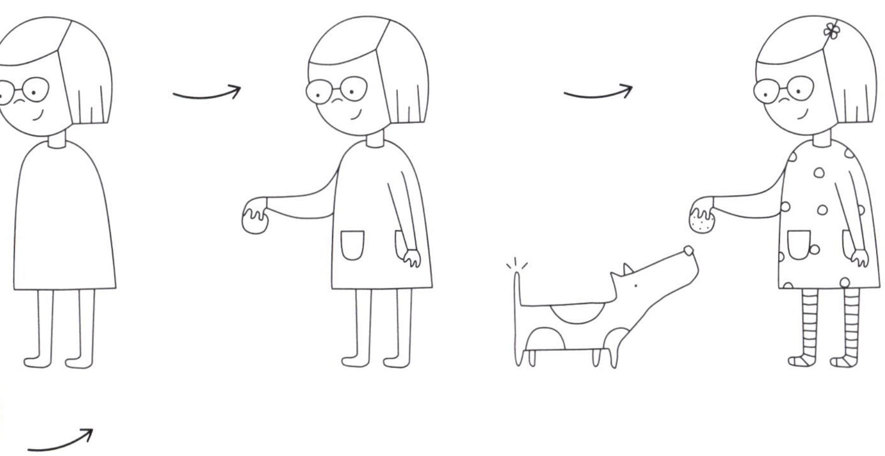

TIPP

Der Hund kommt dir bekannt vor? Kleiner Tipp: Es ist nicht der Vierbeiner deines Nachbarn, sondern er wurde schon auf Seite 25 vorgestellt.

STEP BY STEP

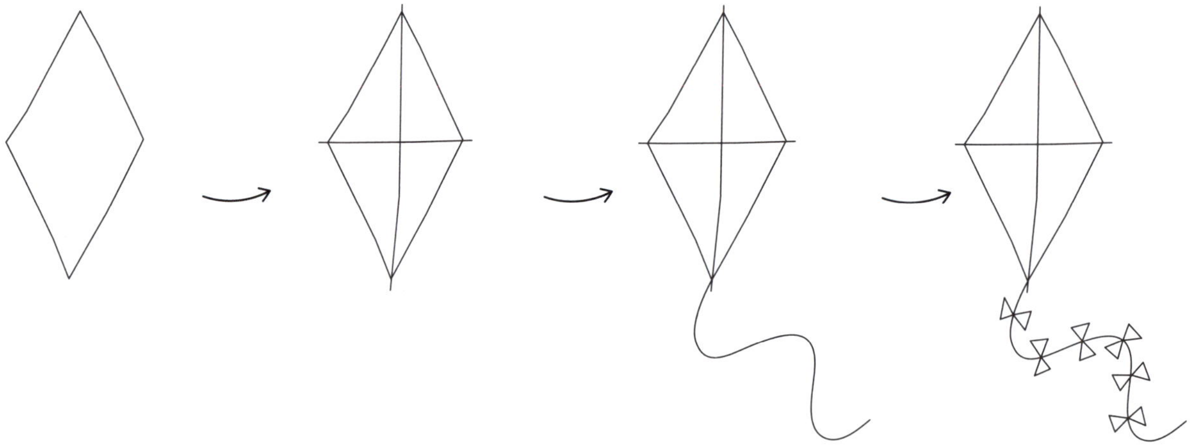

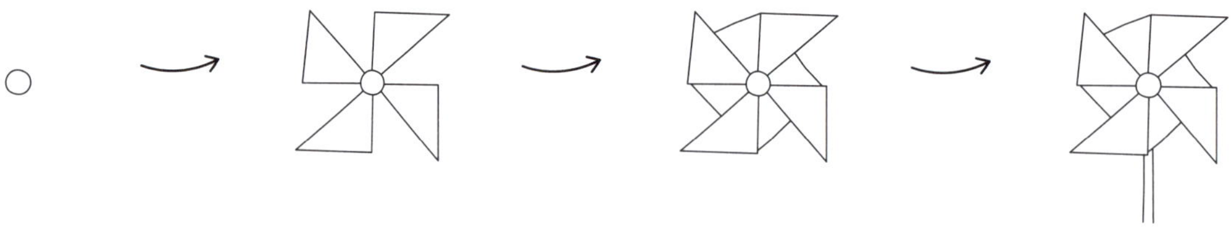

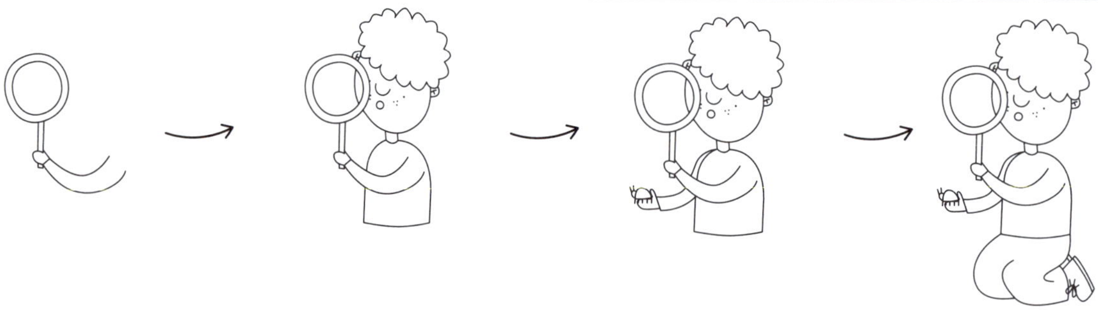

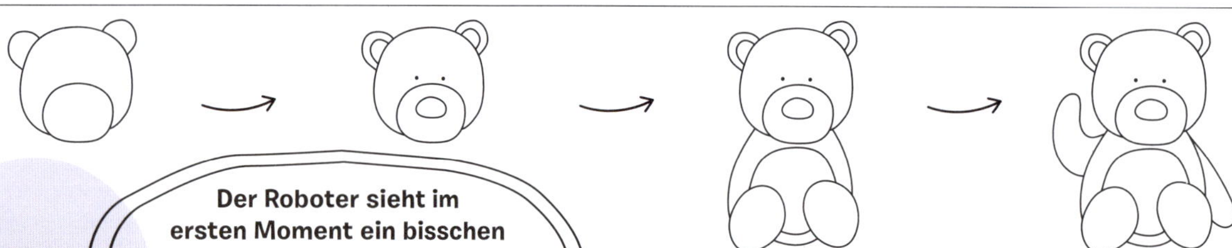

TIPP

Der Roboter sieht im ersten Moment ein bisschen kompliziert aus. Wenn dir in der Mitte zu viel los ist, dann musst du nicht alle Knöpfchen und Linien einzeichnen.

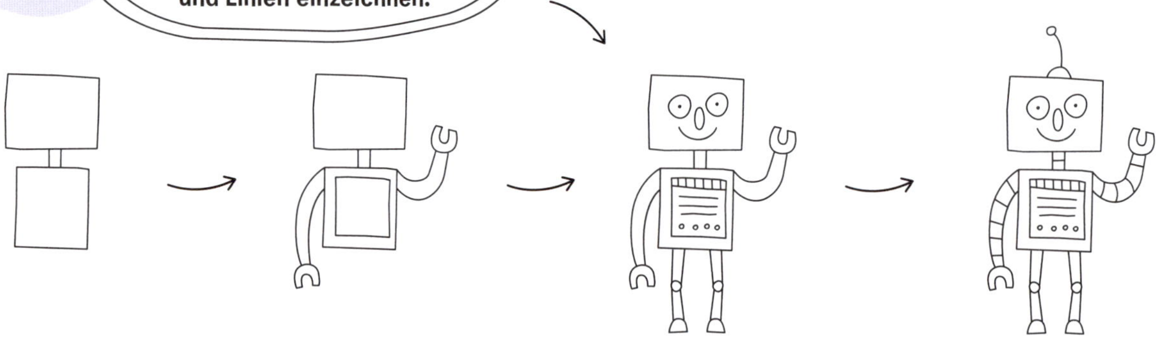

STEP BY STEP

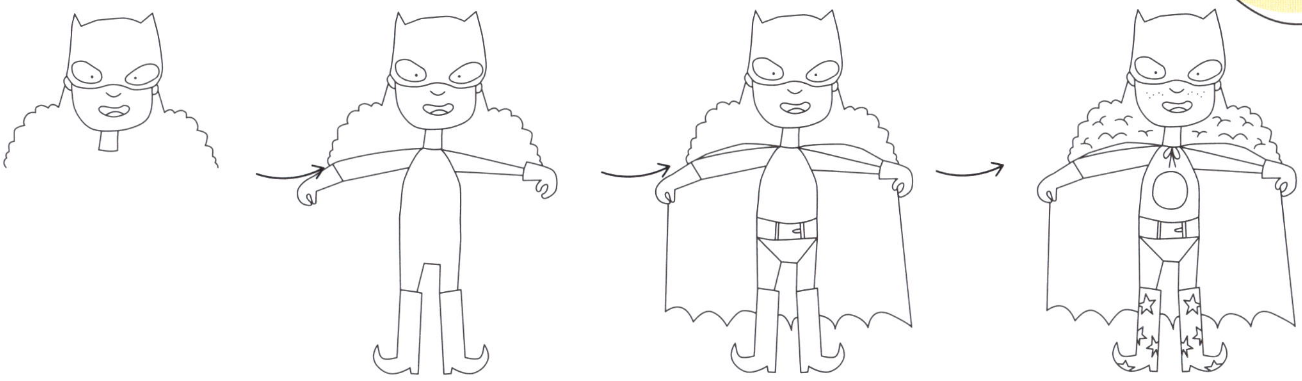

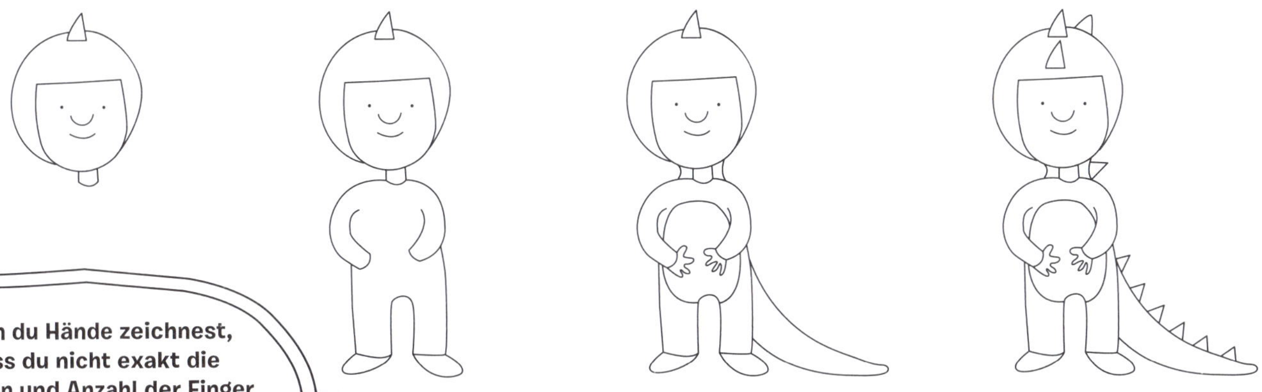

TIPP

Wenn du Hände zeichnest, muss du nicht exakt die Position und Anzahl der Finger hinbekommen. Hier hält die Hand den Regenschirm und das ist zu erkennen. Alles andere ist zweitrangig.

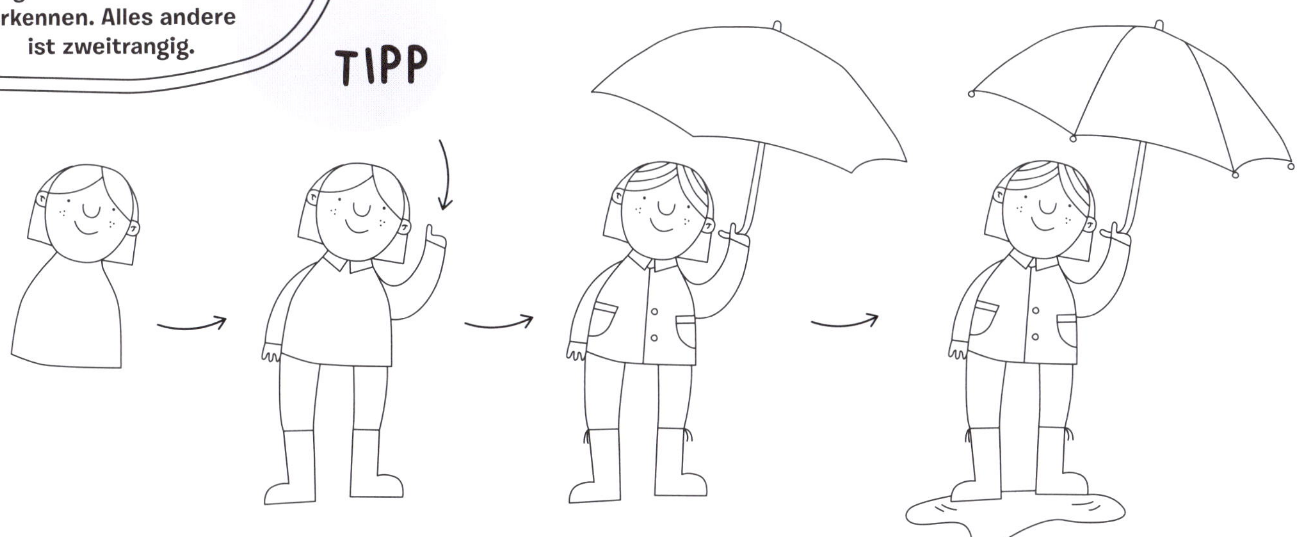

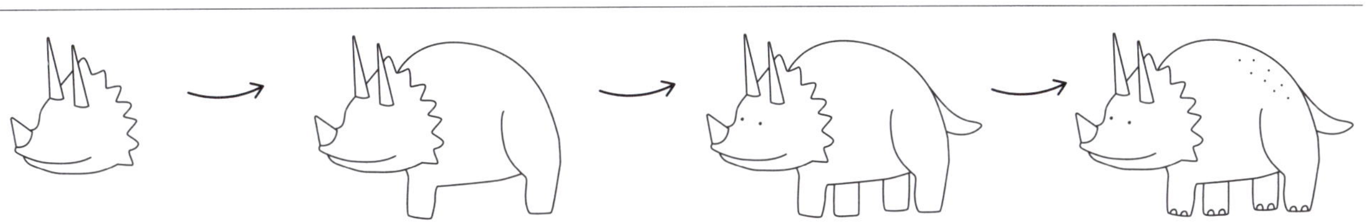

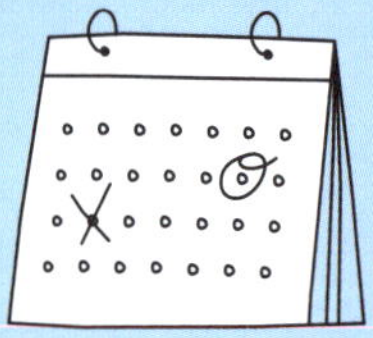

27. SEPTEMBER

Around the world

Welt Tourismus **TAG**

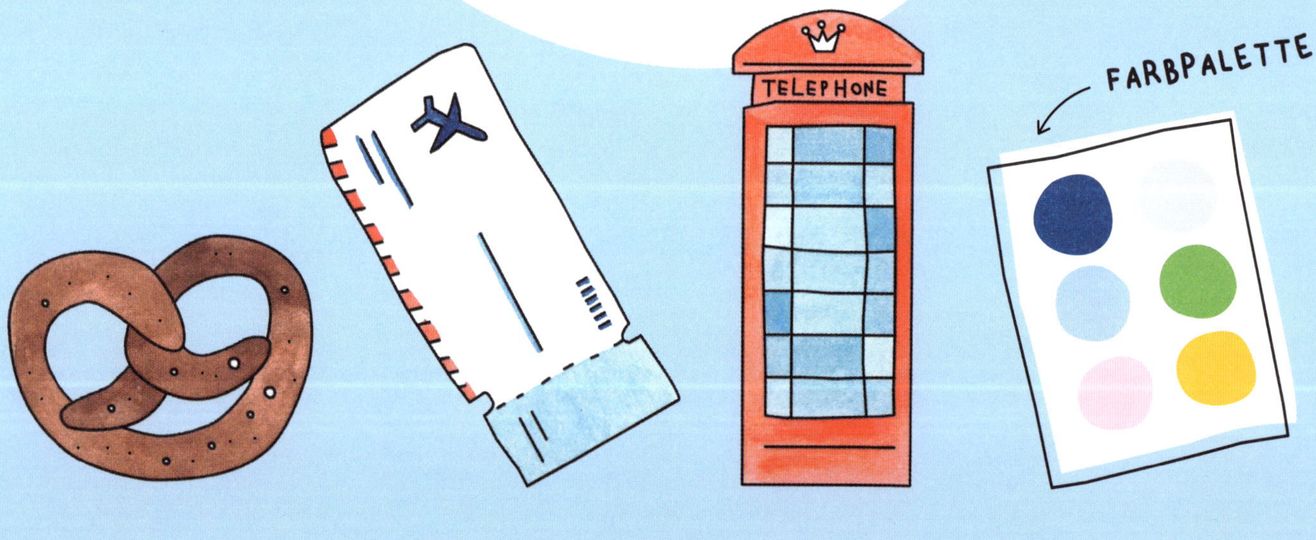

UND JETZT DU!

Ausmalbilder

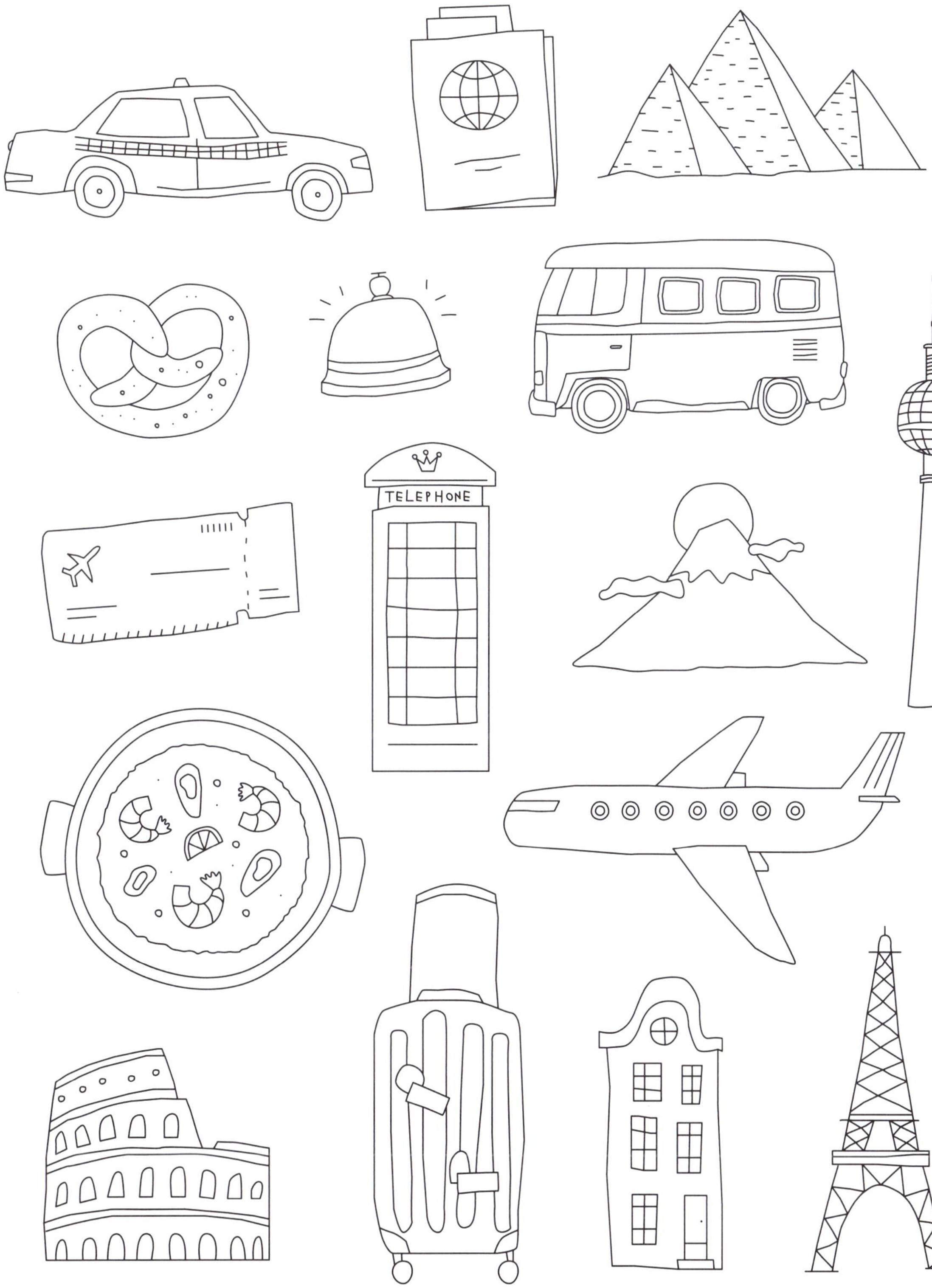

WÄRM DICH AUF

Aufwärmübung

Wenn ich mir Social-Media-Accounts angucke, sehe ich immer wieder: Auf Reisen berichten die Menschen am liebsten aus ihrem Leben. Dabei gibt es auch viel Spannendes im Alltag zu observieren. Ganz gleich, ob du den Globus in dein Reisetagebuch oder auf deine Einkaufsliste daheim zeichnest – er ist eine gute Aufwärmübung.

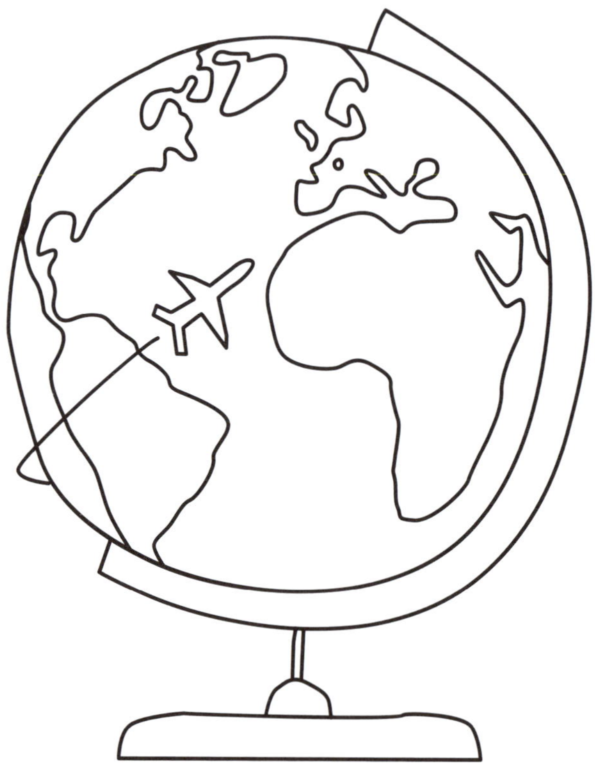

STEP BY STEP

Anleitungen

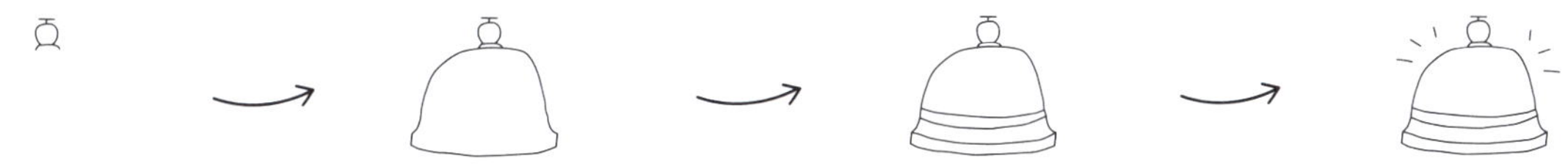

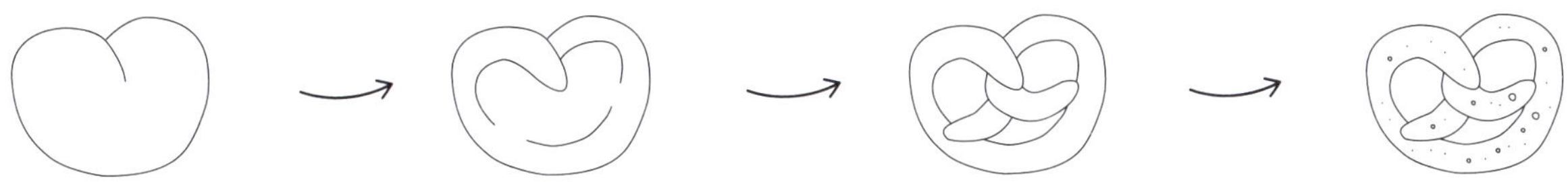

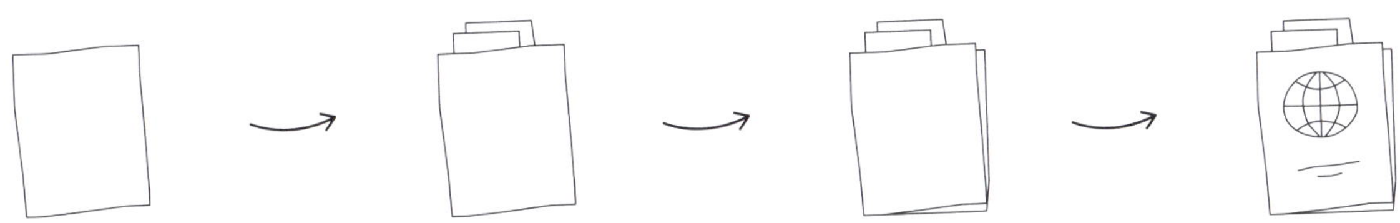

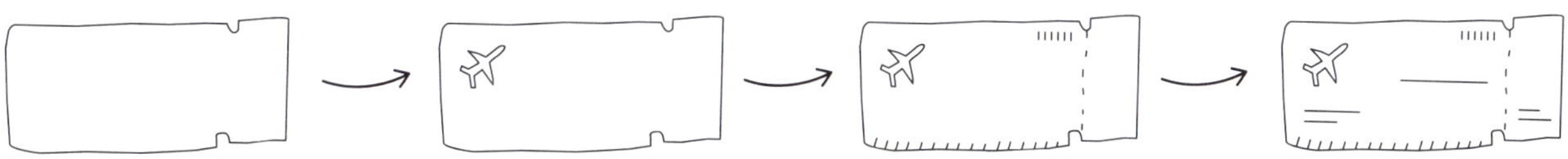

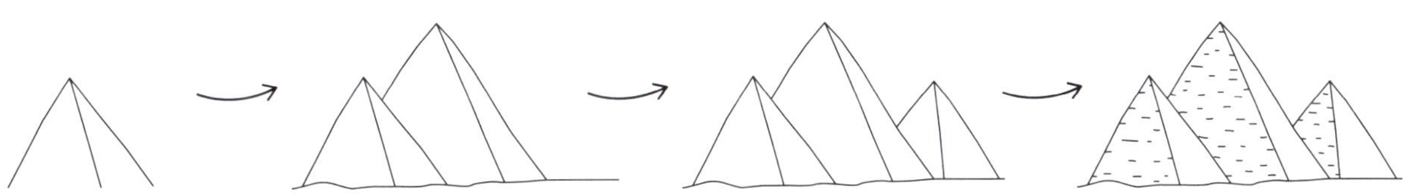

TIPP

Dieser Fernsehturm kommt dir bekannt vor? Entweder du hast ihn schon in Berlin gesehen oder auf Seite 32.

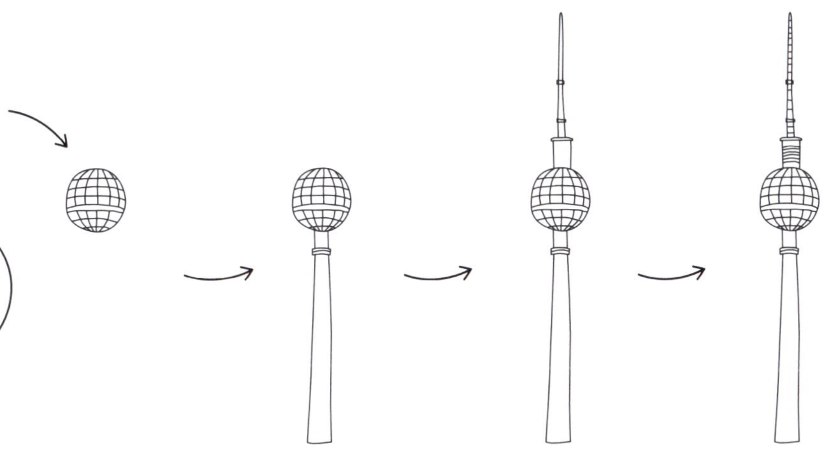

STEP BY STEP

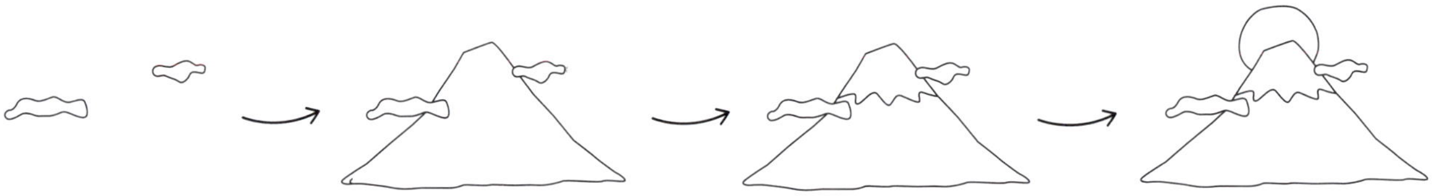

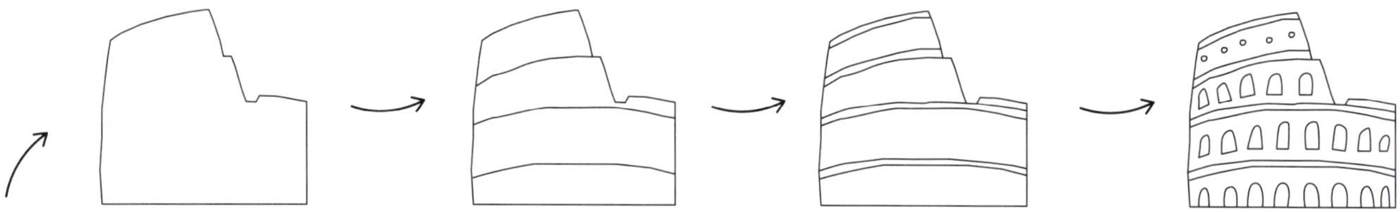

TIPP

Das Kolosseum ist ein monumentales Bauwerk. Aber gerade, weil es so einen hohen Wiedererkennungswert besitzt, ist es möglich, es in einigen wenigen Strichen festzuhalten.

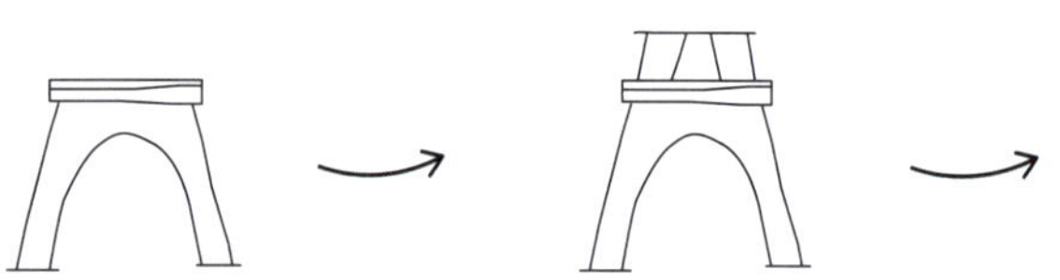

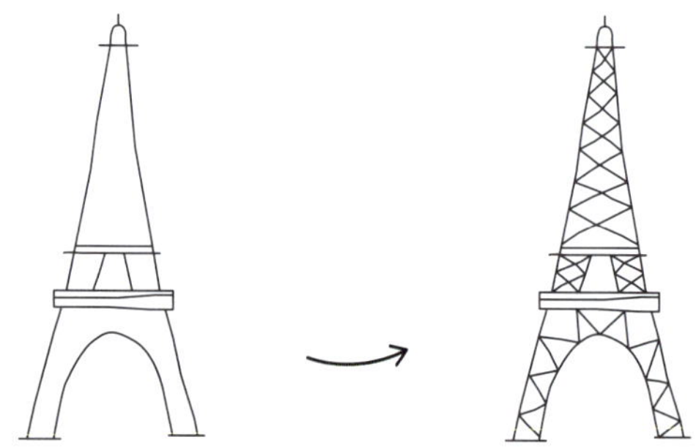

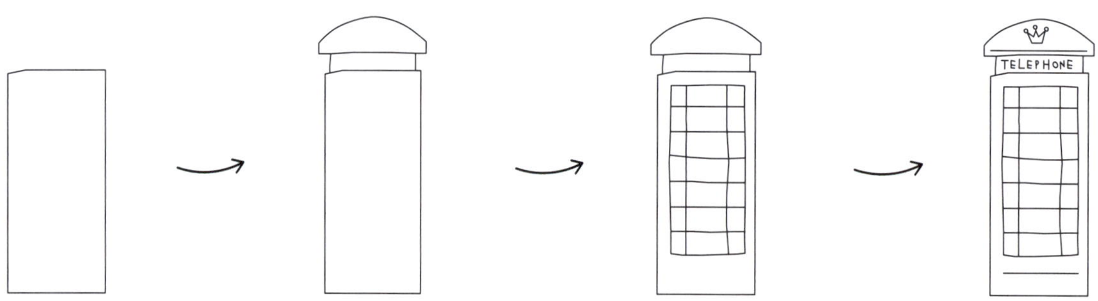

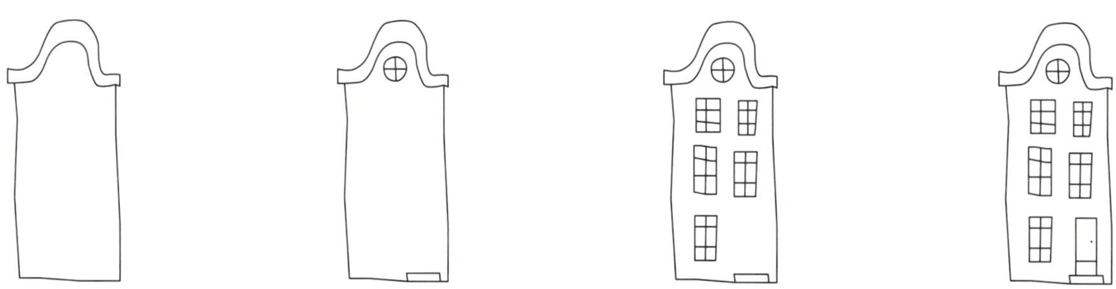

STEP BY STEP

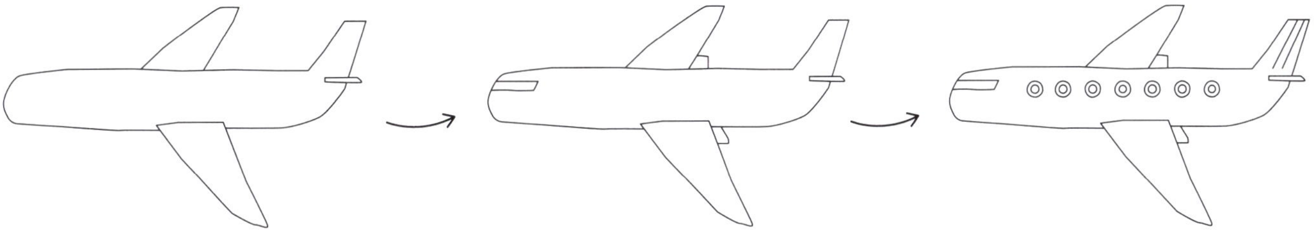

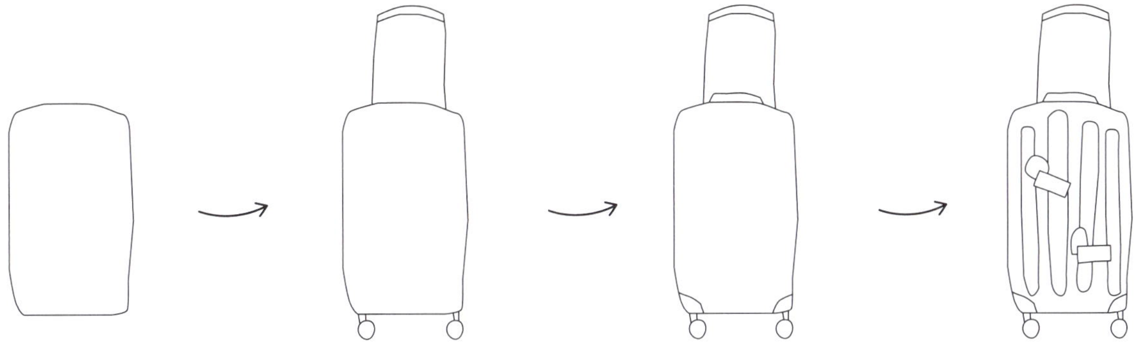

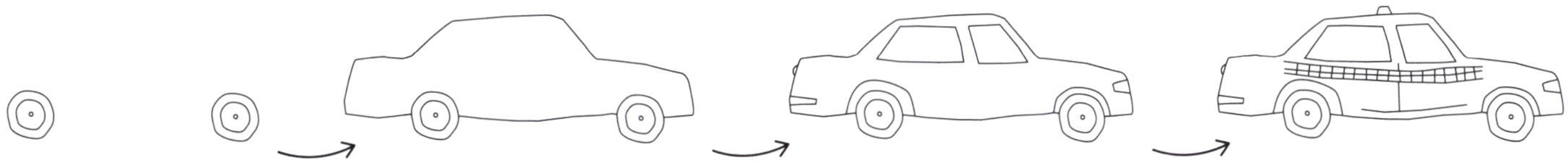

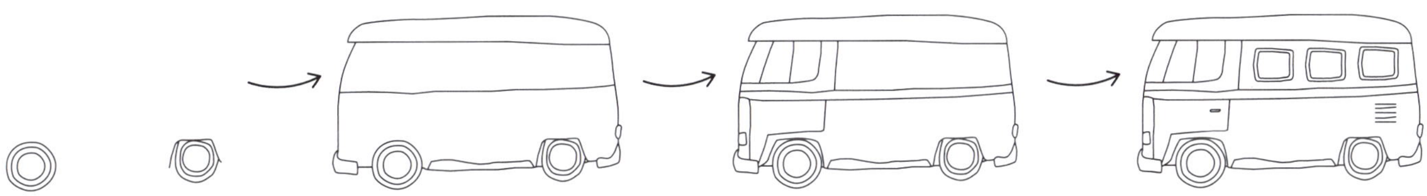

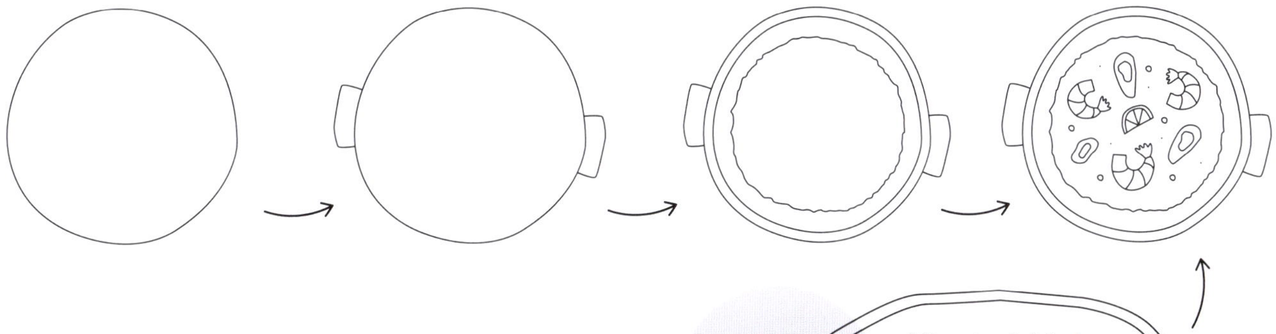

TIPP

Oftmals steht ein prägnantes Bauwerk für einen Ort. Manchmal ist es aber auch ein Gericht oder ein Getränk.

25. OKTOBER

Pasta parties

Welt NUDEL TAG

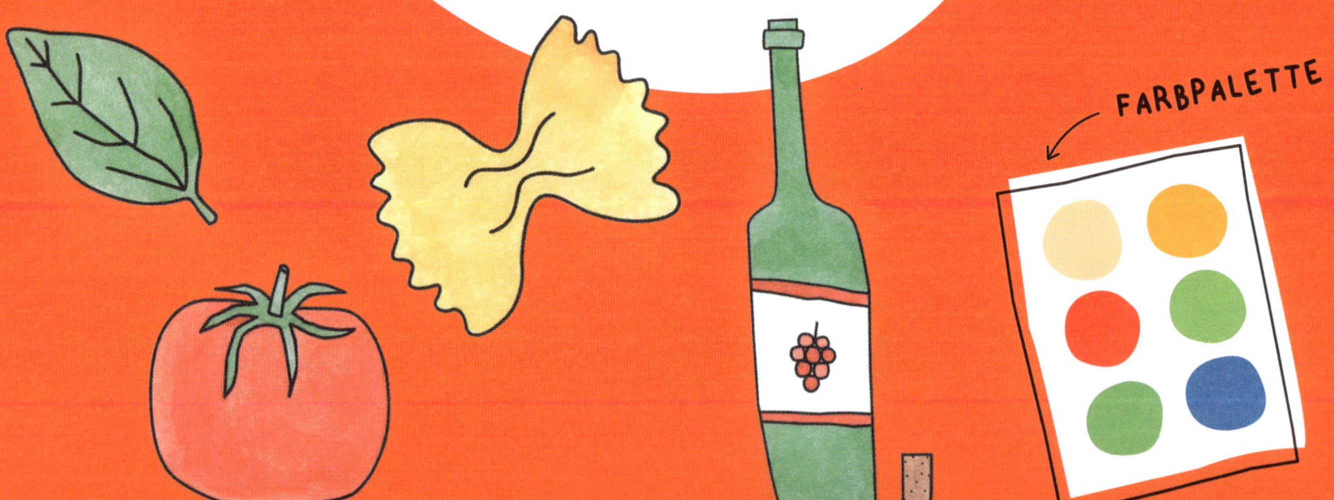

KAPITEL 14

UND JETZT DU!

Ausmalbilder

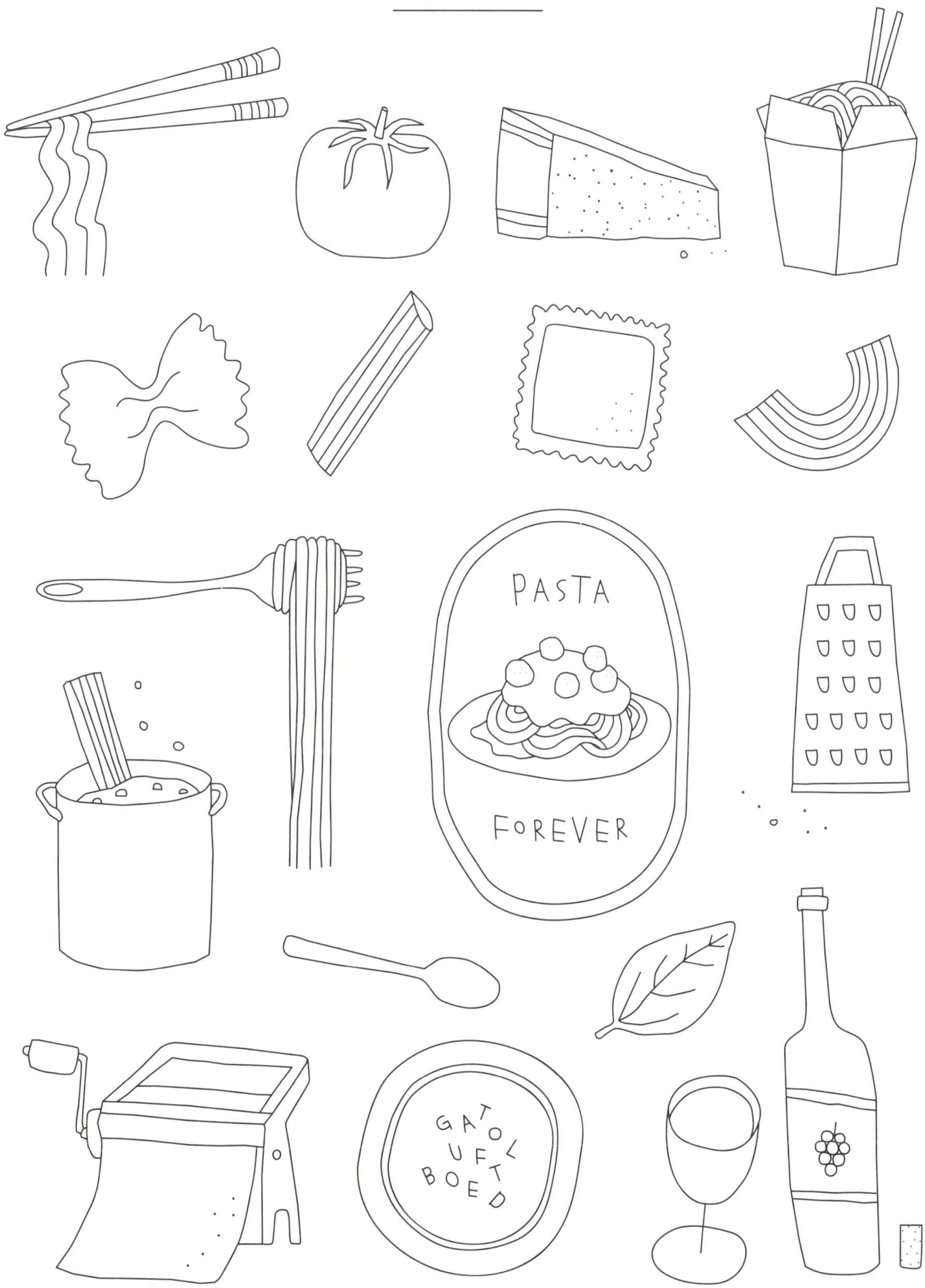

Aufwärmübung

Weltweit gibt es rund 600 Nudelsorten. Hier sind vier davon: Agnolotti („Priesterhut“), Orecchiette („Öhrchen“), Gemelli („Zwillinge“) und Tortellini („kleiner Kuchen“). Pasta ist nicht nur superlecker, sondern eignet sich auch perfekt zum Warmzeichnen. Und wenn dir diese vier Sorten zu leicht geworden sind, dann kannst du direkt mit den Farfalle („Schmetterlinge“), Penne („Schreibfeder“), Ravioli und Pipe Rigate („geriffelte Pfeifen“) weitermachen.

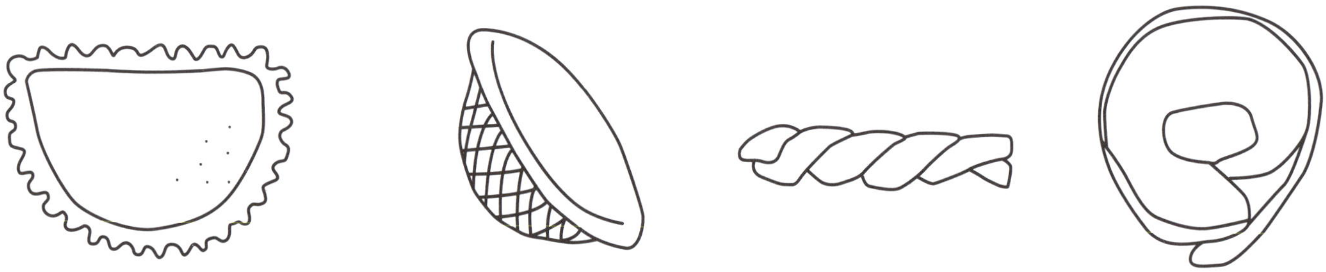

STEP BY STEP

Anleitungen

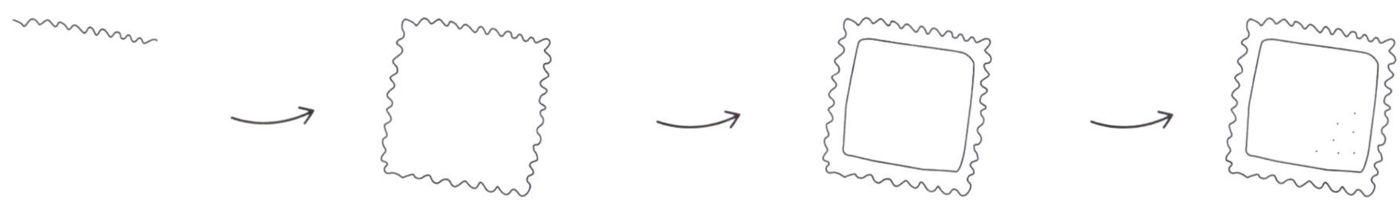

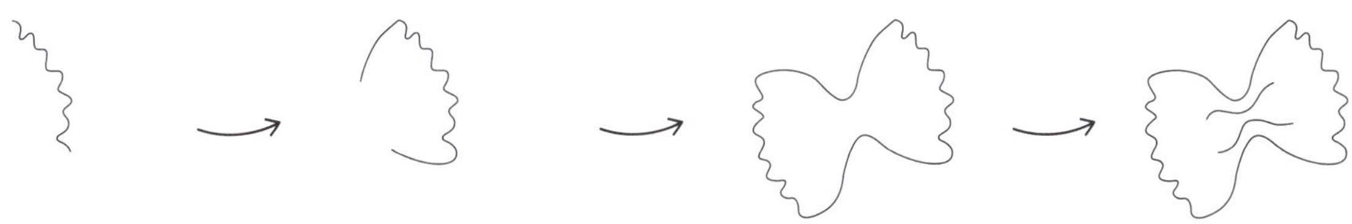

TIPP

Das ist nicht irgendein Blatt – das ist Basilikum!

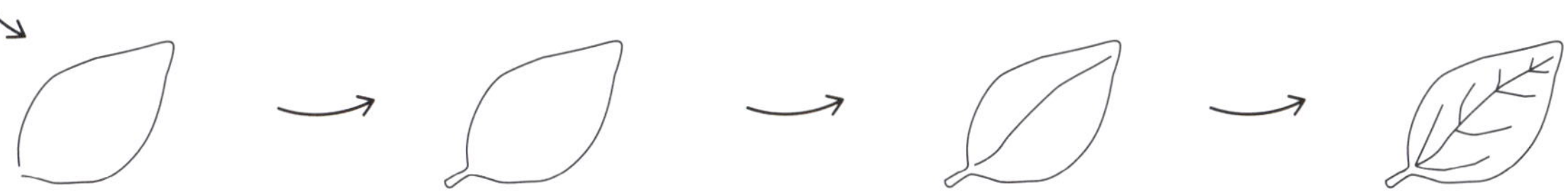

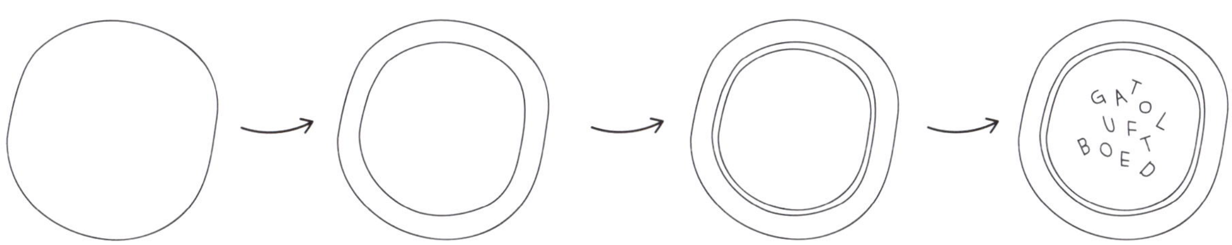

STEP BY STEP

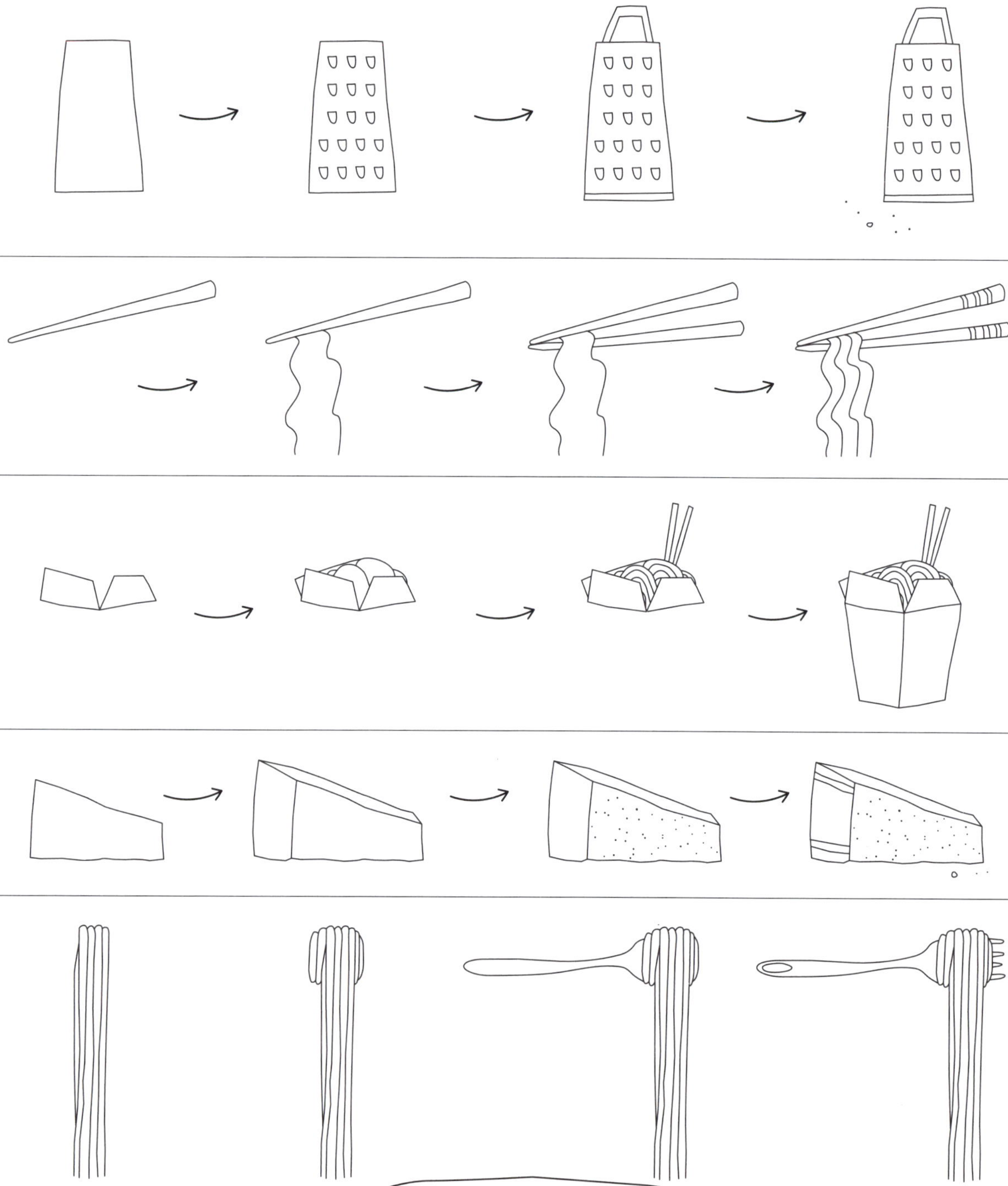

TIPP

Einen einzelnen Spaghetto zu zeichnen, ist nicht besonders interessant. Immerhin handelt es sich dabei nur um eine gerade Schnur. Besser ist es, eine Gabel mit Spaghetti oder einen Teller mit Sauce daraus zu gestalten.

STEP BY STEP

TIPP

Die Trauben auf der Weinflasche sind nur eine Möglichkeit, um zu zeigen: In der Flasche ist Wein. Du kannst das Etikett auch ganz nach deinem Geschmack dekorieren. Vielleicht mit einem kleinen Schloss oder einem ganzen Weinberg?

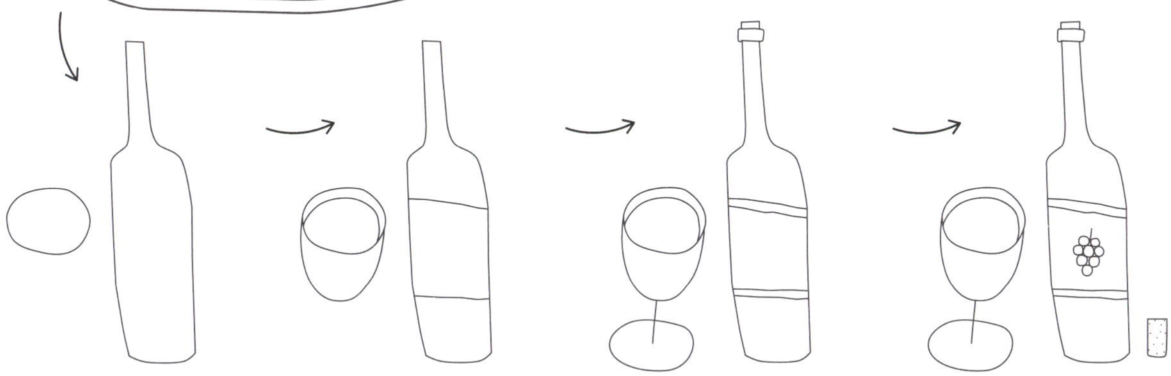

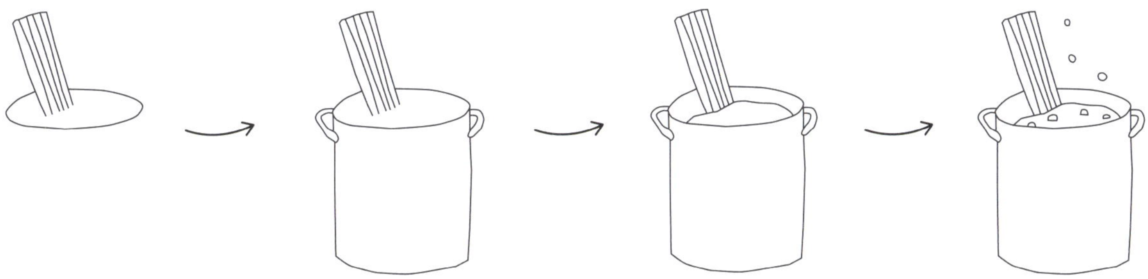

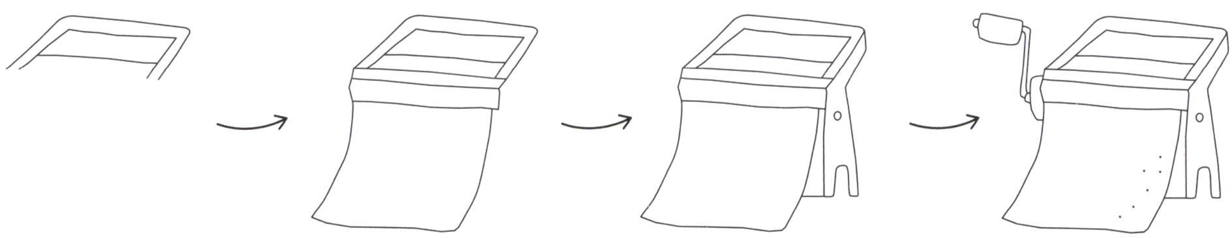

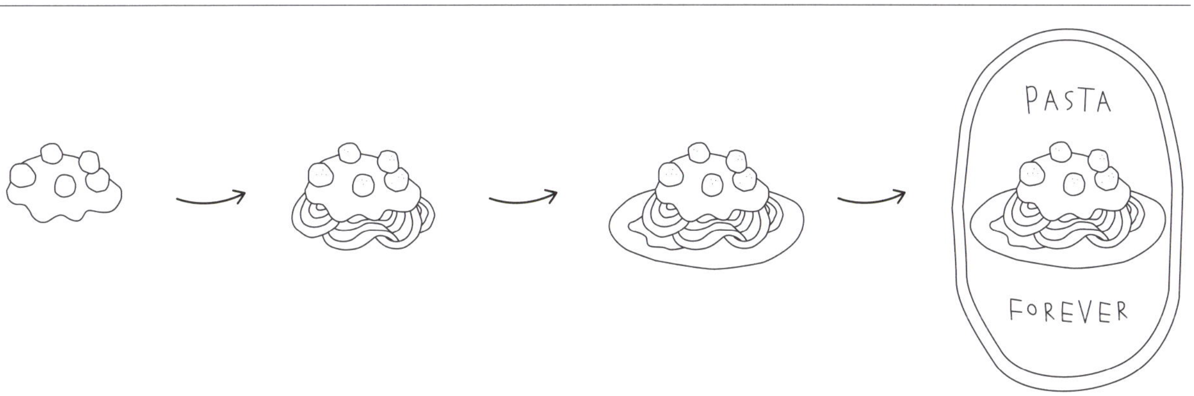

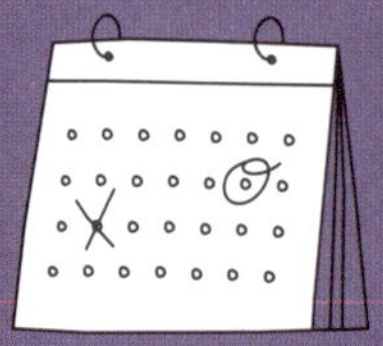

31. OKTOBER

I see ghosts!

Spooky HALLOWEEN

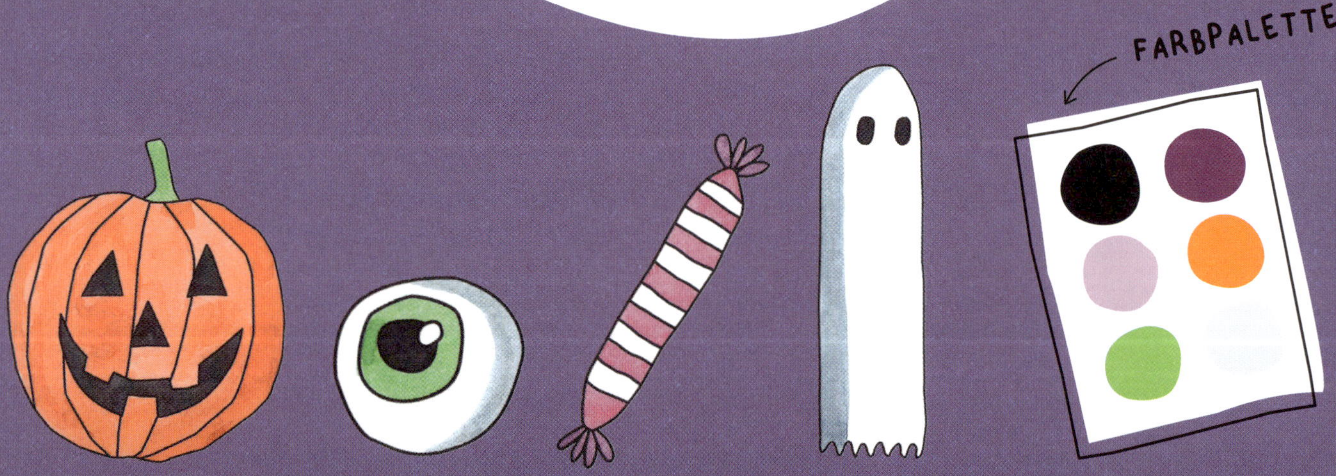

UND JETZT DU!

Ausmalbilder

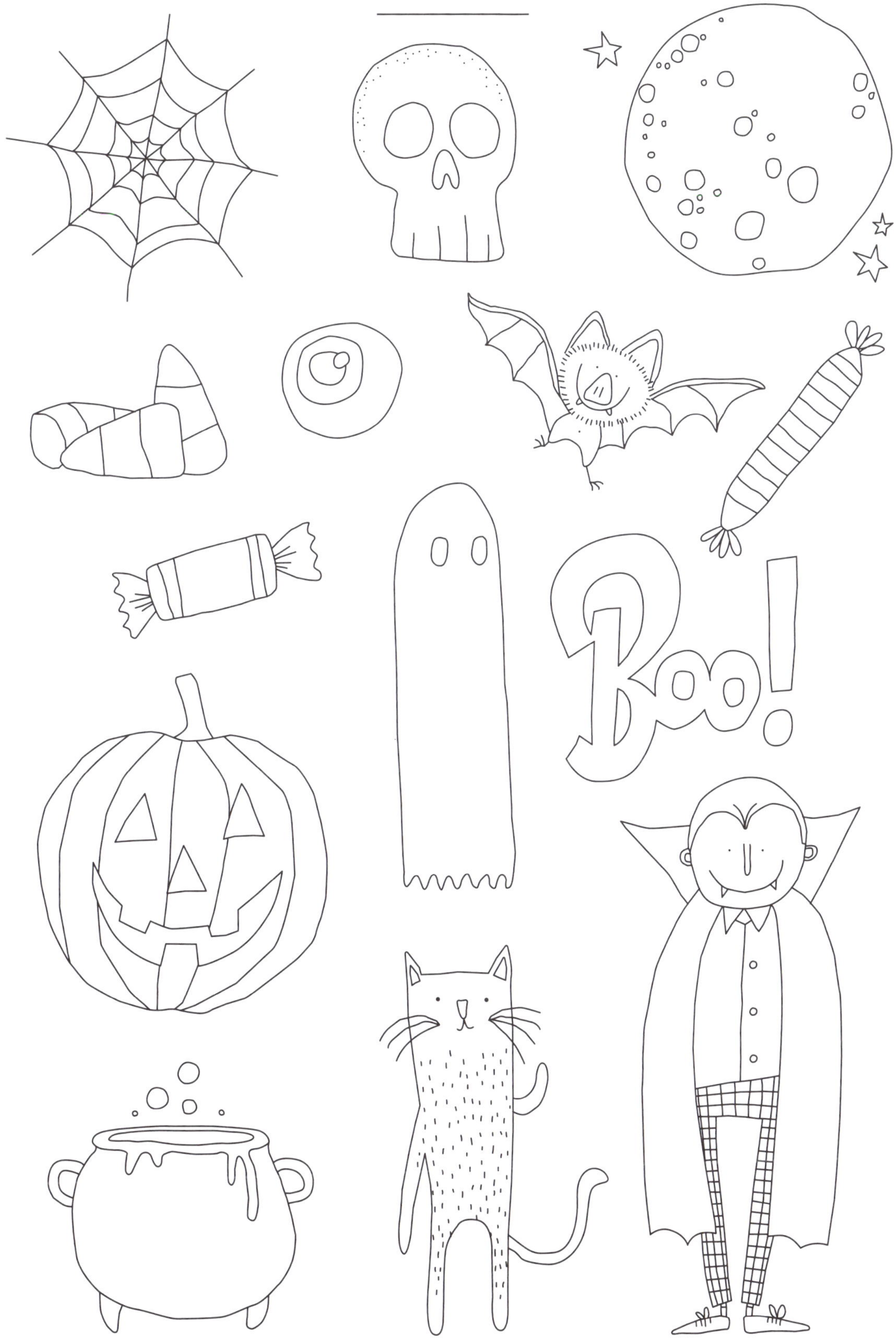

WÄRM DICH AUF

Aufwärmübung

Du weißt nicht, wo du anfangen sollst? Wie wäre es mit ein paar Kürbisgesichtern? Das geht schnell und unkompliziert. Und es muss nicht vorher in schweißtreibender Kleinarbeit ein Kürbis ausgehöhlt werden, nur um diesen dann abzuzeichnen.

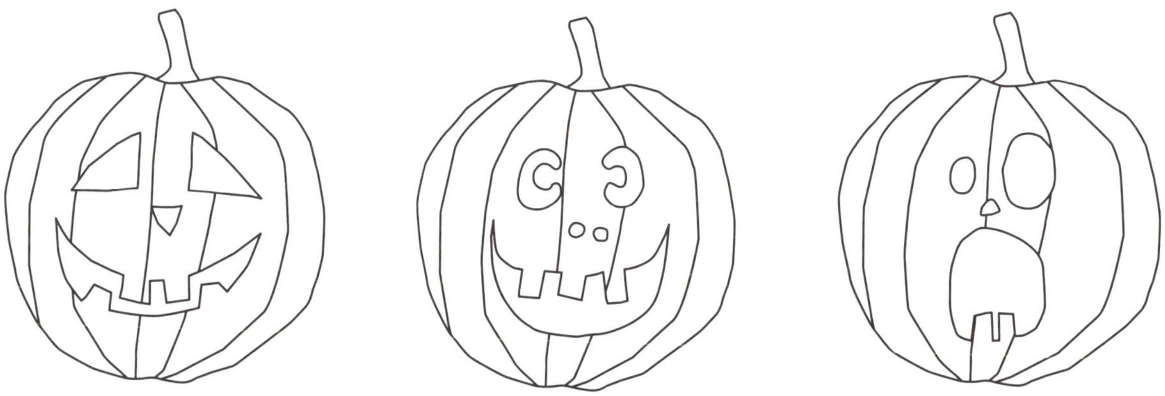

STEP BY STEP

Anleitungen

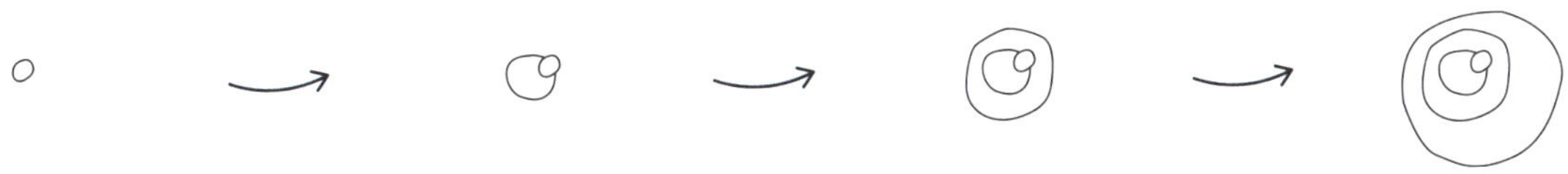

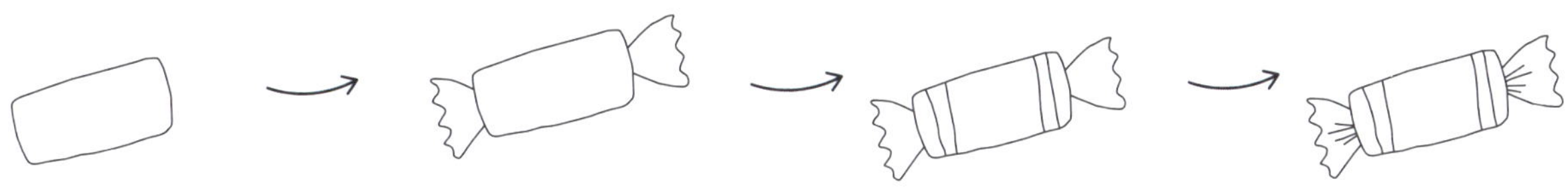

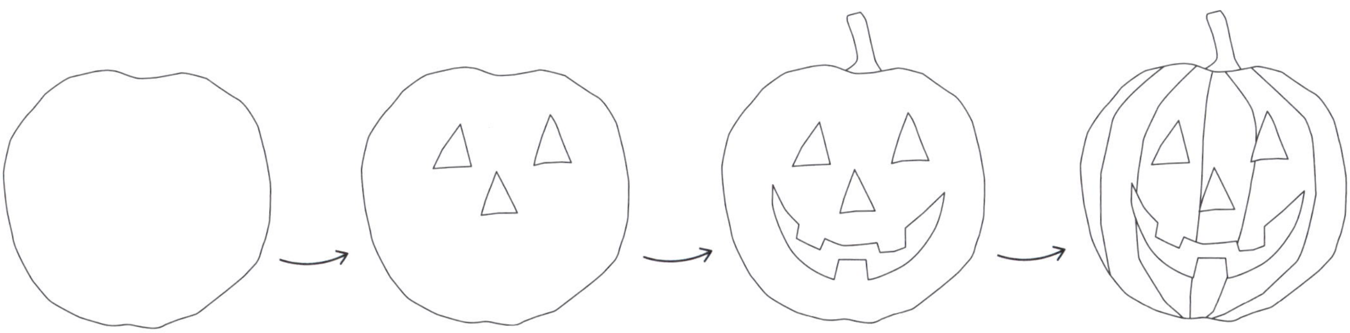

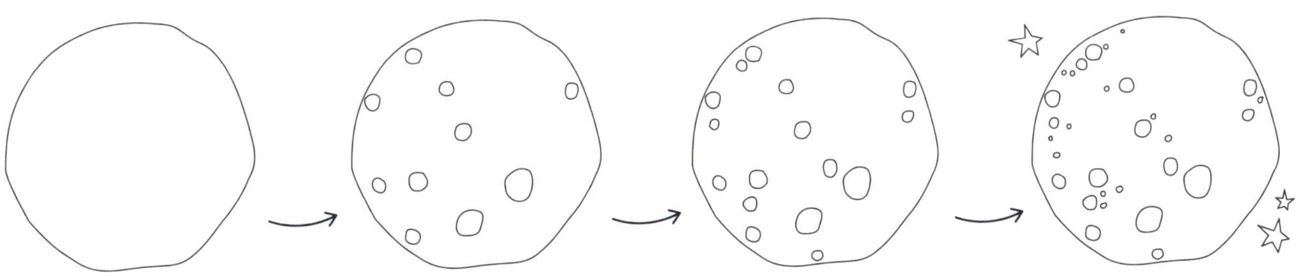

Wenn hier noch nicht ganz klar ist, ob es sich um einen Vollmond oder eine Käsekugel handelt: einfach ein paar Sterne dazu zeichnen.

TIPP

STEP BY STEP

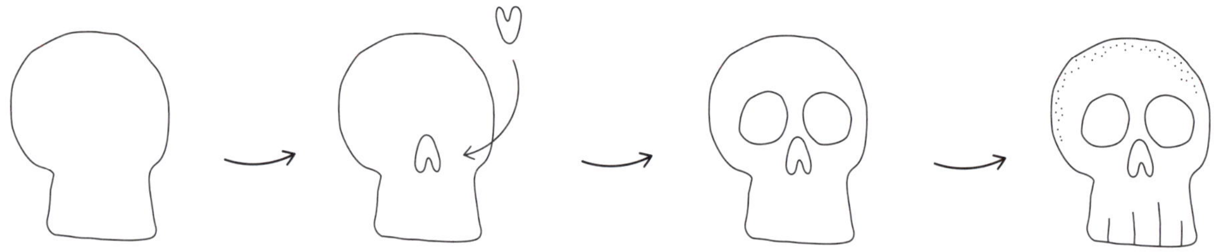

TIPP Vielleicht ist es einfacher, diese Nase zu zeichnen, wenn du sie dir als umgedrehtes Herz vorstellst.

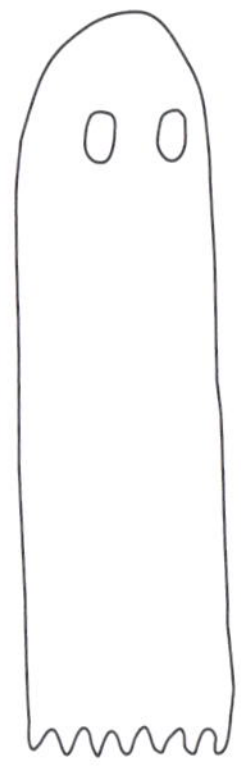

TIPP Dieses kleine Gespenst ist so leicht zu zeichnen, da brauchst du keine Anleitung.

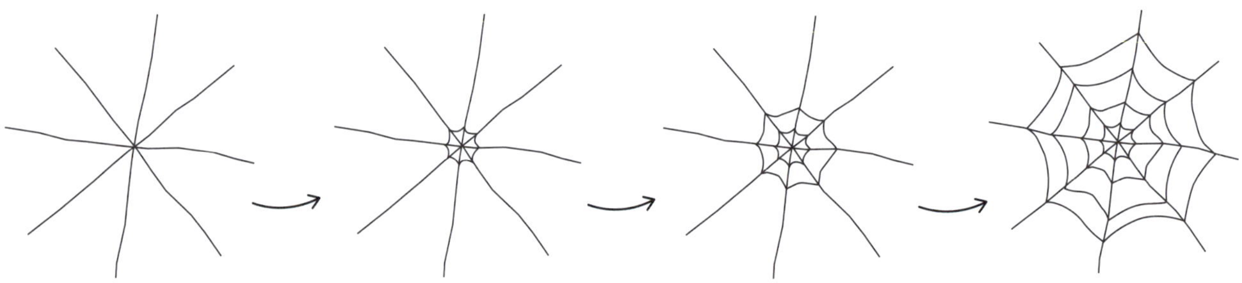

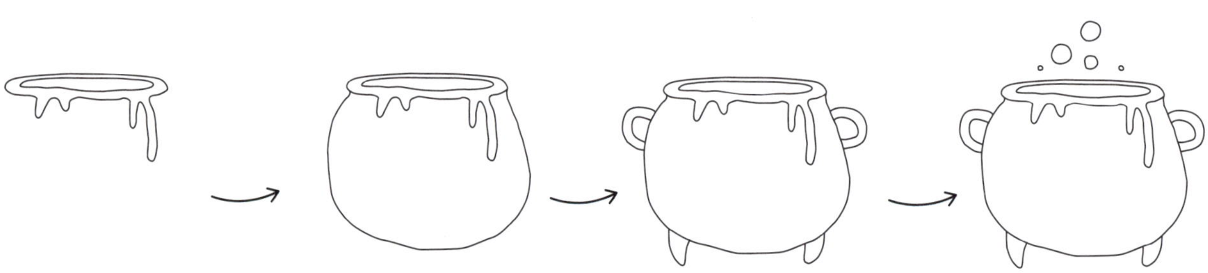

STEP BY STEP

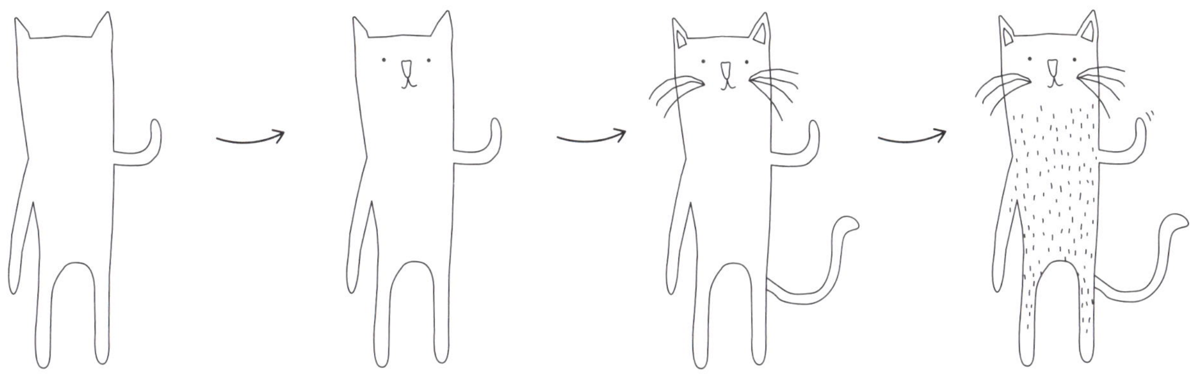

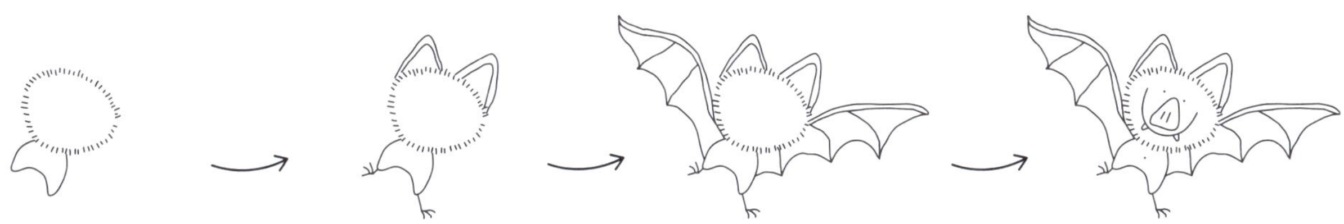

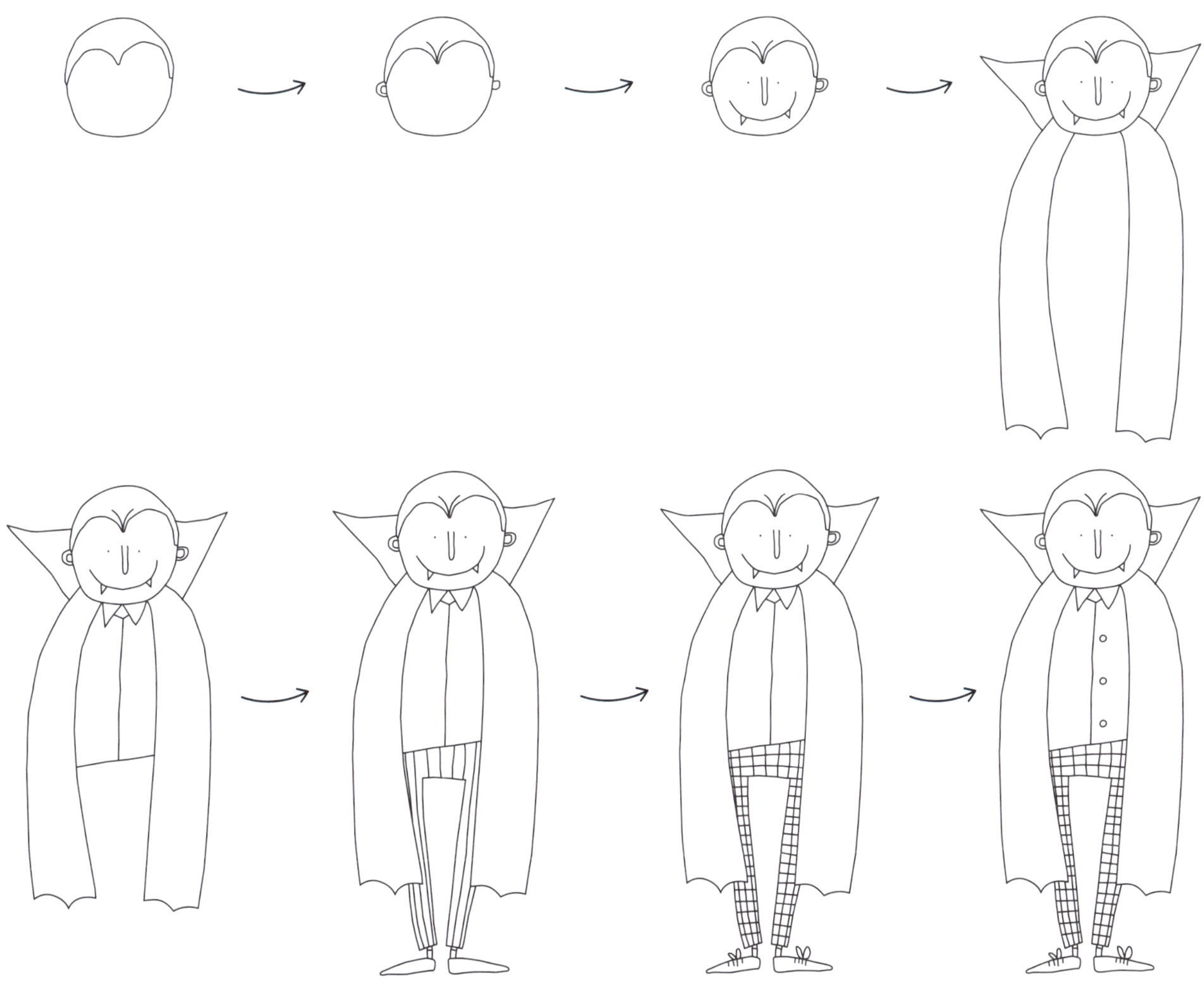

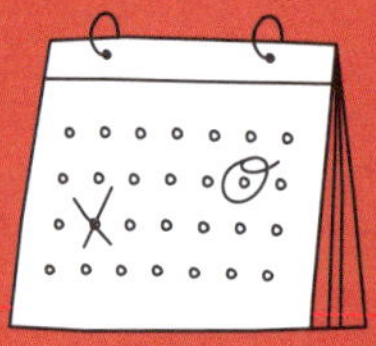

25. DEZEMBER

Sleigh bells ring …

Gemütliche WEIH NACHTEN

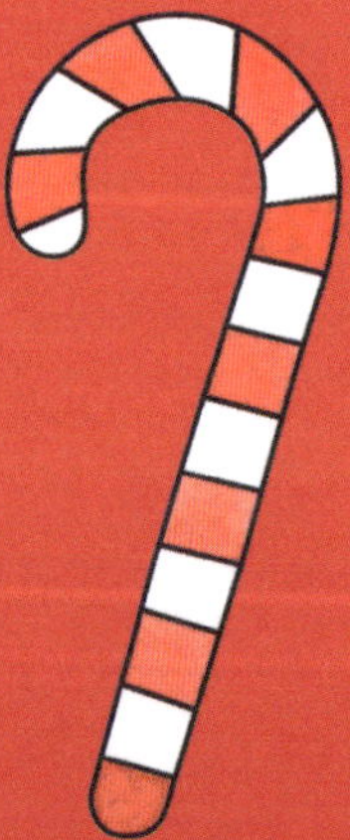

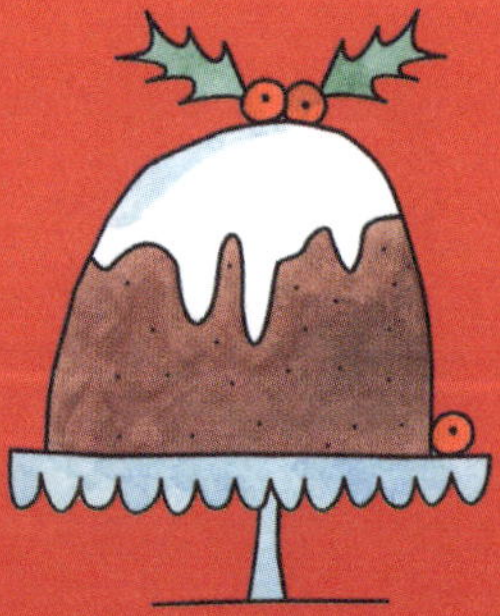

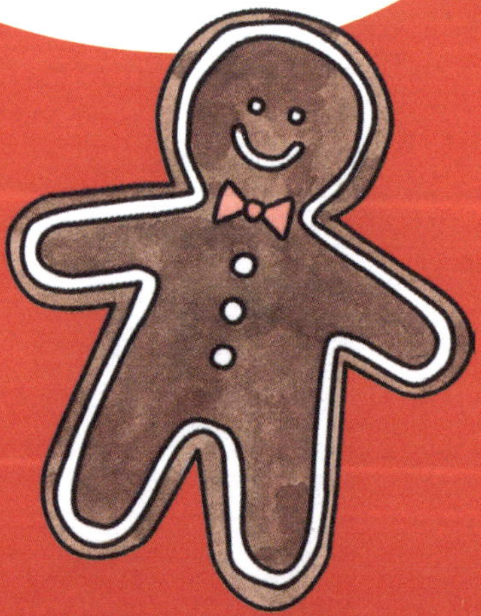

FARBPALETTE

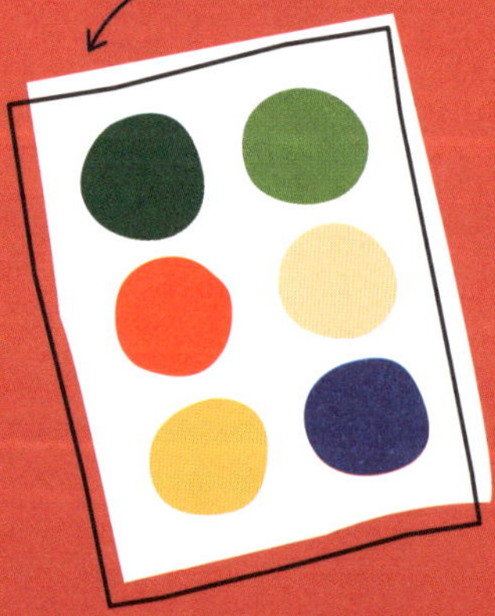

KAPITEL 16

UND JETZT DU!

Ausmalbilder

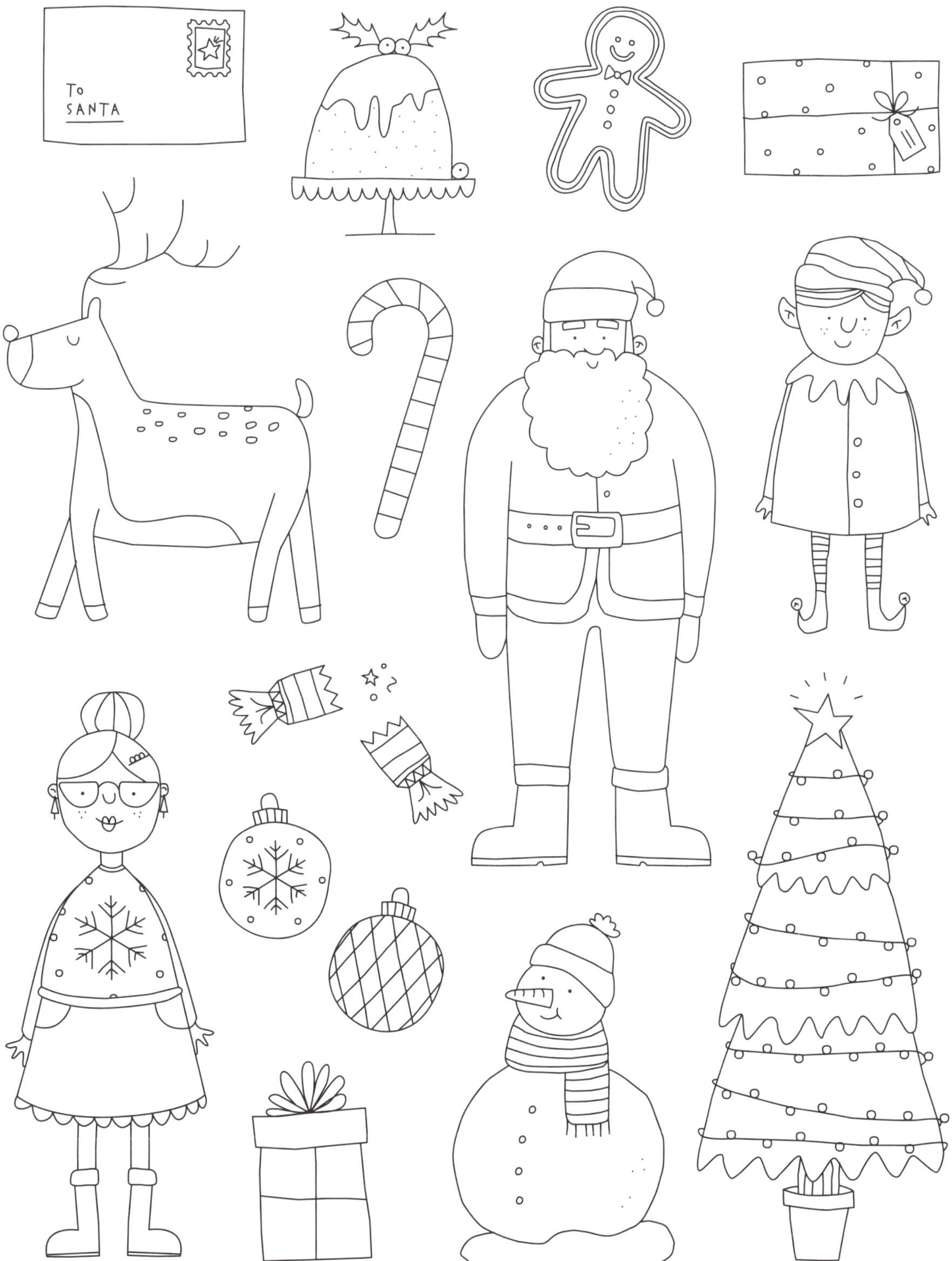

WÄRM DICH AUF

Aufwärmübung

Ein gutes Weihnachtsgeschenk wird zu einem großartigen Weihnachtsgeschenk, wenn es liebevoll verpackt wird. Da es unterm Baum ein bisschen unübersichtlich werden kann, gibt es Geschenkanhänger. Die kannst du zukünftig mit diesen kleinen Zeichnungen aufhübschen und jetzt schon für den Ernstfall im Dezember üben.

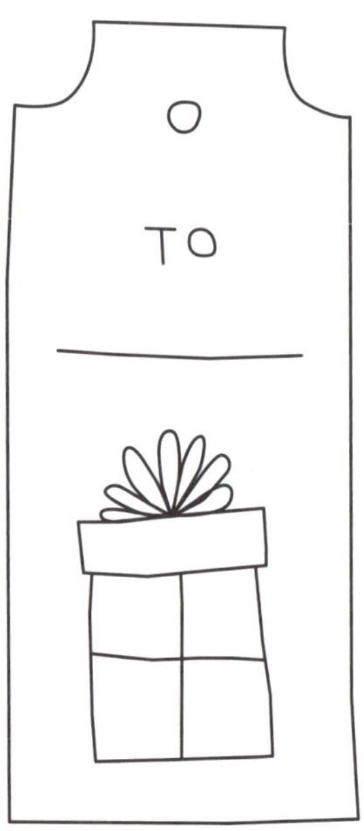

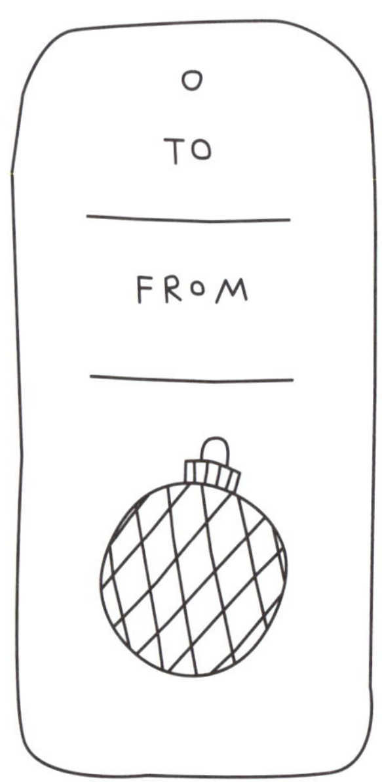

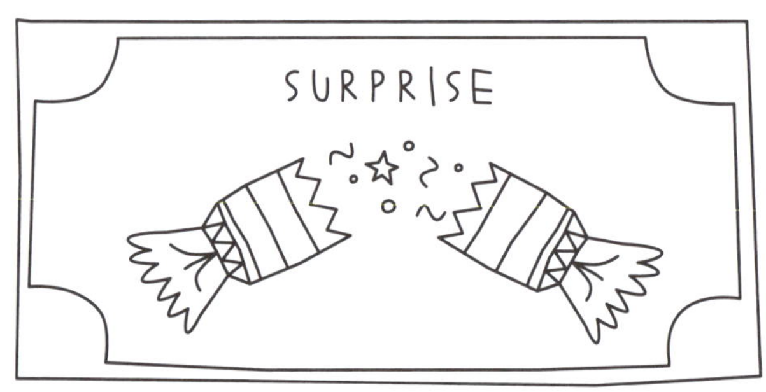

STEP BY STEP

Anleitungen

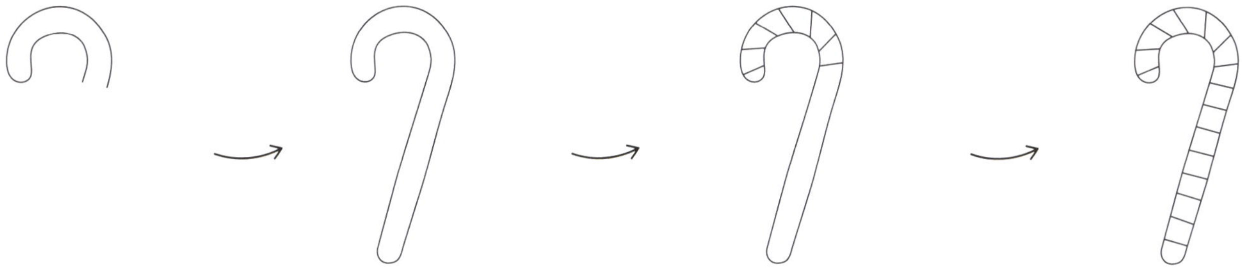

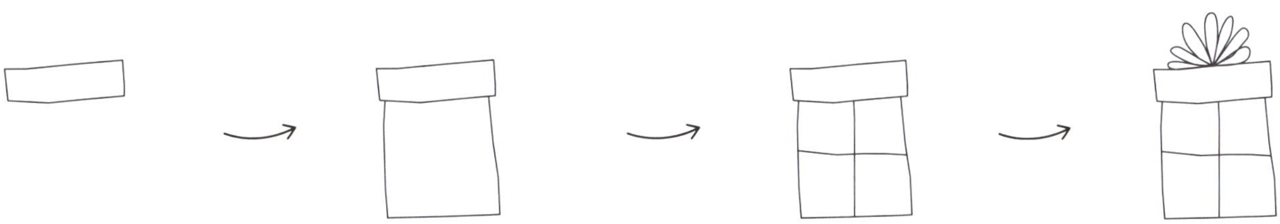

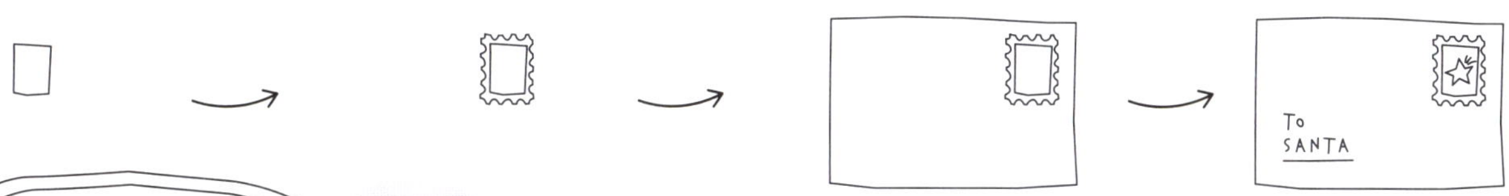

Sieht immer gut aus: Geschenkpapier mit Punkten. Wer ein Profi ist, kann statt Punkte auch Sterne zeichnen.

TIPP

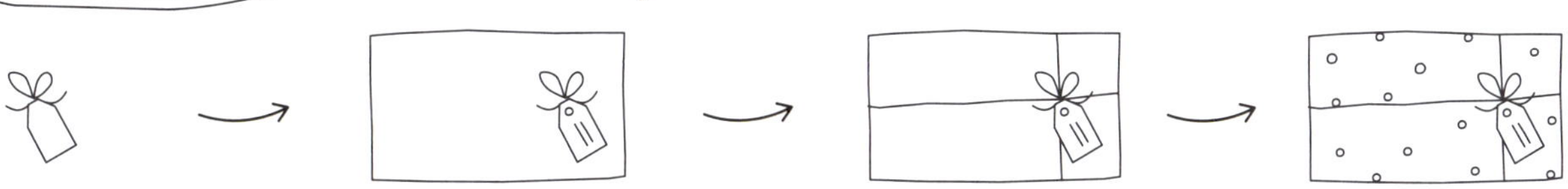

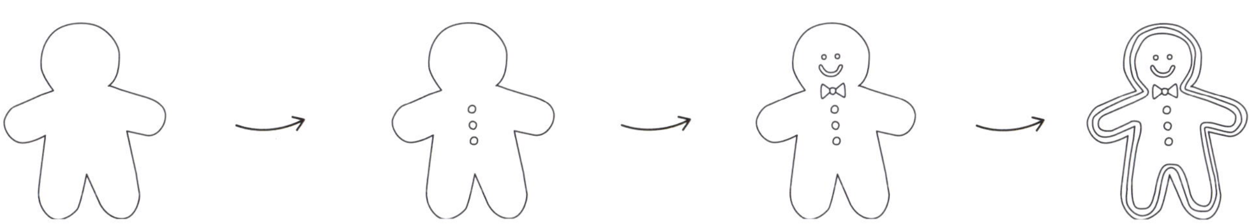

STEP BY STEP

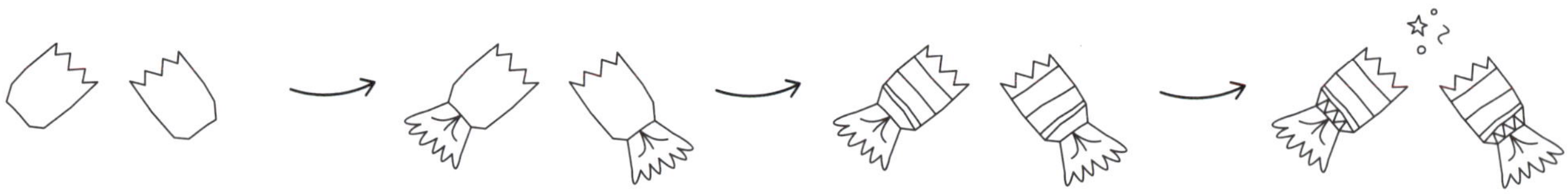

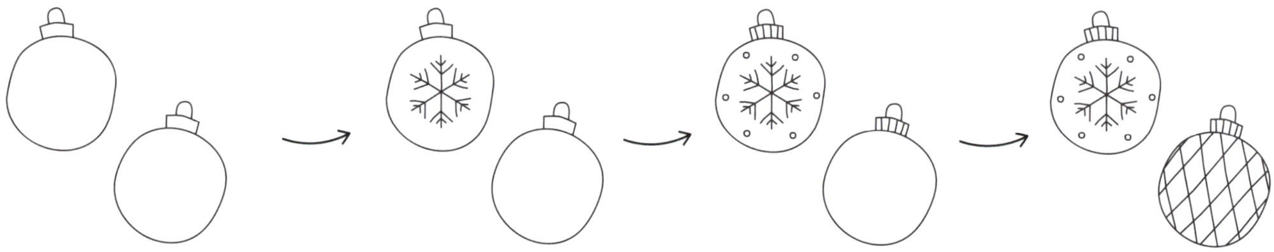

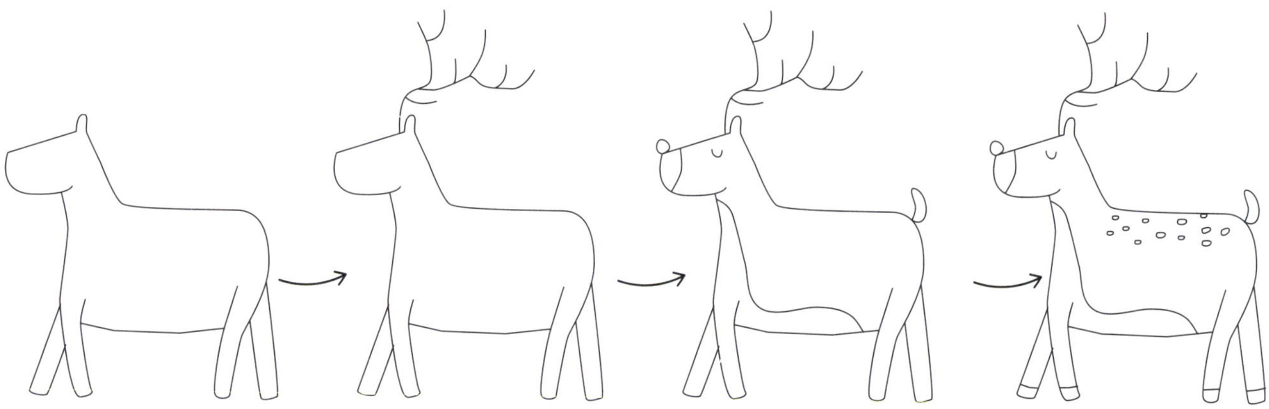

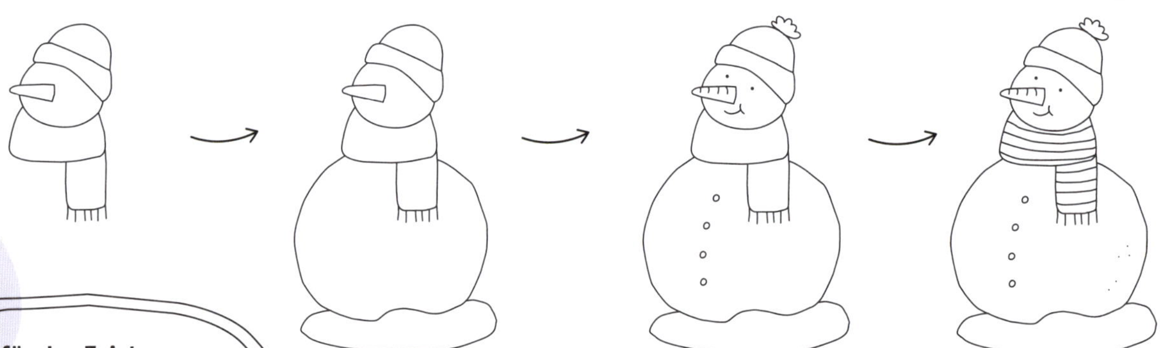

TIPP

Tipp für das Zeichnen von Pudding und Kuchen: Sie sehen immer besser aus, wenn sie auf einer kleinen Etagere präsentiert werden.

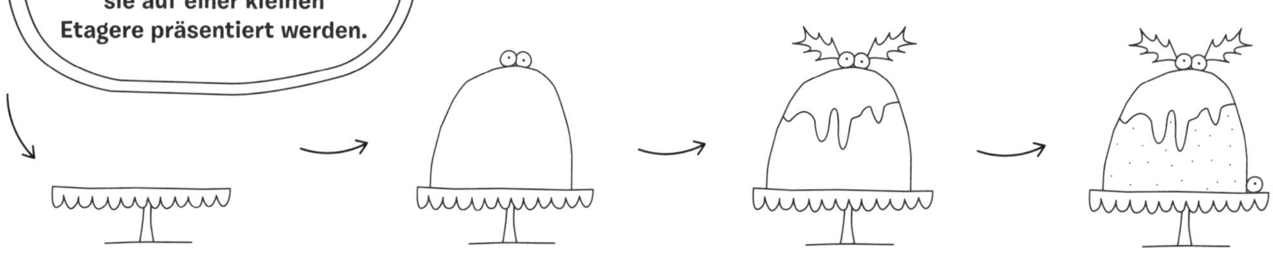

STEP BY STEP

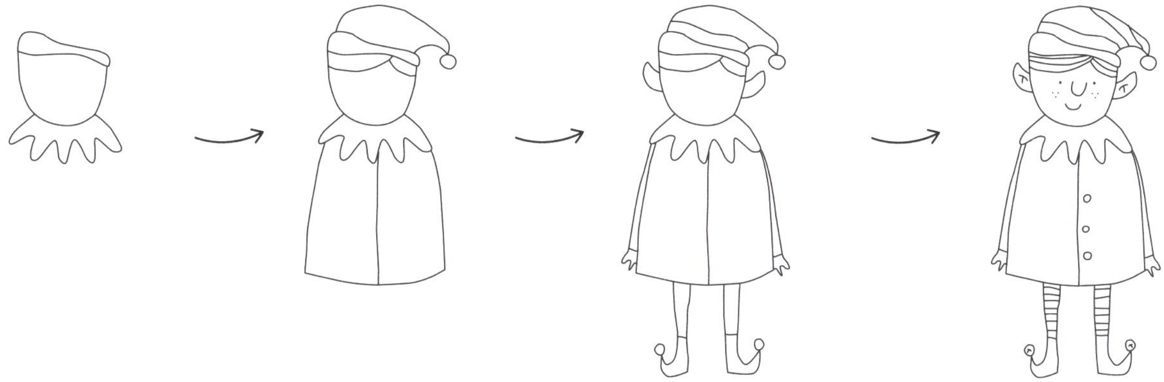

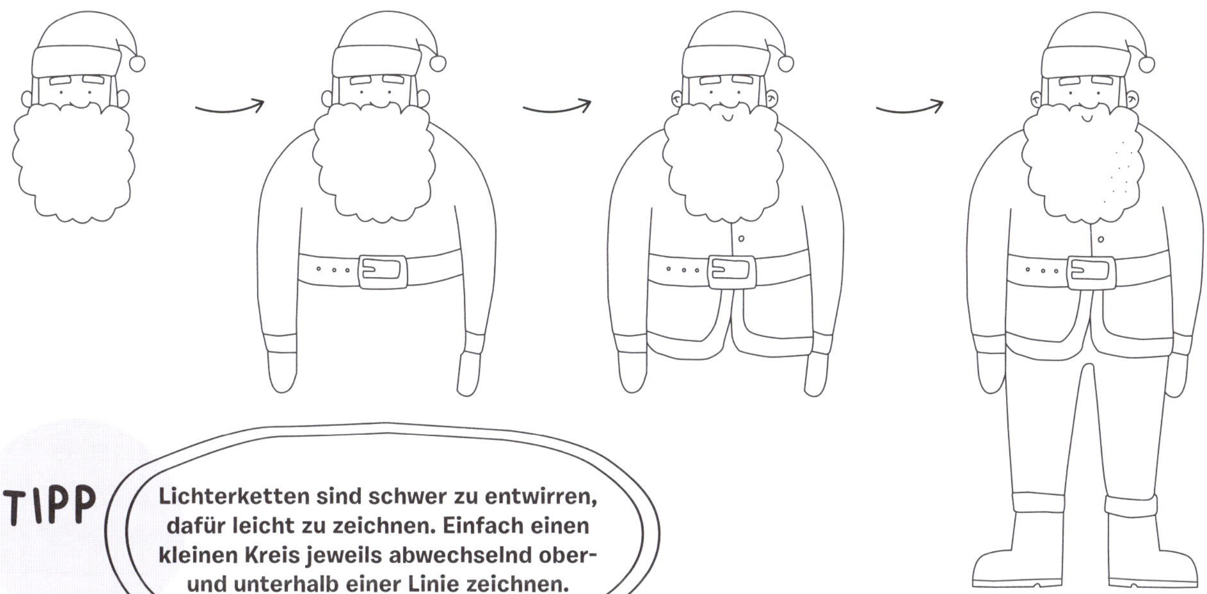

TIPP

Lichterketten sind schwer zu entwirren, dafür leicht zu zeichnen. Einfach einen kleinen Kreis jeweils abwechselnd ober- und unterhalb einer Linie zeichnen.

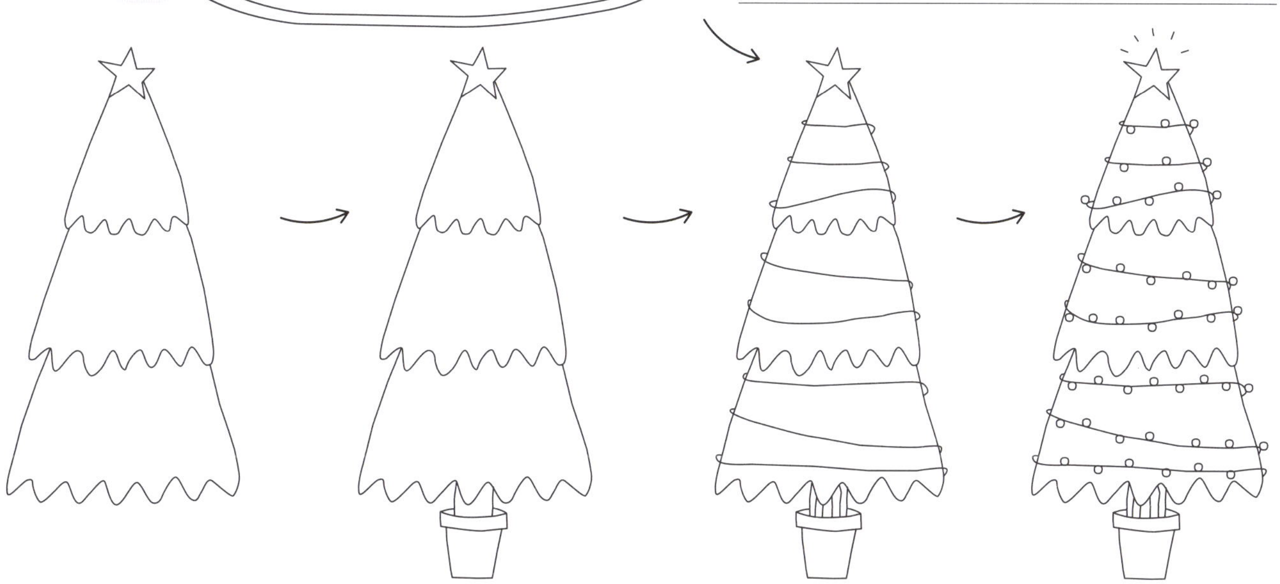

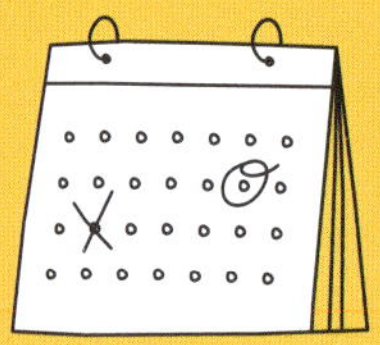

31. DEZEMBER

It's the final countdown!

Fröhliches SILVESTER

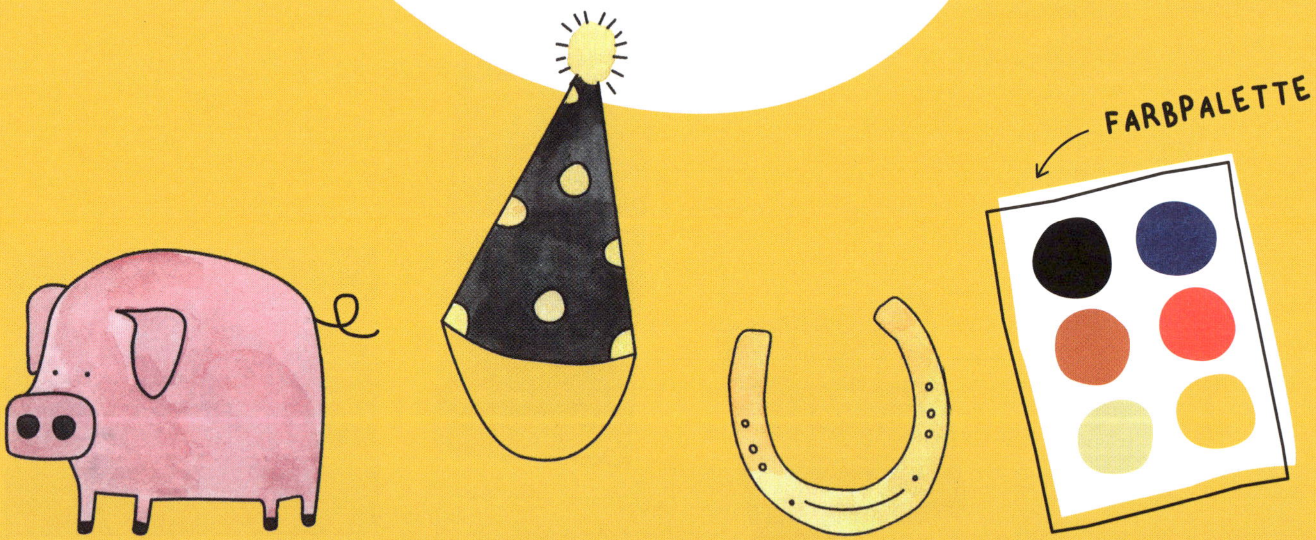

UND JETZT DU!

Ausmalbilder

WÄRM DICH AUF

Aufwärmübung

Das neue Jahr beginnt bei vielen Menschen klassischerweise mit guten Vorsätzen. Wenn dir das zu streng ist, dann probiere es doch mal mit dieser Idee: Wovon willst du in der kommenden Zeit mehr und wovon weniger? Das funktioniert übrigens auch im Hochsommer. Du kannst diese Liste mit kleinen Zeichnungen versehen – immerhin hast du dich ja jetzt schon einmal durch das ganze Jahr gezeichnet.

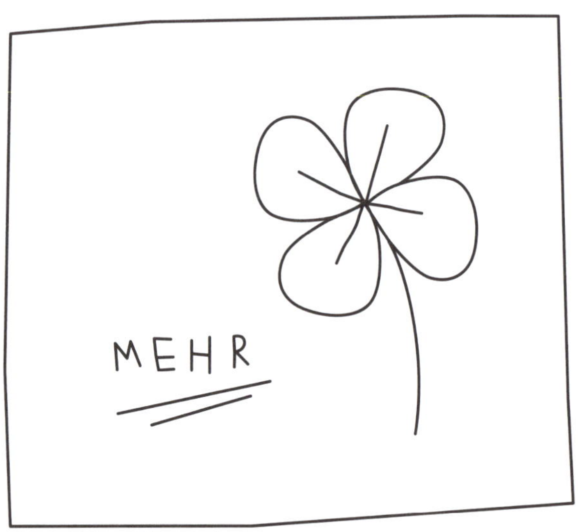

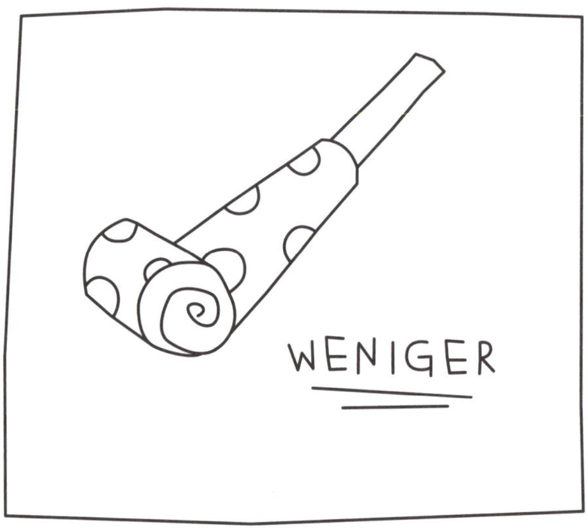

STEP BY STEP

Anleitungen

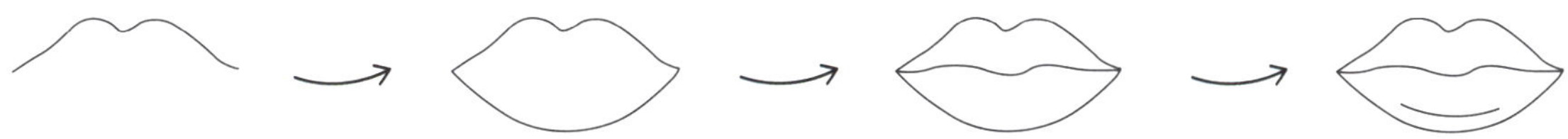

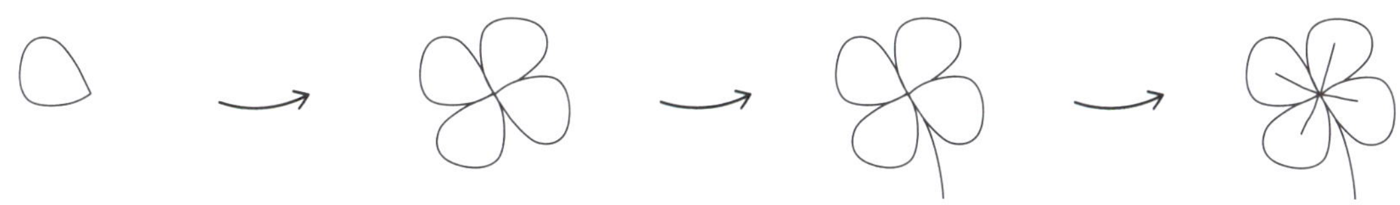

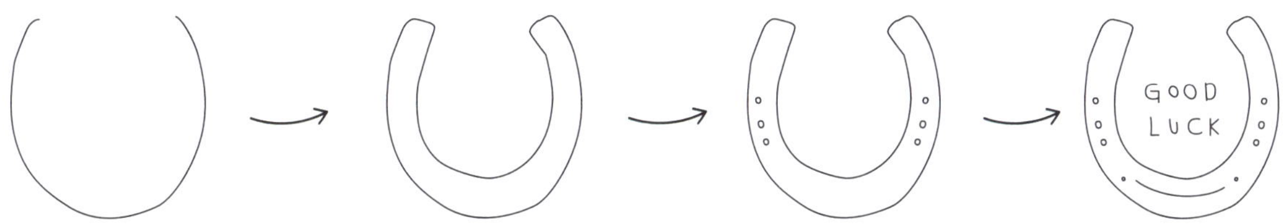

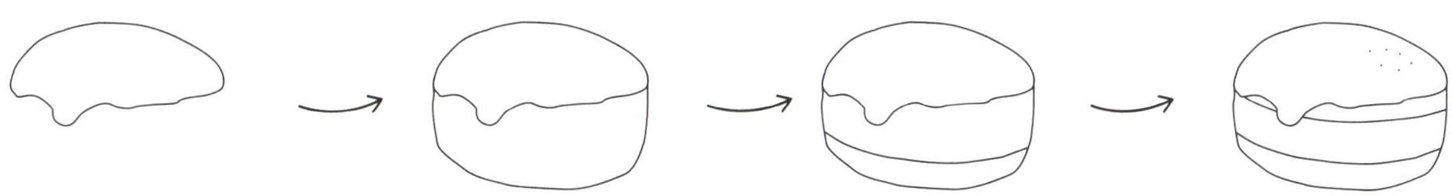

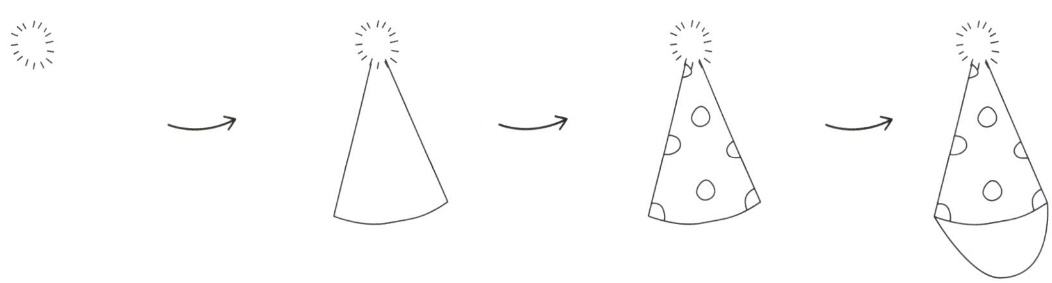

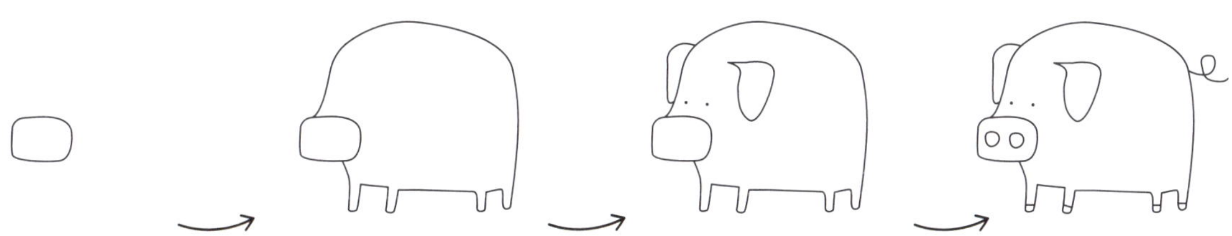

STEP BY STEP

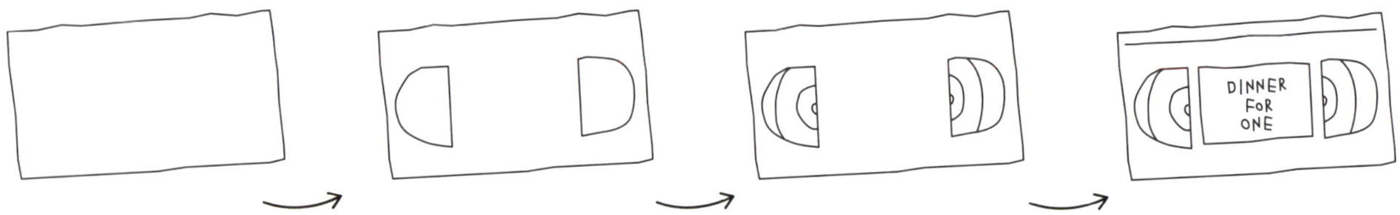

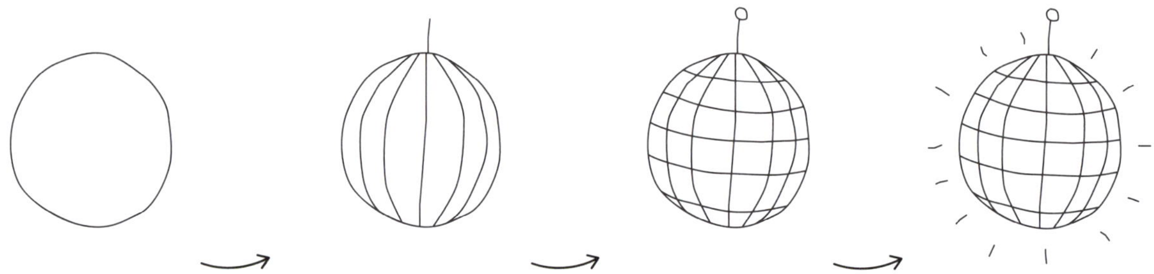

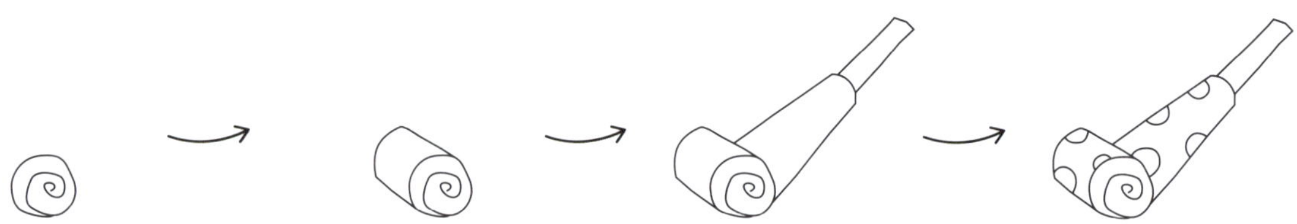

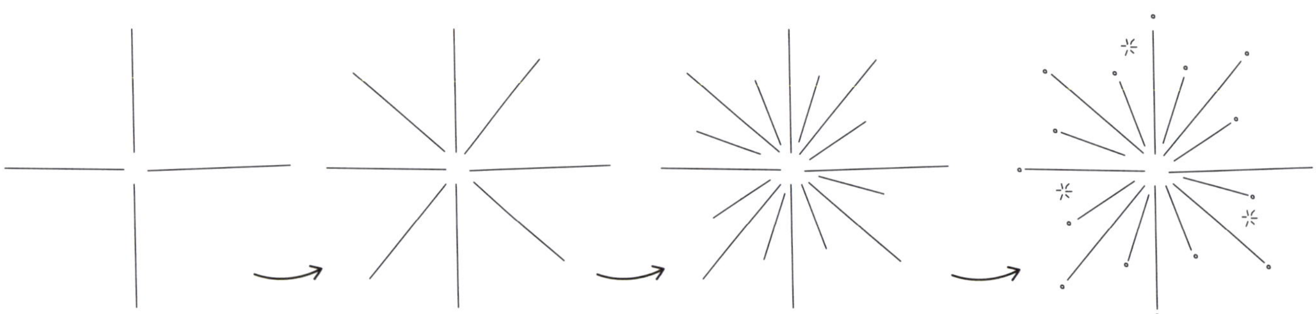

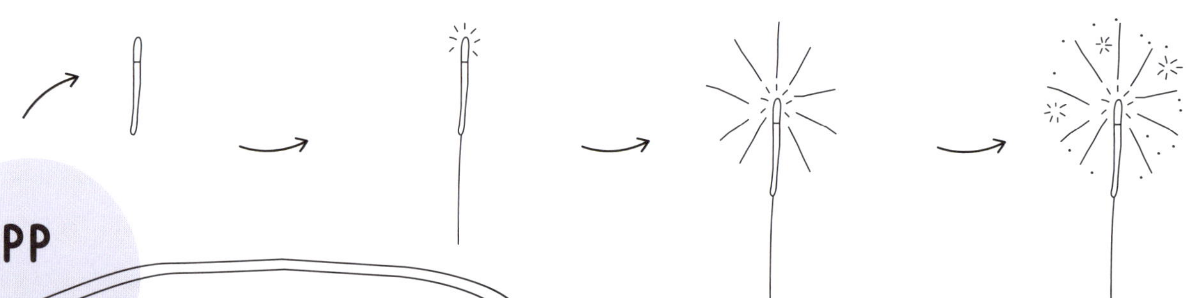

TIPP

Wenn du das Feuerwerk schon geübt hast, müsste die Wunderkerze ein Spaziergang werden. An der Spitze der Wunderkerze zeichnest du einfach ein Mini-Feuerwerk.

STEP BY STEP

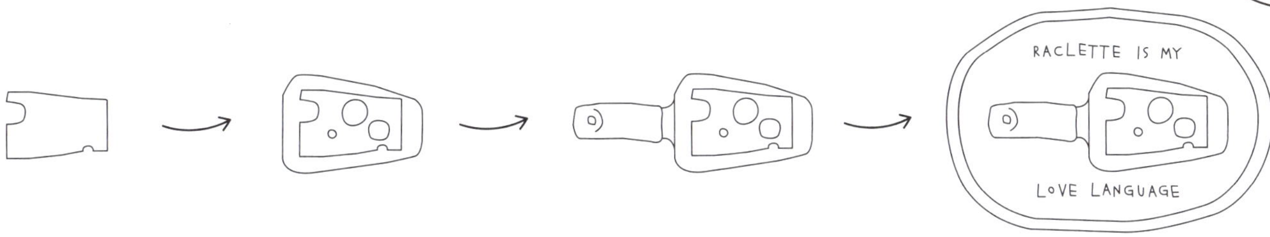

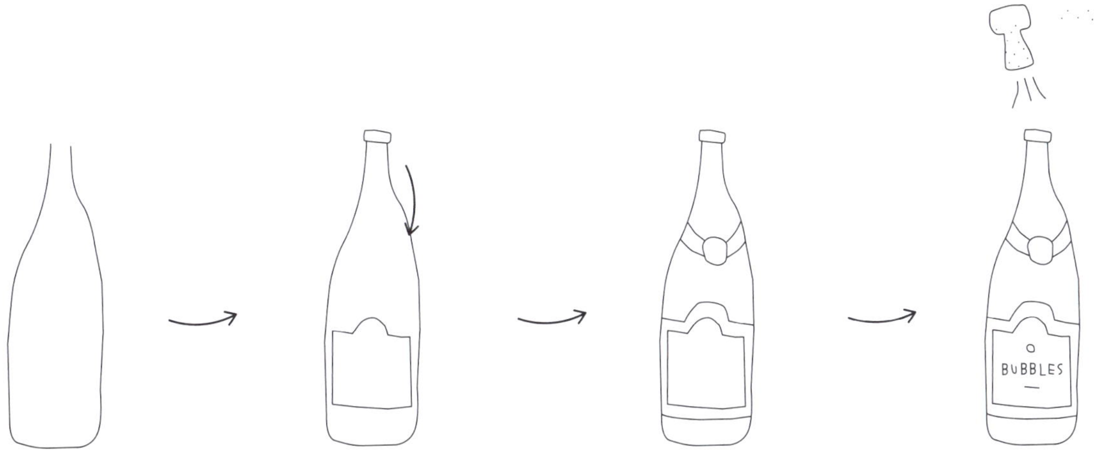

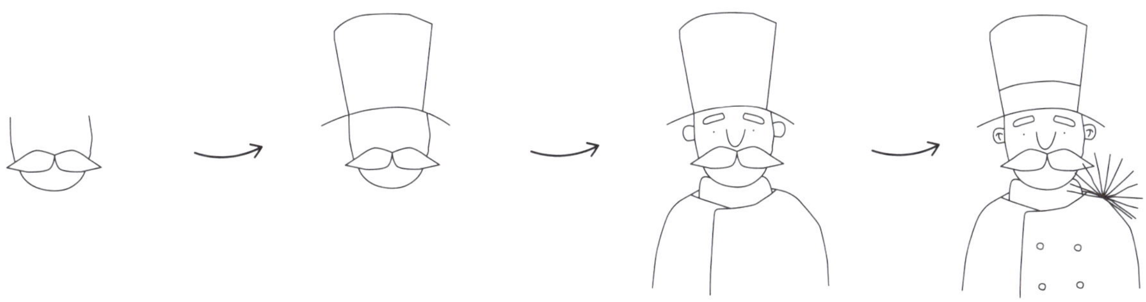

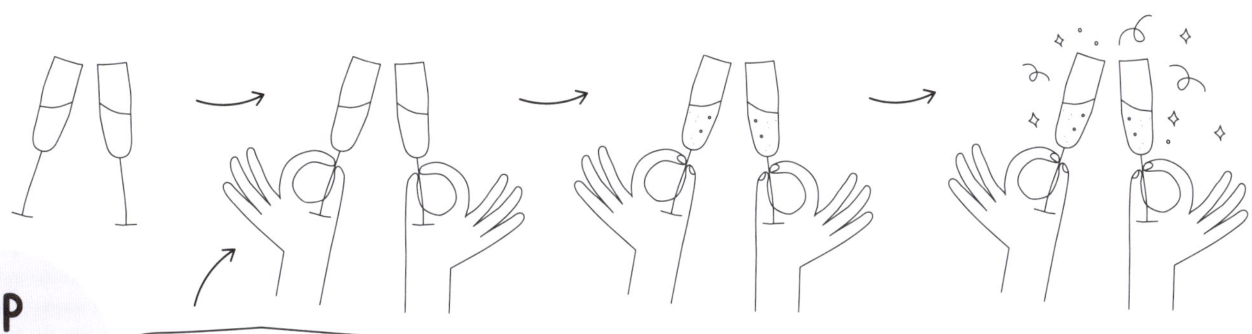

TIPP

Fange mit der linken Hand und dem Glas an, dann wiederholst du das Ganze spiegelverkehrt auf der anderen Seite. Wenn du fertig bist, können noch kleine Fehler mit tüchtig Konfetti weggemauschelt werden.

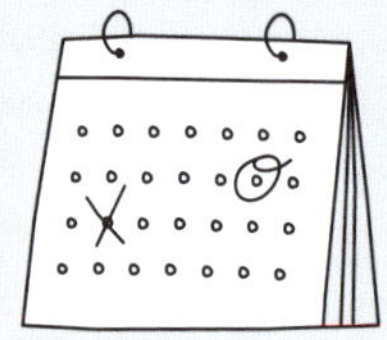

365 TAGE IM JAHR

Romantisize your life

Bunter ALLTAG

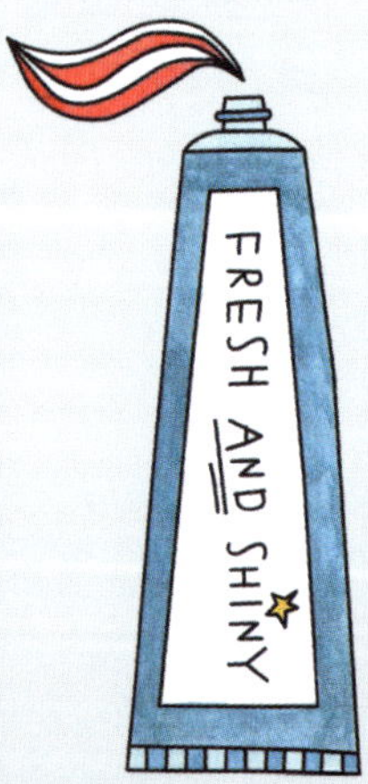

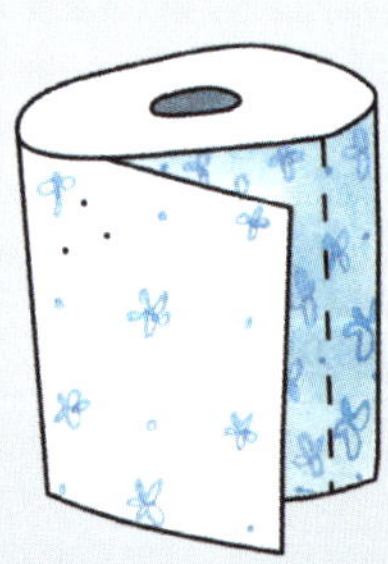

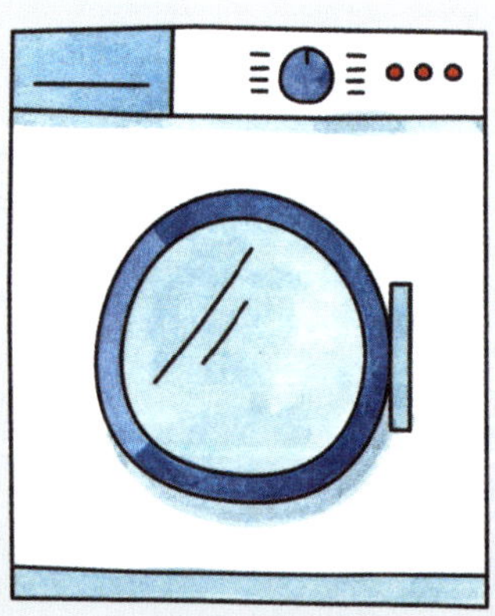

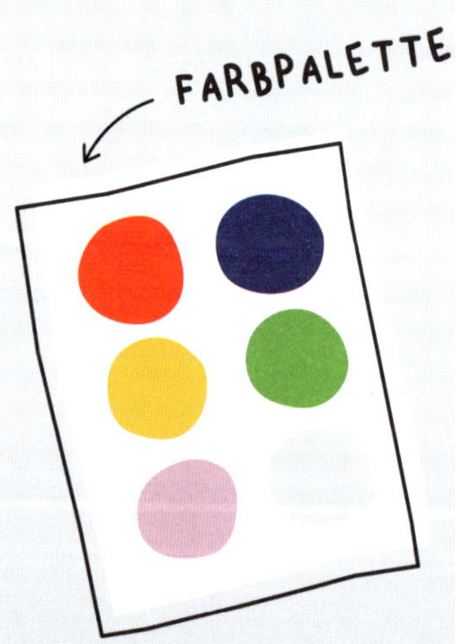

KAPITEL 18

UND JETZT DU!

Ausmalbilder

WÄRM DICH AUF

Aufwärmübung

*Womit fängt der Alltag der meisten erwachsenen Menschen an? Mit Kaffee! Als Aufwärmübung kannst du diese Kaffeeutensilien nachzeichnen. Probiere auch mal, die Zeichnung so abzuwandeln, dass sie deiner liebsten Kaffeetasse entspricht. Wenn du Teetrinker*in bist, dann kannst du die Tasse ebenfalls nachzeichnen und einfach den kleinen Anhänger vom Teebeutel herausgucken lassen.*

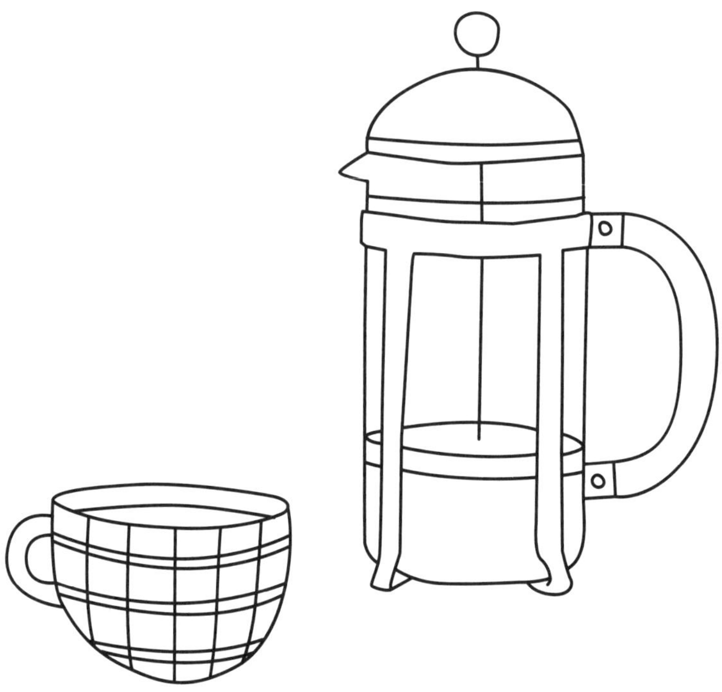

STEP BY STEP

Anleitungen

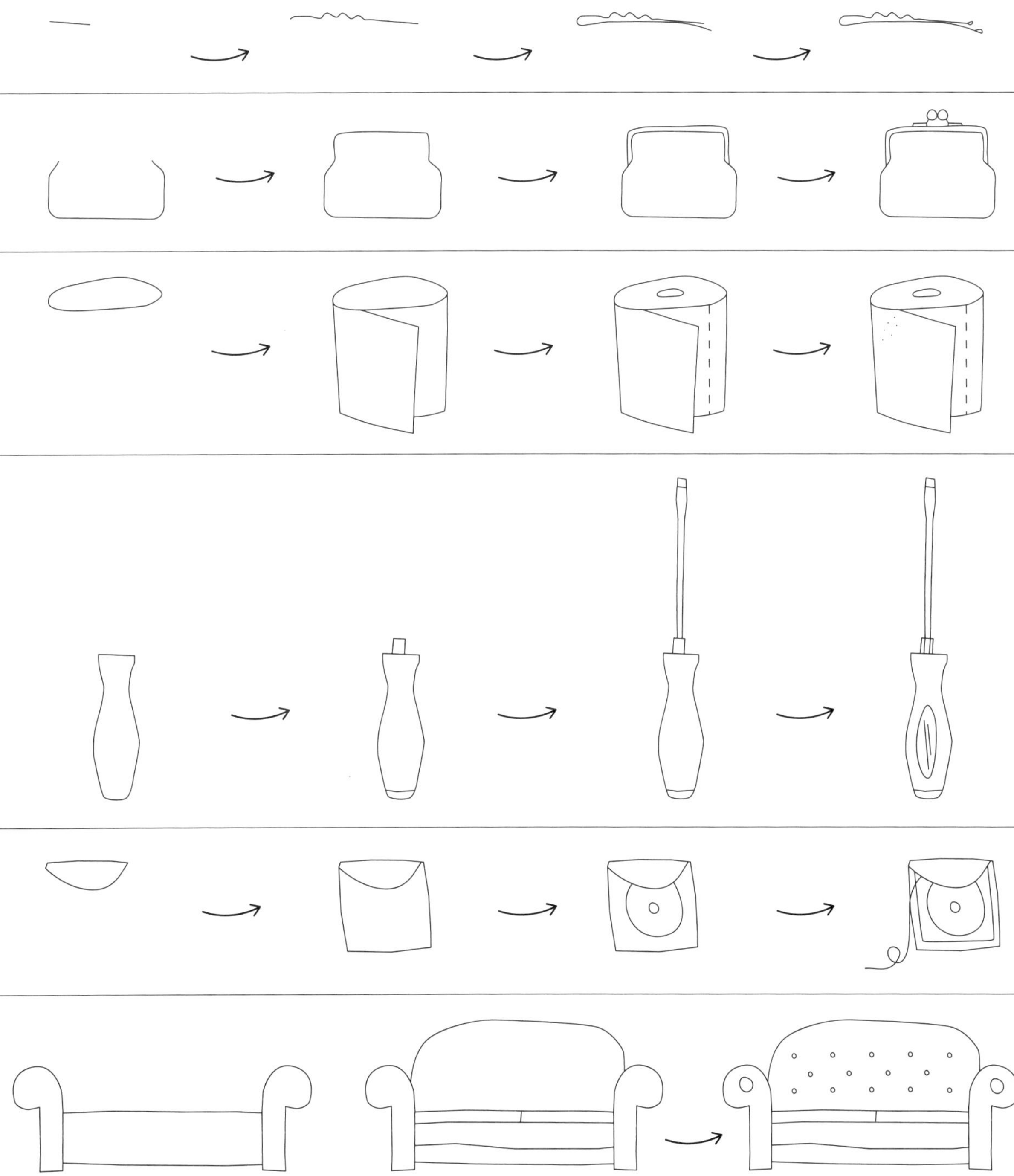

STEP BY STEP

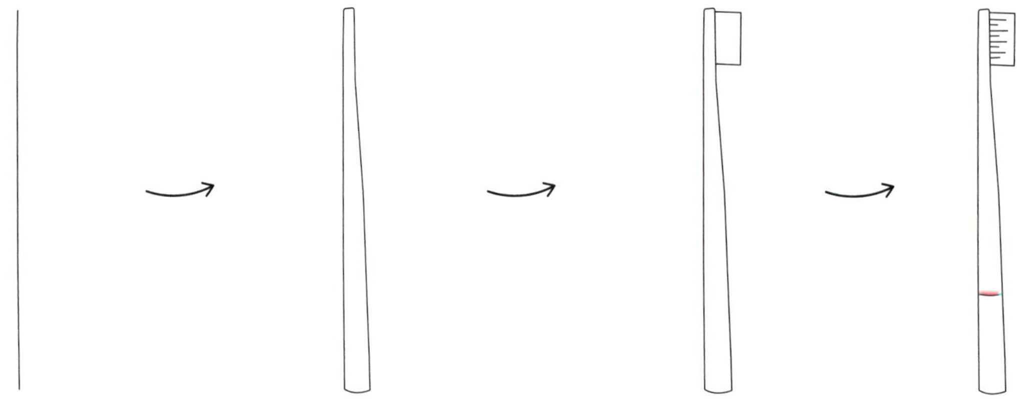

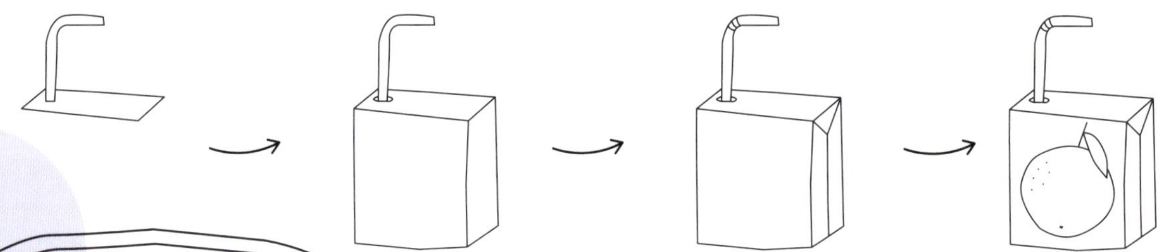

TIPP

Eine Eiswaffel sieht besonders gut aus, wenn die Anzahl der gezeichneten Kugeln ungerade ist. Der nächste Schritt wäre also, eine Waffel mit drei Kugeln zu kreieren. Eine Kugel ist Schokolade – versteht sich von selbst, oder?

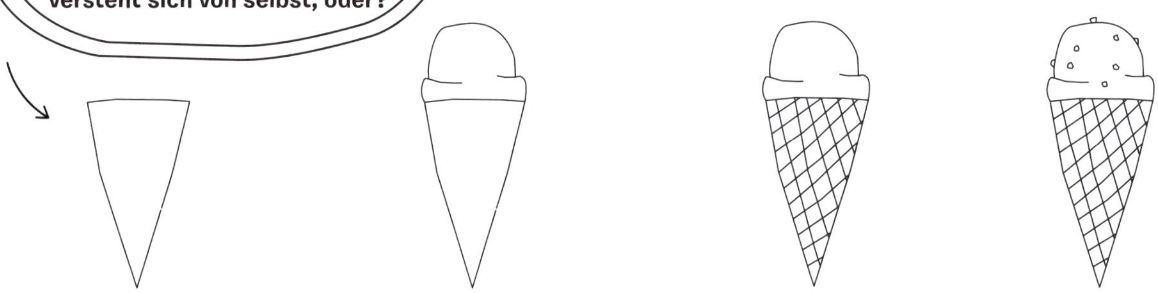

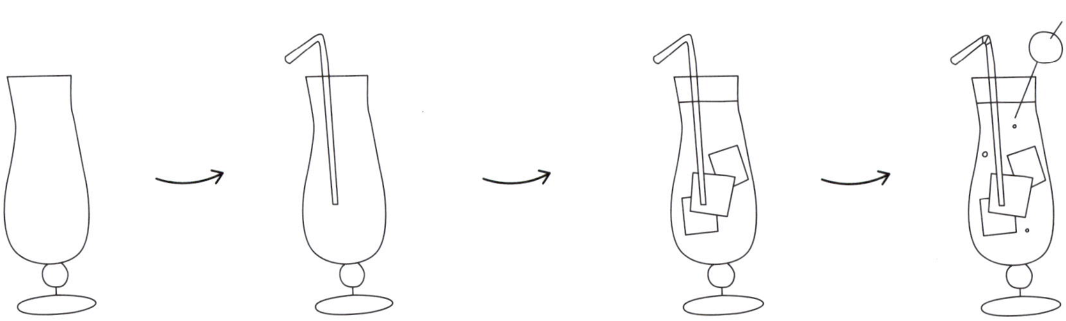

STEP BY STEP

TIPP

Wenn du diese Zeichnung leicht abwandelst, dann wird aus dem Bagel ein Donut!

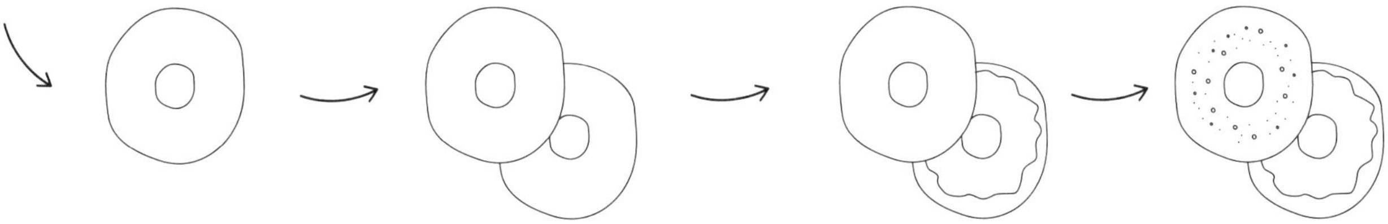

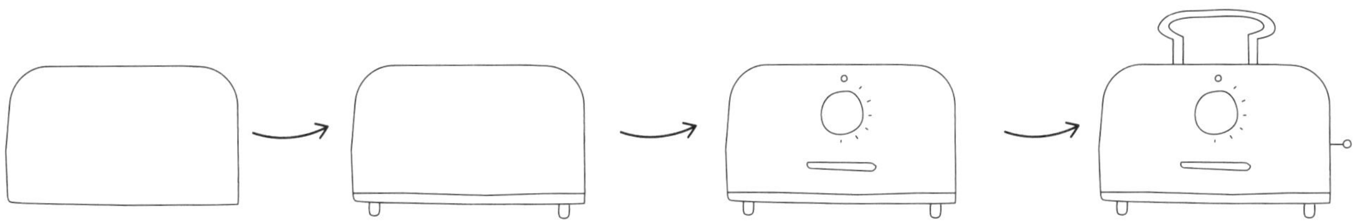

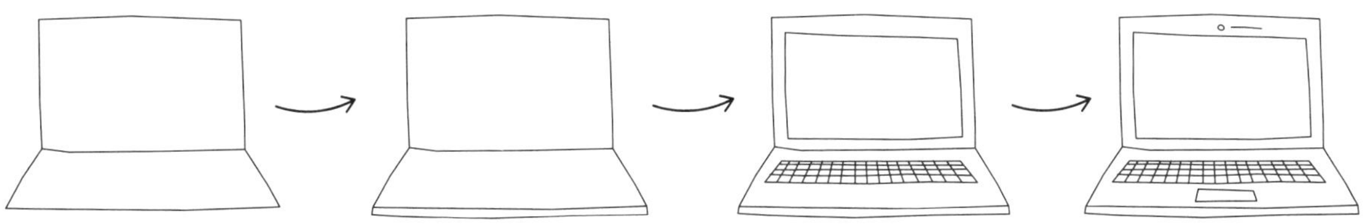

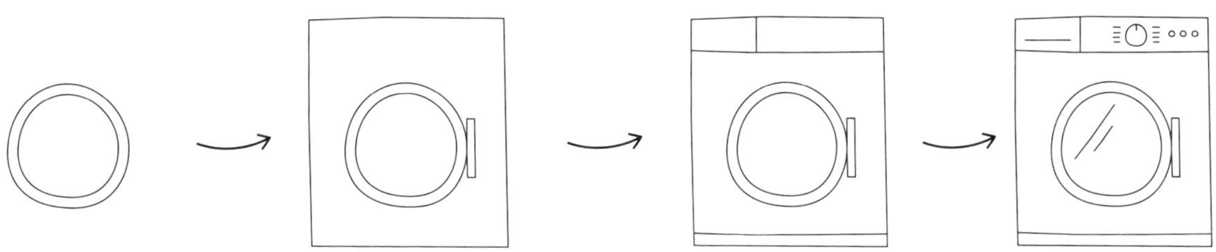

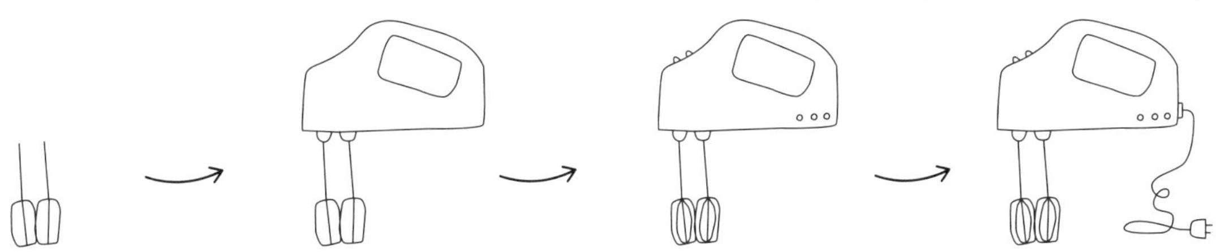

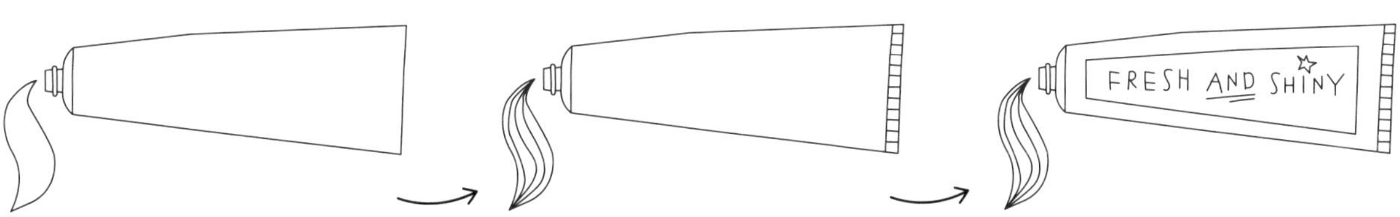

UND JETZT DU!

Noch mehr

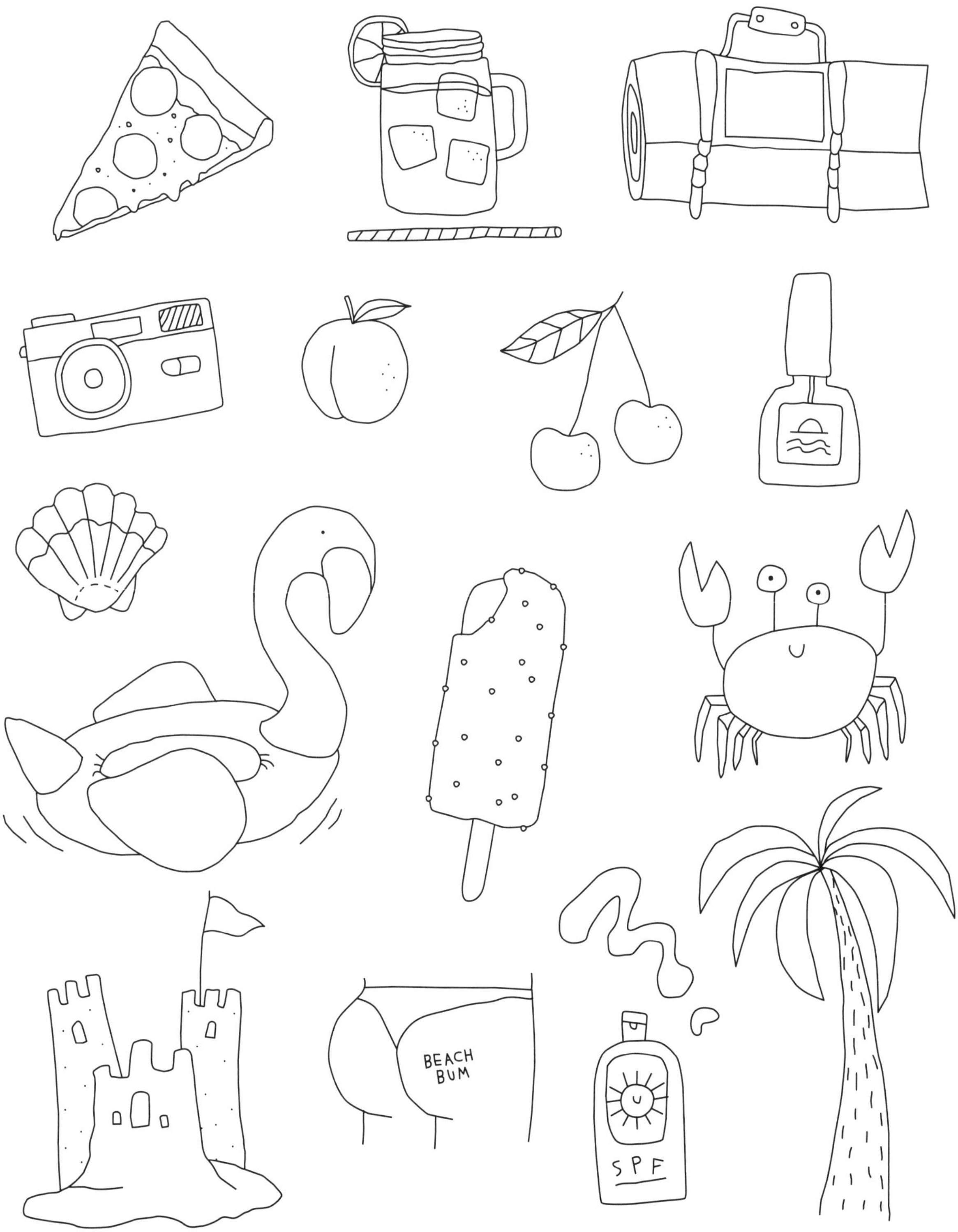

UND JETZT DU!

Ausmalbilder

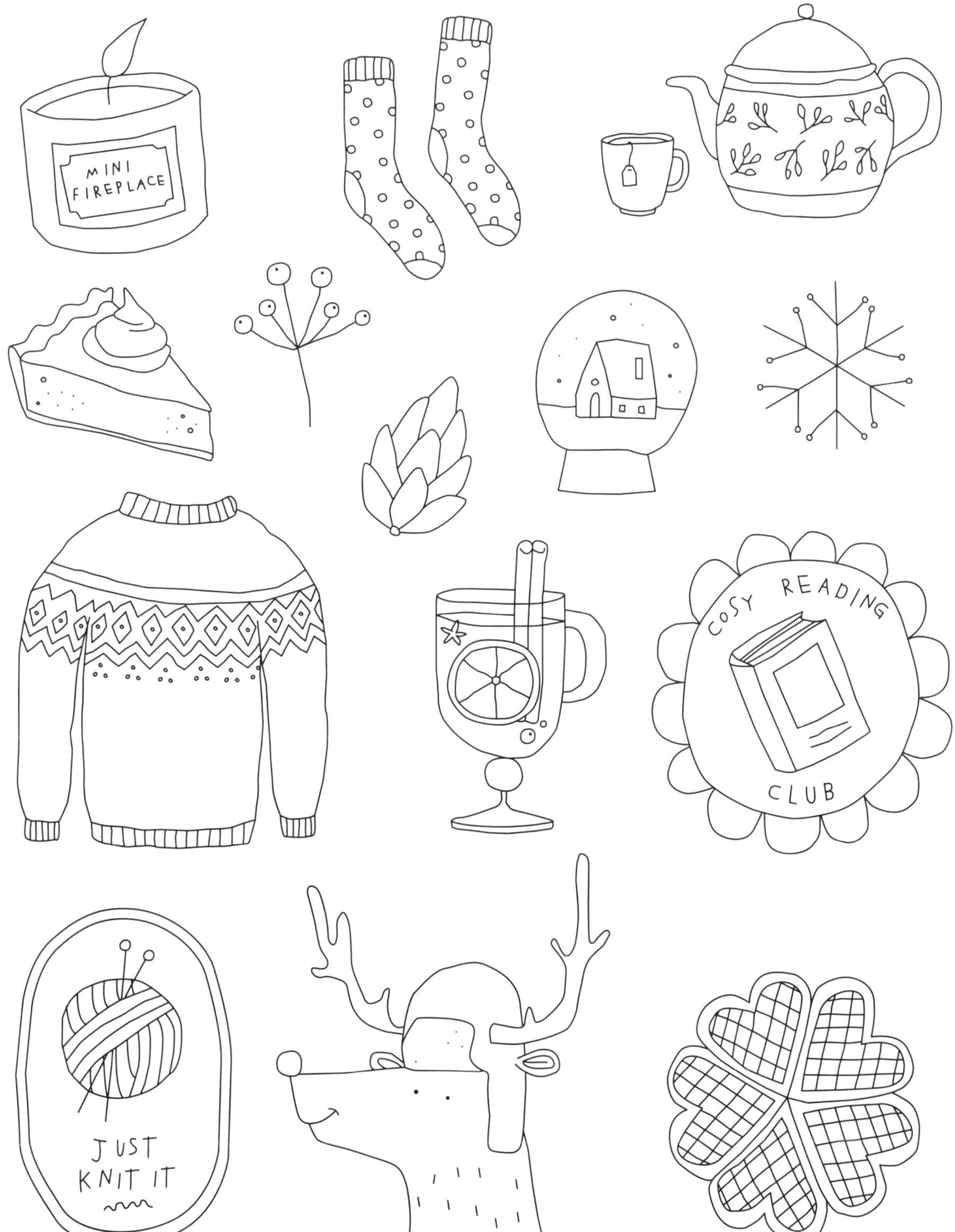

ÜBER DIE AUTORIN

Silvie Bomhard wurde 1990 in Düsseldorf geboren. Den Bilderduden und die nächste Mahlzeit immer fest im Blick, hat sich schon früh ihre Liebe zu Essen und kreativem Arbeiten abgezeichnet. Seit 2012 arbeitet sie als Grafikdesignerin und Illustratorin. Nebenbei betreibt sie seit 2016 den Instagram-Account love.kram. Dort illustriert sie Aufgeschnapptes und Mitgehörtes. Seit Beginn ihrer Karriere bekommt sie von den Menschen immer wieder zu hören: „Zeichnen, das kann ich persönlich ja gar nicht!" Das glaubte Silvie keine Sekunde und fing an, mit kurzen Erklärvideos kleine Motive in Schritt-für-Schritt-Anleitungen zu verpacken. Und siehe da, es stellt sich heraus: Jeder kann ein bisschen zeichnen.

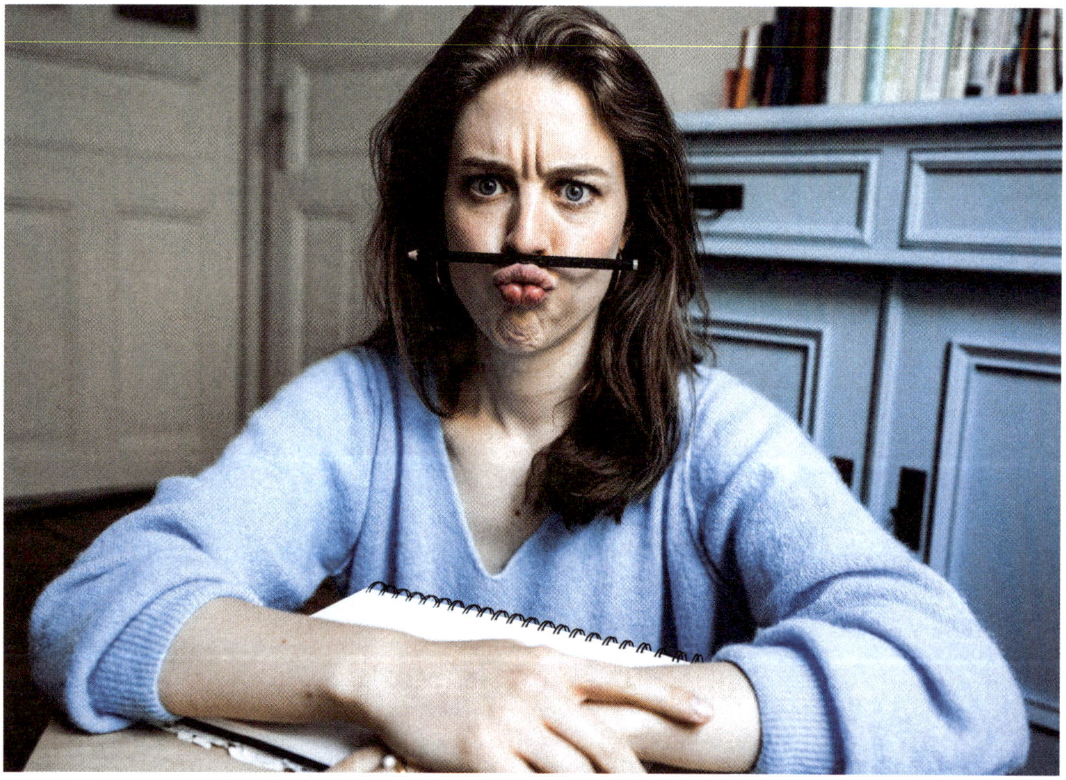

DANKSAGUNG

Meinen herzlichsten Dank an Sabine, Benedikt, Greta, Saskia und Sonja!
Und natürlich an alle Menschen, die mit mir gerne Kleinigkeiten zeichnen. <3

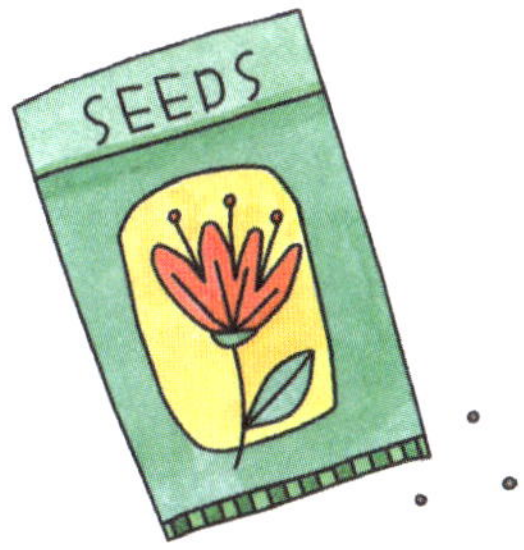

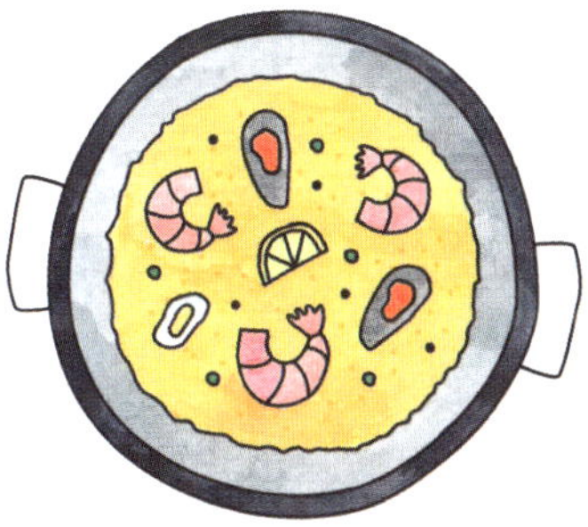

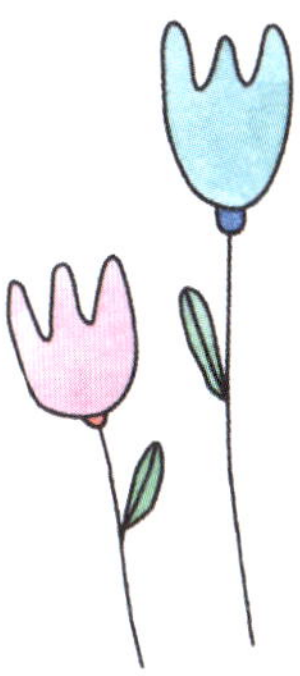

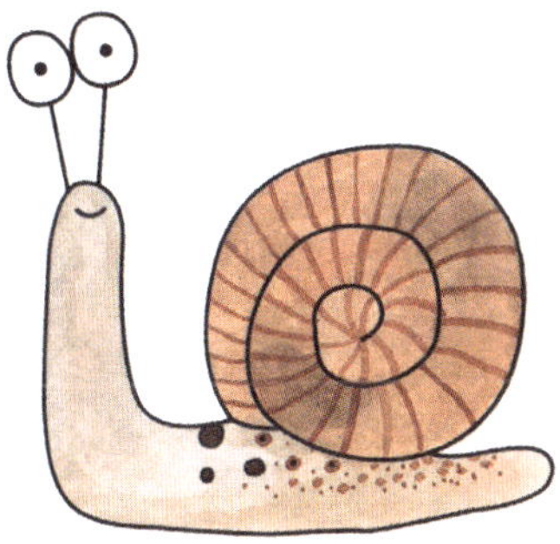

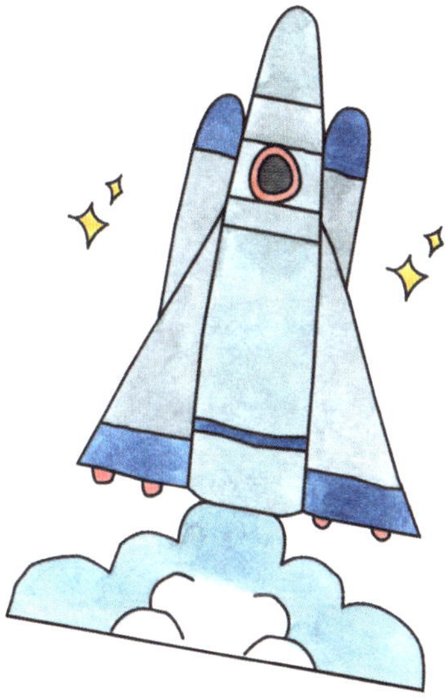

IMPRESSUM

Bibliografische Information der Deutschen Bibliothek.
Die Deutsche Bibliothek verzeichnet diese Publikation in der Deutschen Nationalbibliografie.
Detaillierte bibliografische Daten sind im Internet über http://www.dnb.de/ abrufbar.

EIN BUCH DER EDITION MICHAEL FISCHER
1. Auflage 2023

Covergestaltung, Layout und Satz: Sonja Bauernfeind
Redaktion und Lektorat: Saskia Hauck
Bildnachweis:
Illustrationen von Silvie Bomhard, ausgenommen Pfeile: © Katya Kandalova/Shutterstock
Fotos von Silvie Bomhard, ausgenommen Seite 126: © Sophie Wolter
ISBN 978-3-7459-1550-1
Gedruckt bei PNB Print SIA „Jansili“, Silakrogs, Ropazu novads, LV-2133, Lettland
www.emf-verlag.de